新出图证（鄂）字 10 号
图书在版编目（CIP）数据

藩篱与跨越：高等职业教育人才培养模式与政策/周明星著. —武汉：华中师范大学出版社，2018.10
（高等教育与社会发展论丛/董泽芳主编）
ISBN 978-7-5622-8376-8

Ⅰ. ①藩… Ⅱ. ①周… Ⅲ. ①高等职业教育—人才培养—培养模式—研究—中国 Ⅳ. ①G718.5

中国版本图书馆 CIP 数据核字（2018）第 224288 号

藩篱与跨越：高等职业教育人才培养模式与政策
ⓒ 周明星 著

责任编辑：王中宝	责任校对：刘 峥
封面设计：罗明波	
编辑室：学术出版中心	电话：027—67863220/7792
出版发行：华中师范大学出版社	社址：湖北省武汉市洪山区珞喻路 152 号
电话：027—67863426（发行部）	027—67861321（邮购）
传真：027—67863291	邮编：430079
网址：http://press.ccnu.edu.cn	电子信箱：press@mail.ccnu.edu.cn
印刷：湖北恒泰印务有限公司	督印：王兴平
开本：710mm×1000mm 1/16	字数：283 千字
版次：2018 年 10 月第 1 版	印次：2018 年 10 月第 1 次印刷
印张：19	定价：67.00 元

欢迎上网查询、购书

敬告读者：欢迎举报盗版，请打举报电话 027—67861321

总　　序

高等教育是社会大系统中的一个极其重要的子系统，它与经济、政治、文化等子系统之间有着相互依存的关系。高等教育作为培养高层次专门人才的社会活动，与人的发展更有着极为密切的联系。同时，高等教育自身又是一个多层次、多类型、多主体的系统，不仅大学之间，大学内部各组织之间，领导、教师与学生之间关系错综复杂，而且与社会的方方面面都有着千丝万缕的联系。随着时代的发展，多层次的高等教育与多元化的社会之间形成了越来越密切的互动关系。现代社会，高等教育的存在和发展越来越离不开政府和社会在人力、物力、财力，以及政策、环境等方面的支持与促进；社会的发展也越来越离不开高等教育及其研究的引领与推动。美国经济学家弗里德曼用经济学"核心—边缘"理论研究二战后的经济社会现象与教育特别是与高等教育的关系时，发现在知识成为经济社会赖以存在和发展的基本资源与生产要素后，高等教育逐渐从游离于社会之外的"象牙塔"进入社会的边缘区，并渐次成为推动经济社会发展的"中心"要素，从而提出了著名的高等教育"从边缘走向中心"的发展趋势理论。从二战后高等教育对许多国家发展的实际影响来看，高等教育已成为促进国家科技振兴、经济发展、政治民主、文化繁荣的必要条件；从高等教育对社会个体的影响来看，高等教育不仅是提高个人素质、开发个人潜能的重要基础，更是促进社会流动、实现人生价值的主要途径。的确，高等教育对社会及个人的影响力从来没有像今天这样巨大，社会变革对高等教育的影响也从来没有像今天这样深刻。

然而，随着现代科技的发展和工业化进程的加速，科学文化及其内含的经济价值和工具价值得以彰显,高等教育发展中理性主义与功利主义的冲突日趋激烈。同时,高等教育大众化的进程加快及其与政府、市场、大学三者关系日益复杂,加之财政困难,高等教育商业化、官僚化、技术至上和教育质量下降等问题凸显,高等教育发展的现状和社会的期望之间的鸿沟逐渐加深,高等教育与社会发展之间的冲突也不断加剧。著名的高等教育学家约翰·S. 布鲁贝克在其《高等教育哲学》一书中,专门从冲突论的视角,论述了高等教育发展中认知论与政治论、自治与控制、学术自由与社会责任、精英教育与大众教育、普通教育与专才教育五方面的冲突,还就传统的高等教育与现代的高等教育、学术研究与社会现实道德、大学与教会等方面的冲突展开了论述。联合国教科文组织前总干事费德里克·马约尔在1995年发布的联合国教科文组织关于"高等教育的变革与发展的政策性文件"中更明确指出,"全世界几乎所有国家的高等教育都处于危机之中"。

在我国,随着社会现代化进程的加快,人们已愈来愈清楚地认识到,高等教育与社会的良性互动和协调发展不仅是政治稳定、科技振兴、经济发展、文化繁荣、人民幸福的必要前提,而且是保障高等教育健康发展、高效运行的基本条件。然而,现实的高等教育与社会互动机制仍不够健全,高等教育与社会发展不协调的现象也普遍存在。尤其是在社会大转型的今天,新旧体制、新旧观念与新旧因素的对立与摩擦,以及由此产生的社会失序、混乱与震荡,不仅使高等教育与社会的互动日趋复杂,也使高等教育与社会的协调发展严重受阻。有关高等教育与社会发展的关系的研究也面临着一系列值得研究的新问题。

从宏观的层次讲:一是社会结构转型与高等教育制度的调适问题。社会转型主要包括政治结构、经济结构、文化结构等在内的社会结构的整体性变迁过程。社会转型必然引起与原有社会结构相配套的规则与程序不同程度的失效,而新社会结构要素的生长亟待制度创新来促进和保障。高等教育制度如何调适与创新,如何形成与各种新的社会结构要素协调发展的关系,如何实现高等教育自身健康发展与着眼于学科发展、促进社会全面协调发展的双重目标等问题,必须通过高等教育社会学的研究才能作出科学的回答。二是高等教育与社会关系的变化及高等教育的社会功能重构。社会结构的全面转型必然对高等教育产生巨大的影响，并使高等教育与社会的关系出现一系列新变化。如市场经济的发展打破了高等教育自我封闭的格局，加强了高等教育对市场的关注；民主政治的推进提升了高等教育的自主地位，弱化了高等教育对政府的依赖；对外开放格局的形成拓展了教育者的视野，加强了高等教育同世界的联系，等等。在这种情况下，如何重新认识高等教育的社会价值，如何重构高等教育的各种社会功能，如教育对市场经济的适应、支持与矫正功能，对政治的维护、监督与批评功能，对国外文化的选择、吸收与融合功能，等等，也是高等教育社会学研究的重要任务。三是高等教育与社会冲突的加剧及高等教育的整合机制。社会全方位的变革使高等教育赖以生存的基础发生了变化，高等教育本身也进入了一个剧变时期，旧的运行机制正在被打破，新的运行机制尚未被建立，高等教育与社会的冲突大量存在。如社会经济发展对高等教育的人才需求结构与高等教育的人才培养、输出结构的冲突，高等教育发展对投入的需求与社会经济承受力的冲突，高等教育对理性精神的追求与社会现实的功利取向的冲突，高等教育的价值观念取向与社会文化观念更新的冲突，等等。诚然，高等教育社会冲突的出现并不必然产生消极的后果。如果通过高等教育社会学的研究能够形成比较健全的教育与社会的整合机制，高等教育与社会之间的冲突就会向积极的方面转化。

从中观的层次讲，主要是社会转型带来的各种社会分化引发了一系列新的高等教育社会问题。如区域分化与高等教育发展的失衡问题，阶层分化与弱势群体子女的高等教育问题。急剧的社会转型使原有社会阶层结构产生了前所未有的大分化，进而导致利益的大分化，这必然会在不同利益主体间产生广泛的矛盾和冲突。由此引发了地区之间高等教育差距扩大、高等教育资源配置不合理、高等教育机会不均等等新的高等教育社会问题。

从微观的层次看，主要有社会行为无序与大学行为失范问题，高等教育时空拓展与高校师生关系变化问题，大学校内、校外环境变化与大学教师角色冲突问题，商业的价值原则渗透与大学生的功利行为问题，等等。这些现实的问题，都是令人感到困惑的新的教育问题、社会问题，迫切需要高等教育社会学的探讨与解决。

在这种情况下，高等教育社会学理应顺应时代的要求，调整研究的视角，真正树立起高等教育与社会一体化协调发展的观念，加强对高等教育与社会互动机制的研究，努力探寻高等教育与社会协调发展的规律，促进我国高等教育的健康发展和社会的全面进步。本丛书的出版目的正在于促进这一研究。

本丛书在编写上突出了下列特点：一是研究立场的本土性与研究内容的时代性。从中国近代高等教育的发展过程看，过去高等教育学的研究在一定程度上存在着过于依赖西方教育理论和教育观念的问题，相关研究缺乏本土意识。本丛书强调立足中国国情来解决中国高等教育实践中的问题。在研究内容上，牢牢把握当下中国社会大转型这一时代背景，直面因新旧体制、新旧观念及新旧因素的对立与冲突所产生的社会失序、混乱及震荡给高等教育发展带来的冲击与挑战，紧紧围绕"高等教育与社会和谐发展"这一核心主题，提出了摆脱困境、战胜危机所要解决的一系列重要问题，并通过实实在在的研究，给出了明确回答。本丛书提出的这些问题，都是"高等教育与社会和谐发展的中国问题"，或者说是"中国的高等教育与社会和谐发展问题"。而丛书作者通过研究作出的回答，可视为有助于解决问题的一些"中国答案"。

二是研究视域的广泛性与研究视角的多层性。高等教育与社会发展都是多层次、多类型、多主体的系统，探讨二者的关系应该有广阔的视域和多层的视角。在研究的视域上，本丛书既着力审视整个社会的结构与文化、体制与机制同整个高等教育之间的关系，也努力探明区域分化、地方传统文化同地方高等教育之间的关系，并用力探究具体高校中的职业性别政治、权力关系及角色冲突等问题。在研究的视角上，本丛书立足于高等教育学，比较倚重于社会学，但并不局限于社会学，而是根据研究的具体问题及主要目的，将研究的视角延展至经济学、文化学、人类学、教育学等学科。开阔的学术视野与多样的研究视角，使得丛书内容格外丰富多彩。

三是研究方法的多元性与研究手段的实证性。本丛书遵循了理论研究与实证研究相结合、立足国情与合理借鉴相结合、问题分析与对策探讨相结合等原则，注重多种方法的综合运用。尤为强调运用实证分析的手段，将研究结论建立在翔实的资料基础之上，力图更多地用客观事实说话，用实际材料说话。如制度政策的文本分析、形式多样的问卷调查、扎根实地的田野研究、已有统计数据的二次分析等，在本丛书中都有合理运用，从而为发现高等教育与社会协调发展中存在的问题、揭示成因、寻觅对策提供了必要依据。通过开展实证研究，本丛书改变和克服了老套社会科学研究"从概念到概念"、"从理论到理论"、"从问题到问题"的不良倾向，增强了理论研究的"问题导向"与策略研究的"有的放矢"。

本丛书得以出版，既要感谢华中师范大学出版社新老领导的精心策划与大力支持，也要感谢编辑部主任和各位编辑的认真审读与细致编校，更要感谢顾明远先生与吴康宁先生的充分肯定与郑重推荐。

本丛书的作者主要是高等教育与社会发展研究方向的博士和博士后，丛书多是在他们的博士学位论文的基础上修改而成，虽然研究宗旨与写作要求一致，但每本书的主题思想与写作风格各异。作为丛书主编，我希望本丛书的出版能够为促进我国高等教育与社会协调发展起到一定的作用，也希望高等教育与社会发展的议题能受到学界更多的关注。由于作者的水平以及对高等教育与社会协调发展规律的认识有限，本丛书必有诸多不足之处，诚望诸位学者、读者不吝赐教。

董泽芳

2017年6月6日

序

  构建素质本位人才培养模式是我国高等职业教育改革和发展的全新课题。本著作从我国高等职业教育人才培养模式的突出问题及其所导致的办学质量和效益的种种缺陷出发，围绕"以培养高等应用型专门人才为目标，构建高等职业教育人才培养模式"这一核心主张展开研究，阐述了高等职业教育及人才培养模式的内涵，在批判的基础上释发出"素质本位高等职业教育"这一独特理念，并提出其培养目标、课程结构和教学体系的依据和构建，为进一步优化高等职业教育人才培养模式提供了一条思考的路径。

  高等职业教育是一个历史的、发展的概念。随着社会经济及教育的发展以及内涵的丰富，我认为，高等职业教育（职业型高等教育）是与研究型高等教育并行不悖的，以培养生产、建设、管理、服务第一线的高等应用型专门人才为目标的一种高等教育类型，是职业教育的高级层次和一种全新的教育形式，兼有高等性、职业性和教育性。在学历教育上包括专科、本科和研究生层次的教育；在非学历教育上包括职业资格证书、技术等级培训和高雅的闲暇教育。如果按照这个定义划分，现行的研究型大学以外的本科院校、专科学校、成人高校、高职院校及实施中级以上职业资格证书教育的高级专门机构等均属于高等职业教育范畴。

  确立科学的教育理念是高等职业教育人才培养模式成败的关键。我国的高等职业教育从"能力本位"向"素质本位"转变将成为人类交流理性的必然。传统的能力本位是依据"分工理论"，按照职业岗位设置专业，以培养一线人才的岗位能力为中心来决定理论教学和实践训练内容的一种教学模式。这种本位观既不适应劳动力流动加剧的变化，也不能培养健全人格的人。那种把高等职业教育简单地视为培养"技术劳动者"的观念已经不能适应形势要求了，21世纪需要的是更具人文素质和文化底蕴的"技术人文主义者"。素质本位高等职业教育是以联合国教科文组织提出的"教育四大支柱"为核心内容，培养学生学会认知，学会做事，学会共同生活和学会生存等综合素质的一种教育模式。无论是基于"人的全面发展理论"的人文理性思考，还是受"人力资本理论"的工具理性的驱使，高等职业教育人才培养都不可避免地同时涉及人本主义和工具主义两方面，二者的融合是高等职业教育的价值取向。

高等职业教育培养目标对人才培养具有决定意义和导向作用，是高等职业教育的出发点和归宿。本人认为，综合素质是高等职业教育的理智选择，提升人性是高等职业教育的终极追求，全面发展是高等职业教育的价值取向。因此，高等职业教育培养目标就是培养生产、建设、管理、服务第一线高等应用型专门人才。高等职业教育人才培养目标应由学校和企事业单位共同确定，企业既是需求主体，又是重要办学主体，高职能否办出特色取决于企业参与的程度，其根本性标志是毕业生是否受企业欢迎。

高等职业教育人才培养目标的实现，有赖于建立具有特色的课程结构。高等职业教育的课程是指高职课堂教学、课外学习以及学生自学活动的内容纲要和目标体系，是教师教学工作和学生学习活动的总体规划。这种课程以21世纪技术应用的需要为基本特征，并强调"理论技术"和"智能技术"应用的需要，倾向于"基础知识适度"和"知识面较宽"。高等职业教育课程设置在目标上要着眼于人的全面发展，在内容上注重知识技能、态度和价值的综合化，在结构上实施"三模块，两系列，一主线"，即"通识教育、专识教育和特识教育"三模块，"必修和选修"两系列，"素质本位"一主线。

高等职业教育教学模式是完成课程任务，提高人才培养质量的主要环节。它是指在一定教育理念指导下建立起来的、较为稳定的教学活动结构和活动程序。发达国家主要有CBE模式、双元制模式、MES模式和教学工厂等。我国主要有理论实践一体化教学、工学交替教学、两段式预分配教学、能力本位教学和五阶段教学模式等。在此基础上构建新的教学模式，其结构包括教学重心、教学内容、教学条件（"三师型"教师，产学合作，实训基地）和教学评价等。现代高等职业教育教学模式除了运用现代教育技术和国外先进经验外，要特别注意借鉴产学结合、现代师徒制、研究性学习和特长生导师制等教学经验，加强学生隐性经验习得的教学。

总之，高等职业教育是把知识转化为智慧、把文明积淀成人格、把兴趣提升为能力、把特长发展成为职业的一种阳光教育。我们在构建素质本位高等职业教育人才培养模式时，必须充分考虑这种模式的科学性、先进性和可操作性，处理好可能性和现实性、继承性和创新性、普遍性和特殊性的关系，最大限度地提升高等职业教育的阳光价值和普及价值。

前　言

我国高等职业教育的历史源头是与高等专科教育交织在一起的。早在晚清时期，为了"师夷长技以制夷"，培养掌握近代科学技术的技术人员，洋务派开始兴办实业教育，创设了一批实业学堂，其中一部分是培养高级技术人才的，这是我国近代高等专科学校的肇始，同时它实施的是实业教育，具有职业教育的性质，因此，它又是我国高等职业教育的开端。

1949年后，我们对旧中国的职业学校加以改造、整顿，促进了职业教育的发展，但很长时间一直停留在中等技术教育层次上。党的十一届三中全会后，我国各地、各条战线掀起了社会主义现代化建设的热潮。尤其是东南沿海地区，改革开放步伐加快，经济建设呈现高速发展势态，但出现了人才短缺现象。因此，1980年初，经济发展迅速的无锡市及东南沿海的一些中心城市提出要培养地方经济建设急需的高等应用型人才，经原国家教委批准，在这些地区建立了我国首批13所职业大学。这是新中国高等职业教育的起始。

1994年，全国教育工作会议明确提出要通过现有职业大学、部分高等专科学校和独立设置的成人高校改革办学模式，调整培养目标来发展高等职业教育，当仍满足不了需要时，经批准可利用少数具备条件的重点中等专业学校改制或举办高职班等方式作为补充（简称"三改一补"）。随着我国《职业教育法》和《高等教育法》正式实施，高等职业教育的法律地位得到正式确立，极大地推动了我国高等职业教育的发展。

2003年，党中央召开的全国人才工作会议上，提出了高技能人才的概念，把培养技能人才特别是高技能人才纳入全党人才工作的范畴，把培养技能人才作为实施人才强国的重要内容。2004年，政府把高等职业教育的人才培养目标定位为高技能人才，高技能人才一下子就成为高等职业教育培养目标的代名词。2004年2月，教育部在《2003—2007年教育振兴行动计划》中提出了新的精神，"大力发展职业教育，大量培养高素质的技能型人才特别是高技能人才""要加强高等职业技术学院的建设，广泛开展岗位技能培训"。2004年6月，全国职业教育工作会议上首次对高等职业院校提出了明确的人才培养目标，指出："高等职业学校的任务是培养数以千万计的高技能人才。" 2004年，教育部颁布《教育部关于以就业为导向深化高等职业教育改革的若干意见》，指出："高等职业教育应以服务为宗旨，以就业为导向，走产学研结合的发展道路，并提出以就业为导向，深化高等职业教育改革，加强高技能人才培养。"该文件进一步明确了高等职业教育人才培养新理路。

高等职业教育的迅速发展，一方面缓解了各地经济建设迫切需要人才的矛盾，另一方面促进了我国高等教育的结构改革，但同时也暴露出一些与社会需求不相适应的问题，特别是人才培养模式还存在着诸多缺陷。一方面，大中型企业迫切需要大量智能型的高级实用技术人才；另一方面，高职院校培养的人才却得不到社会的认同。因而，近几年来，社会大众对高职教育多持批评态度，高职教育人才培养模式改革呼声高涨。人才培养模式改革成为高等职业教育改革面临的迫切问题。

本人从事教育工作40年，有30多年与职业教育打交道。改革开放初期，在湖北省荆门市教育局做过职教科科长，见证了中国职业教育的起步、发展和曲折，后来又到职业中专做过两年副校长，转而到荆门职业技术学院做高教所所长；1999年进入天津职业技术师范大学，开始职业技术教育学科研究和建设；2011年又来到具有悠久职业教育历史的湖南农业大学，从事乡村职业教育研究。基于这种背景和所从事的工作实际，将文库选题确定为《藩篱与跨越：高等职业教育人才培养模式与政策》。在原来研究积累的基础上，又经过一年的完善，形成了这部著作。总的来看，这部著作有以下几个创新：

首先，重新界定了高等职业教育的内涵特征。关于"高等职业教育"的概念，学者们有个误解，都认为是改革开放的产物。其实不然，2002

年,我在北京大学做访问,在北大图书馆发现了一本1941年由商务印书馆出版的《职业教育学》,作者是何清儒。在我之前,没发现任何人介绍这本书。这本书中就有一章"高等职业教育"。因此,"高等职业教育"这一概念最早产生于民国时期。新中国建立后,高等职业教育的内涵是随着经济社会的发展和高等教育的发展而不断发展变化的。本研究提出:高等职业教育是以培养生产、建设、管理、服务第一线的高等应用型专门人才为目标的一种高等教育类型,是职业教育的高级层次和一种全新的教育形式,兼有高等性、职业性和教育性。既表现为专科、本科和研究生层次的学历教育形式,又表现为职业资格证书、技术等级培训和高雅的闲暇教育等非学历教育形式。这个定义拓展了传统高职教育的领域和范围,使高等职业教育成为"职业性高等教育"而与"学术性高等教育"相对应,将培养理论性或学术性人才之外的所有高等教育形式都纳入高等职业教育的内涵之中。这种划分虽有悖于我国现行的高等教育体制和结构,但却有它的合理和创新之处,值得进一步研究和讨论。

其次,提出了"素质本位"高职教育人才培养理念。确立何种教育理念是高等职业教育人才培养模式改革成败的关键。本研究认为,我国高等职业教育从"能力本位"向"素质本位"转变是一种必然趋势。传统的"分工理论",按照职业岗位设置专业,以培养一线人才的岗位能力为中心来决定理论教学和实践训练内容的能力本位模式,既不适应现代社会劳动力流动加剧的变化,也不能培养健全人格的人。那种把高等职业教育看作培养"技术劳动者"的观念已经不能适应形势要求了,21世纪需要的是更具人文素质和文化底蕴的"技术人文主义者"。"素质本位"的高等职业教育是以联合国教科文组织提出的"教育四大支柱"为核心内容,培养学生学会认知,学会做事,学会共同生活和学会生存等综合素质的一种教育模式,它不排斥而且包含了"能力本位"的高等职业教育。在"以人为本"和科学发展观指导的教育实践观照下,这种价值取向应该说是与时俱进、符合时代潮流的。

第三,尝试性地构建了"素质本位"高职教育的课程结构。高职教育人才培养目标的实现,有赖于建立具有特色的课程结构。这种课程以21世纪技术应用的需要为基本特征,强调"理论技术"和"智能技术"

的应用，倾向于"基础知识适度"和"知识面较宽"。著作提出：高职教育课程设置在目标上要着眼于人的全面发展，在内容上要注重知识技能、态度和价值的综合化，在结构上实施"三模块，两系列，一主线"，即通识教育、专识教育和特识教育三模块，必修和选修两系列，素质本位一主线。这种结构有别于传统的高校课程"三段论"，具有一定的特色和创新性。

第四，初步提出了高等职业教育人才培养政策建议。在明确高等职业教育人才培养政策范畴的基础上，通过梳理我国高等职业教育人才培养政策的脉络和缺位，总结产教融合、校企合作、工学结合和半工半读等人才培养经验，继而提出了完善人才培养体系，优化人才培养专业，丰富人才培养课程，创新人才培养机制等政策建议。

应该说，著作提出的许多思想和观点都有必要进一步探究和讨论，特别是要根据我国高职教育的实际，借鉴国外的先进经验进行更为严谨和深入的研究。希望本书作者不以此书出版为终结，而以之为新一轮研究的开端，在高职教育的研究中做出更大成绩，也愿天下同道者有更多更好的成果问世。

周明星

2018 年 5 月于湖南长沙

目 录

引 子 ·· 1
第一章　高等职业教育人才培养模式研究概述 ·· 1
　第一节　研究高等职业教育人才培养模式的意义 ·· 1
　　一、研究缘起 ··· 1
　　二、选题意义 ··· 6
　第二节　高等职业教育人才培养模式研究的现状 ·· 9
　第三节　研究的基本线索与研究方法 ·· 15
　　一、调查研究方法 ·· 16
　　二、历史研究方法 ·· 16
　　三、系统研究方法 ·· 16
　　四、实验研究方法 ·· 17
　　五、比较研究方法 ·· 17
　第四节　主要内容与基本观点 ··· 17
　　一、主要内容 ··· 17
　　二、基本观点 ··· 18
第二章　高等职业教育人才培养模式的概念 ·· 20
　第一节　职业教育：一个历史的透视 ·· 20
　　一、诸种语义的职业教育 ·· 20
　　二、与普通教育兼容的职业教育 ·· 24
　　三、与技术教育融合的职业教育 ·· 28
　第二节　高等职业教育：层次乎？类型乎？ ·· 34
　　一、我国高等职业教育内涵的演变 ··· 34

二、高等职业教育的内涵特征……………………………………36
　　三、职业型高等教育与研究型高等教育的联系与区别…………43
　第三节　高等职业教育人才培养模式界定………………………46
　　一、人才培养模式的概念…………………………………………47
　　二、普通高等教育人才培养模式概念……………………………49
　　三、高等职业教育人才培养模式概念……………………………51
　　四、职业型高等教育人才培养模式与研究型高等教育的联系与
　　　　区别………………………………………………………………53
　本章小结………………………………………………………………55

第三章　高等职业教育人才培养的理念………………………………57
　第一节　高等职业教育理念的内涵、形态及趋势………………57
　　一、高等职业教育理念的内涵……………………………………57
　　二、高等职业教育理念的形态……………………………………60
　　三、高等职业教育理念的趋势……………………………………63
　第二节　高等职业教育的人才观、教学观和质量观……………65
　　一、高等职业教育的人才观………………………………………65
　　二、高等职业教育的教学观………………………………………69
　　三、高等职业教育的质量观………………………………………72
　第三节　现代知识观与高等职业教育理想………………………74
　　一、现代知识观与高等职业教育的思想基础……………………74
　　二、现代知识观转型与高等职业教育的发展……………………78
　第四节　素质本位：高等职业教育人才培养新理念……………80
　　一、能力本位理念…………………………………………………81
　　二、人格本位理念…………………………………………………84
　　三、素质本位理念…………………………………………………87
　本章小结………………………………………………………………90

第四章　高等职业教育人才的培养目标………………………………93
　第一节　比较与启示：国际高等职业教育人才培养目标………93
　　一、高等职业教育人才培养目标国际透视………………………93
　　二、国际高等职业教育人才培养目标的启示……………………96

第二节　变迁与误区：我国高等职业教育人才培养目标 …… 96
　　　一、我国高等职业教育人才培养目标的变迁 …………… 97
　　　二、当前高等职业教育人才培养目标的误区 …………… 100
　　第三节　我国高等职业教育人才培养目标的确定 ………… 102
　　　一、社会需求是高等职业教育培养目标的现实依据 …… 102
　　　二、独特智力倾向是制定高等职业教育培养目标的智力依据 … 103
　　　三、职业带理论是制定高等职业教育培养目标的层次依据 … 104
　　　四、综合能力是制定高等职业教育人才培养目标的素质依据 … 107
　　第四节　高等职业教育的人才培养目标的理性思考 ……… 110
　　　一、综合素质：高等职业教育的理智选择 ……………… 111
　　　二、人性提升：高等职业教育的终极追求 ……………… 115
　　　三、全面发展：高等职业教育的价值取向 ……………… 118
　本章小结 ……………………………………………………… 122

第五章　高等职业教育人才培养的课程 ……………………… 124
　第一节　高等职业教育课程价值 …………………………… 124
　　　一、课程事实与课程价值之间的关系 …………………… 124
　　　二、发达国家高等职业教育课程价值取向 ……………… 127
　　　三、我国高等职业教育课程价值偏差 …………………… 128
　　　四、我国高等职业教育课程模式的价值取向 …………… 130
　第二节　高等职业教育课程思想 …………………………… 133
　　　一、课程的专业方向不等于职业方向 …………………… 133
　　　二、课程尽可能避免过窄的专业定向 …………………… 134
　　　三、课程内容要侧重于创造性智力技能 ………………… 135
　　　四、课程知识框架由学生自主建构 ……………………… 136
　　　五、课程模式要多样和有弹性 …………………………… 137
　第三节　高等职业教育课程结构 …………………………… 138
　　　一、课程质的结构 ………………………………………… 139
　　　二、课程类的结构 ………………………………………… 140
　　　三、课程形的结构 ………………………………………… 144
　　　四、课程层的结构 ………………………………………… 146

第四节　高等职业教育课程模式 …………………………………… 147
　　　一、高等职业教育课程改革的思路 ………………………………… 147
　　　二、常见的高等教育课程模式 ……………………………………… 149
　　　三、高等职业教育课程模式构建 …………………………………… 152
　　本章小结 ……………………………………………………………… 153

第六章　高等职业教育人才培养的教学 ……………………………… 156
　　第一节　国外高等职业教育教学模式及启示 ……………………… 156
　　　一、主要教学模式 …………………………………………………… 156
　　　二、国外高等职业教育教学模式的启示 …………………………… 161
　　第二节　国内高等职业教育教学模式及其障碍 …………………… 163
　　　一、主要教学模式 …………………………………………………… 164
　　　二、高等职业教育教学模式的观念障碍 …………………………… 167
　　第三节　基于素质本位的高等职业教育教学模式 ………………… 169
　　　一、高等职业教育的教学重心 ……………………………………… 171
　　　二、高等职业教育的教学内容 ……………………………………… 172
　　　三、高等职业教育的教学方法 ……………………………………… 175
　　　四、高等职业教育的教学条件 ……………………………………… 178
　　　五、高等职业教育的教学评价 ……………………………………… 185
　　本章小结 ……………………………………………………………… 192

第七章　高等职业教育人才培养的制度 ……………………………… 194
　　第一节　高职教育产教融合制度的内容 …………………………… 196
　　　一、生产过程与教学过程相接 ……………………………………… 196
　　　二、生产环境与教学环境相融 ……………………………………… 198
　　　三、生产资源与教学资源相合 ……………………………………… 199
　　　四、生产工时与课程学分相通 ……………………………………… 200
　　第二节　高职教育产教融合制度的形式 …………………………… 201
　　　一、基于资源依赖的合作式融合 …………………………………… 201
　　　二、基于资源共生的嵌入式融合 …………………………………… 203
　　　三、基于资源整合的关联式融合 …………………………………… 204
　　　四、基于资源集约的共享式融合 …………………………………… 205

五、基于资源开发的一体式融合 …………………………………… 206
　　六、基于资源衍生的内生式融合 …………………………………… 207
第三节　高职教育产教融合制度的机制 ……………………………… 208
　　一、产教融合办学模式的运行机制 ………………………………… 208
　　二、产教融合办学模式的动力机制 ………………………………… 208
　　三、产教融合办学模式的分配机制 ………………………………… 209
　　四、产教融合办学模式的激励机制 ………………………………… 210
第四节　高职教育产教融合制度评价 ………………………………… 211
　　一、评价理念 ………………………………………………………… 212
　　二、评价原则 ………………………………………………………… 212
　　三、评价主体 ………………………………………………………… 212
　　四、评价内容 ………………………………………………………… 213
　　五、学生产教融合制度评价总体框架及加分标准 ……………… 229
　　六、评定结果的运用 ………………………………………………… 230
本章小结 ………………………………………………………………… 231

第八章　高等职业教育人才培养政策　233

第一节　高等职业教育人才培养政策内涵 …………………………… 233
　　一、政策的含义 ……………………………………………………… 233
　　二、人才培养政策 …………………………………………………… 235
　　三、高等职业教育人才培养政策 …………………………………… 237
第二节　高等职业教育人才培养政策演变 …………………………… 240
　　一、建国前及建国初期的高等职业教育人才培养政策 ………… 240
　　二、20世纪80—90年代我国高等职业教育人才培养政策 …… 242
　　三、21世纪以来我国高等职业教育人才培养政策 ……………… 245
第三节　高等职业教育人才培养政策困境 …………………………… 248
　　一、师资建设政策困境 ……………………………………………… 248
　　二、学科专业政策困境 ……………………………………………… 250
　　三、课程教学政策困境 ……………………………………………… 252
　　四、校企合作政策困境 ……………………………………………… 255
第四节　高等职业教育人才培养政策创新 …………………………… 257

一、完善人才培养体系 ……………………………………… 257
　二、优化人才培养专业 ……………………………………… 258
　三、丰富人才培养课程 ……………………………………… 260
　四、创新人才培养机制 ……………………………………… 262
　本章小结 ………………………………………………………… 265
结论：优化人才培养模式是提升高等职业教育质量的根本 ……… 266
参考文献 ………………………………………………………… 269
后　　记 ………………………………………………………… 279

引　子

上一个世纪末，德国哲学家尼采为了嘲讽当时的德国教育在功利主义支配下产生的弊端，曾虚拟了一场博士考试：

问：一切高等教育的任务是什么？

答：把人变成机器。

问：用什么方法？

答：他必须学会厌倦自己。

问：怎样达到这一目的？

答：通过义务的概念。

尼采认为：德国教育中的功利主义，结果只是把人变成机器，变成知识和金钱的奴隶，以及盲目听命于国家的奴隶。他把这样的教育培养的人比作身披五颜六色的知识和信仰涂成的纸片，头上罩着面具的骷髅，讽刺这种教育给人斑杂知识，却使人失去了自我和生命的本能[1]。

---

[1] 赵修义，邵瑞欣. 教育与现代西方思潮[M]. 北京：中国科学技术出版社，1990：24-27.

第一章　高等职业教育人才培养模式研究概述

　　每一个时代都有它的重大课题,解决了它,就把人类社会向前推进了一大步。

——海涅

第一节　研究高等职业教育人才培养模式的意义

一、研究缘起

　　我国的高等职业教育的历史在源头上是与高等专科教育的历史交织在一起的,高等职业教育同样始于清朝末年。鸦片战争后,清朝统治集团内部发生了分化,出现了以李鸿章、左宗棠、张之洞等人为代表的洋务派。他们出于抵御西方船坚炮利的需要,举办了一系列所谓的洋务事业,创办了我国最早的近代工业。为了培养掌握近代科学技术的技术人员和工人,开始兴办实业教育,创设了一批实业学堂,其中一部分是培养高级技术人才的,是我国高等专科学校的鼻祖,同时它实施的是实业教育,具有职业教育的性质,因此它又是我国高等职业教育的开端[①]。

　　1949年后,新中国对旧中国的职业学校加以改造、整顿,并有所发展,但回避"职业教育"的名称,始称"技术教育"。1953年,全面学习苏联教育,由于苏联学制无专科学校,我国于1953年以后,逐步取

[①] 李兰巧. 高等专科教育转向高等职业教育的研究[D]. 北京:北京大学,1997.

消了专科中的工科学校，只保留了少数师专和医专，而且归入普通高等教育系统管理。专业教育代替了职业教育和技术教育，职业教育一直停留在中等水平，高等职业技术教育在我国不被承认，50年代上半期，我国形成的职教系统实际是以两类中等职业技术学校为中心的系统：一类是培养中级专业干部的中等专业学校，一类是培养初、中级人才的中等技术学校（即后来的技工学校）。1966年开始的"十年动乱"，使我国的职业技术教育受到极大的摧残，特别是职业中学损失殆尽，高等职业教育就更无从谈起。"十年动乱"结束后，党的十一届三中全会确立了党和国家的工作重点必须转移到以经济建设为中心的社会主义现代化建设上来，大力发展生产力，并在这个基础上逐步改善人民的物质文化生活的战略方针。为实现这个战略转移，在解决其它一系列问题的同时，教育结构的调整也列入了国家的重要议事日程。1978年4月，教育部在全国教育工作会议上正式提出改革中等教育结构，小平同志在会议讲话中指出要扩大职业技术学校比例。中等职业教育首先得到了恢复。

1979年，中国共产党十一届三中全会以后，我国各地、各条战线掀起了社会主义现代化建设的热潮。尤其是我国东南沿海地区，改革开放的步伐加快，经济建设呈现高速发展的势态。面对经济的发展和社会的进步，人才短缺成了突出的矛盾之一。而由于"文革"对我国教育事业的破坏，人才断层现象亦十分严重。因此，1980年初，经济发展迅速的无锡市及东南沿海的一些中心城市提出要培养地方经济急需的高等应用型人才，经原国家教委批准，建立了我国首批13所职业大学（这类学校后来曾发展到一百余所，现有87所）。

职业大学这一新生事物的诞生，立即受到党和政府的高度重视。1982年，针对当时我国经济发展速度明显加快，人才缺乏的矛盾日趋突出的状况，五届全国人大五次会议提出："要试办一批花钱省，见效快，可收学费，学生尽可能走读，毕业生择优录用的专科学校和职业大学。"1985年，在《中共中央关于教育体制改革的决定》中明确提出："要积极发展高等职业技术院校，逐步建立起一个从初级到高级、行业配套、结构合理又能与普通教育相互沟通的职业技术教育体系。"1986年，国家教委《关于改革和发展成人教育的决定》中明确提出："职工大学、职工业余大学、管理干部学院应当利用自己同企业、行业关系紧密的有利条件，结合需要，举办高等职业教育。"

1994年，我国教育工作会议明确提出要通过现有职业大学、部分高等专科学校和独立设置的成人高校改革办学模式，调整培养目标来发展高等职业教育，在仍不满足时，经批准可利用少数具备条件的重点中等专业学校改制或举办高职班等方式作为补充（简称"三改一补"）来发展高等职业教育。1996年9月和1999年1月，随着我国的《职业教育法》和《高等教育法》正式实施，确立了高等职业教育的法律地位。这一系列方针和政策极大地推动了我国高等职业教育的发展。截至2000年，高职高专毕业生达99.84万人，比普通高校的45.41万人多54.43万人；招生195.16万人，比普通高校的104.59万人多九十余万人；在校生419.78万人，比普通高校的216.07万人多两百余万人。

2010年，教育部召开了全国高等职业教育改革与发展工作会议，明确提出以提高质量为核心，以"合作办学、合作育人、合作就业、合作发展"为主线，紧紧围绕科学把握办学定位、深化教育教学改革、推进体制机制创新、提升办学基础能力、拓展社会服务功能等五个方面推进改革与发展，努力建设中国特色现代高等职业教育。会议还对《国家高等职业教育发展规划（2011—2015年）（征求意见稿）》和《教育部关于推进高等职业教育改革发展的若干意见（征求意见稿）》征求了意见。会议的召开标志着我国高等职业教育的改革与发展进入了新的历史阶段。

2011年，《教育部关于推进中等和高等职业教育协调发展的指导意见》中明确指出："高等职业教育是高等教育的重要组成部分，重点培养高端技能型人才，发挥引领作用。完善高端技能型人才通过应用本科教育对口培养的制度，积极探索高端技能型人才专业硕士培养制度。"2011年，《教育部关于推进高等职业教育改革创新引领职业教育科学发展的若干意见》提出："高等职业教育具有高等教育和职业教育双重属性，以培养生产、建设、服务、管理第一线的高端技能型专门人才为主要任务。"

2015年，为落实《教育部办公厅关于建立职业院校教学工作诊断与改进制度的通知》（教职成厅〔2015〕2号），推动和指导各地职业院校分类开展职业院校教学诊断与改进（简称"诊改"）工作，我司组织研制了《高等职业院校内部质量保证体系诊断与改进指导方案（试行）》，进一步完善了高等职业教育内部质量保障体系。

高等职业教育的迅速发展，一方面缓解了各地经济建设迫切需要人才的矛盾，另一方面促进了我国高等教育的结构改革，取得了举世公认的成就，但同时也暴露出一些与社会需求不相适应的问题，特别是人才培养模式还存在着诸多缺陷。

第一，在高等职业教育人才培养模式的理念上，注重社会功能，忽视育人功能。即把高等职业教育人才培养模式当成一种"缓冲"社会矛盾的"减压器"，用来延缓社会就业矛盾和缓解高考"落榜生"的升学压力。从而冷落甚至贬低了具有特殊职能的和教育本质特征的高等职业教育的育人功能。

第二，在高等职业教育人才培养目标上，注重"成器"教育，忽视"成人"教育。无论是普通高等教育，还是高等职业教育，人都是其出发点和最终归宿。因而教育总是担负着解放人、完善人、提升人、赋予人以人性素质的长远责任①。一切教育，就其本性来说，都应该是面向未来的，当今时代明确地向教育提出了"为一个尚未存在的社会培养新人"的任务②。但是，当今的高等职业教育实践都是以对"人"的忽视和"人"失落为特征的。我国高等职业教育人才培养目标明确定位为"培养生产、服务、管理第一线的实用技术人才"，把高职学生当成技术的容器，试图使其将来成为实用技术的高级"机器人"。教育的本质是使人成为"人"，高等职业教育既具有自身的特殊性，又具有教育本质的共性，也应是"成人"教育，即旨在培养积极参与社会生活的、有社会责任的、全面发展的社会公民，促进人的生活的、道德的、情感的、理智的与技术的和谐发展。

第三，在高等职业教育人才培养的层次上，注重专科教育，忽视更

---

① 张应强.高等教育现代化的反思与构建［M］.哈尔滨：黑龙江教育出版社，2000：139.

② 联合国教科文组织国际教育发展委员会.学会生存——教育世界的今天和明天［M］.北京：教育科学出版社，1996：36.

高层次的教育。目前,我国高等职业教育人才培养定位在专科层次上有悖于国际惯例与客观实际。从国际惯例来看,按联合国教科文组织1997年颁布的《国际教育标准分类法》,高等职业教育是高等教育的一个重要类型,它和以"学术目的为主"的普通高等教育并存于专科、本科和硕士各层次教育中。从客观实际来看,"随着科技进步,有些行业第一线的实用人才需要较长的学习年限才能完成其专业训练。例如,飞行学院培养现代飞机的驾驶员需要4年,飞机驾驶员是第一线实用人才,但其学习年限是属于本科层次。因此,高等职业教育并不限于专科"。另外,高等职业教育和专业学位教育也具有内在联系,"专业学位作为具有职业背景的一种学位,为培养特定职业高层次专门人才而设置",其目的在于"加速培养经济建设和社会发展所需要的高层次应用型专业人才"。关于专业学位,"一些发达国家把这种学位叫职业学位,作为从事某种职业的必备条件"。可见,专业学位教育与高等职业教育一脉相承,这就奠定了高等职业教育的教育层次高移的实践基础①。

第四,在高等职业教育人才培养课程设置上,注重专识教育,忽视通识教育。目前,通识教育概念尚未引入高等职业教育,似乎高等职业教育与通识教育无缘。但是,在我国高等职业教育界,实际上有两大课程体系是为通识教育服务的,一是公共必修课,二是公共选修课。公共必修课主要包括"两课"及外语、体育、计算机等,这些课程有明确的等级考试和达标要求;至于人文科学、自然科学、艺术类的公共选修课则或是可有可无,或是五花八门,处于十分尴尬的境遇。

第五,在高等职业教育人才培养的教学上,注重理论教育,忽视实践教育。有的院校办学理念不清晰,企图把高等职业教育办成普通专科型,进而"跻身"于普通本科院校;有的院校基础不实,仓促上阵,缺乏必要的实践教育条件;有的院校教师大都是传统型教师,又疏于联合外聘,"双师型"教师奇缺,要完成教学任务,在教学时只好"君子动口不动手"。高等职业教育人才培养模式的种种缺陷,导致高职院校和社会处于两难境地。一方

---

① 王明达. 关于发展高等职业教育的几个问题[M]//高等职业教育的理论探索与教改实践. 北京:高等教育出版社,1999:13.

面，社会特别是大中型企业迫切需要大量智能型的高级实用技术人才而又供不应求；另一方面，高职院校逐年扩招而培养出来的人才却被社会排斥又得不到社会的认同。因而，近几年来，社会大众对高职教育的效能多持批评态度，对改革高职教育人才培养模式的呼声高涨。

二、选题意义

根据教育研究的目标或目的分类，人们把教育研究分为基础研究和应用研究。前者的基本目的在于扩展知识，后者则旨在解决实际问题。"高等职业教育人才培养模式的研究"是介乎基础研究和应用研究之间的偏重于应用的研究，是一项应用基础研究。为什么要对高等职业教育人才培养模式进行研究？换言之，高等职业教育人才培养模式的研究意义何在？对于这个问题，可以从两个方面来认识：一是从其对于指导与深化实践的贡献，二是从其对于建构与发展理论的贡献，前者即所谓实践意义，后者则是所谓理论意义。

1. 实践意义

（1）为政府和教育行政部门决策提供操作依据。大力发展高等职业教育，满足社会经济发展和广大学生求学和个性发展的需求，是我国政府的既定方针。但我国政府对高等职业教育人才培养模式缺乏明确的界定，以致现在的高等职业教育发展各行其是，要么成为"压缩式本科"，要么成为"拔高式中专"，缺乏个性和特色。由于没有现存经验和可供参照的成功模式，政府在提倡和鼓励大力发展高等职业教育的同时对引导其人才培养的模式又显得束手无策。由于传统与现实的多方面原因，高等职业教育人才培养模式又常常会受到政府及教育行政部门较多的监督、控制乃至直接干预，在不少地区，高等职业学校缺乏灵活的办学机制和适应市场的自主权。而问题恰恰在于：高等职业教育人才培养模式的探索，或者说基于社会所尝试的人才培养模式改革措施往往都会与我国现行的普通做法迥然相异，甚至会使人才培养模式的外部形态都发生根本性变化。比如：若要加强高等职业教育人才的弹性素质，更加符合人的发展和人适应社会的发展，高职人才培养目标往往要加强专业方向上的通识教育，使高职学生成为"一个健全的人"，而非"技术机器"。显然，就我国现状来说，高职院校在人才培养模式上采取的上述改革措施,就不能不得到教育行政部门的认可和支持。若要在全国范围对高职人才培养模式进行此类广度和深度的改革,则更需要地方和国家教育行政部门在管理决策时具有通识教育的视野。高职人才培养模式的研究成果将有助于学校与教育行政部门的管理人员形成这种视野。

(2) 为高等职业院校优化人才培养模式提供可资借鉴的范式。经济体制转型期间,各行各业组织都处于调适环境的过程中,并有诸多不适应,高等职业教育亦不能例外①。以金融、商品流通、交通、通信、房地产为主的第三产业飞速发展,使社会产生了一些新的职业岗位。在经济和社会大变革中,社会原有的职业岗位产生了既有分化又有复合的现象,社会职业岗位的变化使高职院校面临许多新的课题。比如:高职人才培养目标的多元化问题,专业的弹性化问题,课程的综合化问题等等,核心的问题是人才培养模式问题。十几年来,我国高职教育走的是一条"新瓶装旧酒"的发展道路,也就是说,我国的高职教育是伴随着改革开放而发展起来的一种新型的教育类型,但由于缺乏创新精神,而仿效沿袭了普通高等教育人才培养模式,"穿新鞋走老路",学生的"学"是为了"考",而不是为了"用"。因而,现行高职教育人才培养的模式普遍不适应社会,其质量得不到社会认可,高职教育人才培养模式亟待突破。本课题拟从培养理念、培养目标、专业设置、课程构造和教学过程等方面探索高职教育人才培养新模式,从而为各类高等职业院校优化人才培养模式,适应社会需求提供借鉴范式。

(3) 为满足广大人民群众及广大学生个人发展提供多样化的空间。我国的经济建设和社会发展水平已进入高等教育大众化阶段,广大人民群众迫切希望子女能接受高等教育,既学会"做人"又学会"做事";广大青年学生普遍希望在高中教育结束以后能进入不同类型的大学深造,特别是能适应自己的个性、兴趣、愿望的需要,为个性发展提供良好的条件。因此,研究高等职业教育人才培养模式多样化既可以满足广大人民群众的愿望又可促使学生选择适合自己发展的渠道。

---

① 上海市教育委员会成人教育办公室.高等职业技术教育专业建设[M].北京:高等职业教育出版社,1999:3.

2. 理论意义

高等职业教育人才培养模式研究的理论意义包括三个方面，即对丰富高等教育哲学、丰富职业教育理论和丰富高等教育理论有一定贡献。

(1) 对丰富高等教育哲学有一定贡献。高等教育哲学是对高等教育理论和实践进行指导的教育科学。它不仅运用哲学的理论去探讨高等教育一些带根本性的问题，而且借助高等教育的实践者获得对包括高等职业教育在内的高等教育的认识以充实高等教育哲学。20世纪70年代，美国学者约翰·布鲁贝克在《高等教育哲学》中论及"普通教育和职业教育"时提出："今天，一个人只能希望成为精通有限领域学问的人。这就向高等教育哲学提出了怎样安排大学课程问题。是应该进行普通教育，即范围较培根式学问窄一些的教育，把专业化教育留给研究生阶段和专业教育阶段进行呢，还是普通教育与专业教育（特别是职业性教育）在大学同时进行呢？"高等教育是要培养"全面发展的、有价值的人"，还是培养"有用"的人，即商人、企业主或专家呢？布鲁贝克承认："对这些问题的回答众说纷纭，莫衷一是，有些回答甚至是不可协调的。"[①] 本课题正是努力解决上述问题。对以上问题的研究解决，实际上就是对高等教育哲学的一种丰富、一种贡献。

(2) 对丰富职业教育理论有一定贡献。长期以来，我国职业教育的人才培养实际上成为一种终结教育，仅限于中专层次，后来发展到专科层次。这是我国职业教育理论的极大局限。从国际惯例来看，联合国教科文组织1997年颁布《国际教育标准分类法》，该文件采取教育等级和教育计划交叉分类法。如第5级分为5A级，"课程在很大程度上是理论性的，目的是进入高级研究课程和人事高技术要求的职业作充分准备"。5B级，"课程内容是面向实际的，是分具体职业的，主要目的是让学生获得从事某个职业或行业或某类职业或行业所需的实际技能和知识，完成这一级学业的学生一般具备进入劳务市场所需的能力与资格"[②]。这就说明，高等职业教育是高等教育的一个

---

① 约翰·S. 布鲁贝克. 高等教育哲学 [M]. 王承绪，等，译. 杭州：浙江教育出版社，2001：87.

② 联合国教科文组织. 世界技术与职业教育纵览 [M]. 刘来泉，译. 北京：高等教育出版社，2002：273.

重要类型，它是和以"学术目的为主"的普通高等教育并存于专科、本科和硕士乃至博士各层次教育中。因此，本课题把人才的培养放在专科、本科以及研究生教育三个层次来思考，拓宽了职业教育视野，丰富了职业教育理论，对于职业教育的内涵与外延、体系、课程开发有着十分重要的意义。

（3）对丰富高等教育理论有一定贡献。人类从事社会活动离不开四种人才：第一种是学术型人才，这种人才主要从事科学研究，发现规律，创造理论；第二种是工程型人才，这种人才应用学术型人才创造的理论从事规划、统筹、设计（包括产品设计）工作；第三种人才是技术型人才，过去亦称作中间型人才，他们是生产第一线或工作现场的技术人才，他们的主要作用是将工程型人才的规划设计变成现实的产品或为社会服务的项目；第四种人才是技能型人才，他们是生产第一线或工作现场的直接操作者。我们国家长期以来重视前两种人才的培养，忽视后两种人才的培养，特别是忽视第三种人才的培养，对第三种人才的理论研究更是凤毛麟角，在我们的教育中长期重理论、轻实践，重学科、轻技术，所以我们国家近二百年来未出现一个大发明家[①]。很长一段时间，高等教育改革主要是围绕一个核心进行，即理论联系实际。从1958年的教育改革到现在，一直强调理论联系实际，教育与生产劳动相结合，但改革成效不大，其中一个重要原因是我们在高等教育发展中不重视技术型人才的培养。因此，本课题研究的价值之一，便是揭示高等职业教育人才的本质特征和成长的基本规律，探索高等职业教育理论与实际紧密结合、创新与实践紧密结合的有效途径，为高等教育学奠定学科基础。这样，高等职业教育人才培养模式研究所获得的理性认识本身，往往也可以成为高等教育学中相对独立的组成部分。即是说，高等职业教育人才培养模式研究对于丰富与发展高等教育学理论也是有潜在价值的。

第二节　高等职业教育人才培养模式研究的现状

人才培养模式是我国教育改革进程中早就提出的一个急待解答的重大理

---

① 薛喜民. 高等职业技术教育专业建设实践与探索［M］. 北京：高等教育出版社，1999：2.

论问题与实践问题,但作为独立的概念体系予以研究是20世纪90年代的事。就所能涉及的文献,笔者认为国内较早研究人才培养模式的似乎是查有梁,其在1993年出版了《教育模式》以及后来的《教育建模》两本专著,但以上著作论及的教育模式并不是完整的人才培养模式,只是人才培养中的教学模式①。1998年教育部召开的全国普通高校教学工作会议的主文件《关于深化教学改革,培养适应21世纪需要的高质量人才的意见》,对"人才培养模式"这一概念的表述是:"人才培养模式是学校为学生构建的知识、能力、素质结构,以及实现这种结构的方式,它从根本上规定了人才特征并集中地体现了教育思想和教育观念。"②在这一表述中,包含了人才培养模式的依据(教育思想)和作用(规定人才特征),主体(学校)和客体(学生),静态(诸因素的结构)和动态(实现结构的方式)等等,可以说,揭示了概念若干重要的内涵,但远不是全面的概括,更不是科学的界定。在高等教育人才培养模式理论研究方面,比较有代表性的是龚怡祖,他在1999年出版的由潘懋元教授作序的《论大学人才培养模式》专著中,首次系统地从理论上阐述了"人才培养模式"概念,提出了"专业设置、课程体系、培养途径、教学运行机制、教学组织形式及淘汰模式"等六个要素,形成了高等教育(也包括高等职业教育)人才培养模式研究的基本框架③。

自20世纪80年代兴办高等职业教育以来,我国对其人才培养模式的探索主要是在实践层面上,真正将高等职业教育人才培养模式纳入理性观察的视野是在90年代初期。由武汉工学院黄石分院、黄石职业大学主编的《高等专科人才培养概论》④是这一时期的代表作,另一本比较有影响的著作是忻福良著的《高等专科教育学》⑤。一个有趣的现象是,学者李兰巧所著的《高等专科教育转向高等职业教育的研究》⑥一文,从培养目标、专业设置、

---

① 查有梁. 教育建模 [M]. 南宁:广西教育出版社,1998:34.
② 龚怡祖. 论大学人才培养模式 [M]. 南京:江苏教育出版社,1999:1.
③ 龚怡祖. 论大学人才培养模式 [M]. 南京:江苏教育出版社,1999:5.
④ 武汉工学院黄石分院,黄石职业大学. 高等专科人才培养概论 [M]. 武汉:湖北科学技术出版社,1998:124.
⑤ 忻福良. 高等专科教育学 [M]. 太原:山西教育出版社,1993:234.
⑥ 李兰巧. 高等专科教育转向高等职业教育的研究 [D]. 北京:北京大学,1997.

课程模式、培养途径等几个方面对专科和高职进行了比较，从相同相通之处提出了转向建议。这是迄今发现的唯一系统研究高等专科教育向高等职业教育转向的成果。同期，罗强元主编的《高等工程教育人才培养模式》[①]和吕鑫祥著的《高等职业技术教育研究》[②]，这两本著作对高等职业教育的培养目标、专业设置、教学计划、课程模式等均作了较为全面而系统的论述，形成了我国高等职业教育人才培养模式的初始形态。紧接其后，由杨金土、孟广平、严雪怡等学者撰写的《论高等职业教育的基本特征》对高等职业教育人才培养模式的各个要素进行了更为详尽的论述，该文成为有关高等职业教育人才培养模式研究的权威之作[③]。纵观90年代的研究文献，由80年代经验层次上升到这一时期的理论层次，这是一大进步，但一个明显的问题是，这一阶段尚未形成高等职业教育人才培养模式独立的概念体系，缺乏对"高等职业教育人才培养模式"这一基本概念的讨论和界定。另外，教育行政部门对高等职业教育人才培养模式尚未产生足够的重视。

进入21世纪，无论是学术界还是行政部门都开始重视构建高等职业教育人才培养模式的概念体系和操作体系。教育部于1999年11月召开了第一次全国高职高专教学工作会议，之后印发了《教育部关于加强高职高专教育人才培养工作意见》，第一次正式提出"高职高专教育人才培养模式"这一概念，并概括出其基本特征为：以培养高等技术实用型人才为根本任务；以适应社会需求为目标；以培养技术应用能力为主线设计学生的知识、能力、素质结构和培养方案；毕业生应具有基础理论知识适度、技术应用能力强、知识面较宽、素质高等特点；以"应用"为主旨和特征构建课程和教学内容体系，实践教学的主要目的是培养学生的技术应用能力，并在教学计划中占有较大比重；"双师型"（既是教师又是工程师、会计师等）教师队伍建设是提高高职高专教育教学质量的关键；学校与社会用人部门结合，师生与实际

---

① 罗强元. 高等工程教育人才培养模式 [M]. 成都：四川教育出版社，1997：139.

② 吕鑫祥. 高等职业技术教育研究 [M]. 上海：上海教育出版社，1998：234.

③ 杨金土，孟广平，严雪怡，等. 论高等职业教育的基本特征 [J]. 教育研究，1999（4）：58.

劳动者结合，理论与实践结合是人才培养的基本途径①。同时，教育部组织实施了《新世纪高职高专教育人才培养模式和教学内容体系改革与建设项目计划》，研究项目涉及高职高专教育的地位、作用、性质、培养目标、培养模式、教学内容与课程体系、教学方法与手段、教学管理等诸多方面，共有六十多个子课题，全国一百八十余所附设和独立设置的高职院校参加了实验和研究②。

在国家教育行政部门引导下，理论界对高等职业教育人才培养模式的概念体系开始进行讨论，归纳起来主要集中在以下几个方面：

关于高等职业教育培养目标模式。高等职业院校培养什么规格的人既是大家关注的热点，又是高职人才培养模式构建的基础，人们从不同的角度进行了审视：一是强调实用型人才。国家教委原副主任王明达把高等职业培养目标定为培养生产、服务、管理第一线的实用人才，认为"专科学校、职业大学、独立设置的成人高等学校，其培养目标主要是第一线的实用专门人才"。教育部也强调，高职高专要培养"适应生产建设管理、服务第一线需要的德、智、体、美等方面全面发展的高等技术应用型专门人才"。二是强调技术型人才。杨金土、孟广平等认为，人才按其知识与能力结构的类别分不同类型，在大多数情况下，可分为学术型、工程型、技术型和技能型，同时又明确指出："高等职业教育具体的培养目标比较多样，几乎覆盖社会各行各业，但就其人才类型而言，主要是技术型人才。"③ 这类技术型人才是在技能型和工程型人才中分化出的一种新的人才类型，也称中介人才。技术型人才分布的职业技术岗位主要有专业技术岗位、经营管理岗位、经营业务岗位和智能操作岗位。三是实用技术型人才。娄玉琴在《高等职业教育培养目标与人才规格》中则综合了上述两类人才的特征，他认为，从人才档次、招生来源、人才类型、毕业去向、知识智能等五个方面综合，"高等职业教育是在高中阶段教育基础上进行的职业教育，培养适应生产经营与服务第一线

---

① 龚怡祖. 论大学人才培养模式 [M]. 南京：江苏教育出版社，1999：5.

② 中华人民共和国教育部. 新世纪高职高专教育人才培养模式和教学内容体系改革与建设项目计划 [G]. [2000-01-17].

③ 杨金土，孟广平，严雪怡，等. 论高等职业教育的基本特征 [J]. 教育研究，1999 (4)：58.

需要的，德、智、体全面发展的技术型和高级技能型实用人才"[1]。四是强调桥梁式人才。冯振生、周明辰主编的《高等职业教育理论研究与实践》认为，高等职业教育培养目标不是简单的操作工、技工或初级管理人员，而是生产第一线的工程师、技师、工艺师、经济师等高级专门人才，是能把基础理论化为实际实用技术的"桥梁式专门人才"[2]。五是"本科＋技师型"人才。由天津职业技术师范学院在全国首创的"本科＋技师"大学毕业生既弥补了一般工科院校毕业生动手能力的不足，又弥补了实践中成长起来的技师现代理论和技能的欠缺，为高等本科职业教育人才培养模式多样化做出了新的探索，被称为"体现世界同类教育发展趋势"。目前，国内在高职人才培养目标问题上存在较大争议，主要分为能力本位派和素质本位派亦即全面发展派。一方是受国外职业教育影响，提倡能力本位，主张从职业岗位群的发展需要出发，培养学生的专业能力、社交能力、心理承受能力、综合能力、表达能力。另一方是接受马克思主义教育观，提倡"人的全面发展"，主张以职业素质为本位，以职业能力为核心，培养健全的人格。

关于高等职业教育专业设置模式。当前，专业设置的研究主要是"窄"和"宽"的讨论。我国教育界不少人认为高等职业教育应有较强的岗位针对性，其特点是"窄口径"。有的学者认为高等职业教育的专业设置"不是针对学科而是针对职业岗位或岗位群的"，其特点是："由于岗位性或职业性较强，故而针对性也比较强；同时，正由于岗位性比较强，也就导致人才的可塑性较小。"[3] 近几年，由于科学技术的迅猛发展，出现了高等职业教育拓展专业宽度的趋势。所以，不少人主张强调高等职业技术教育针对社会发展需要，其特点是"宽口径"，也有人提出专业设置"宽窄并举"。要根据高职高专教育的培养目标，针对地区、行业经济和社会发展需要，按技术领域和职业岗位（群）的实际要求设置和调整专业，专业口径可宽可窄，宽窄并存。

---

[1] 娄玉琴. 高等职业教育培养目标与人才规格 [J]. 中国人民大学复印资料，2000：100.

[2] 冯振生，周明辰. 高等职业教育理论研究与实践 [M]. 武汉：中国地质大学出版社，2000：201.

[3] 王浒. 高等职业教育的理论探索与教改实践 [M]. 北京：高等教育出版社，1999：19.

有的学者认为在确有社会需求的前提下，专业设置可以宽一点，即按"技术领域的需要设置专业"，如计算机应用技术专业、机电一体化专业；也可窄一点，即按"职业岗位（群）的需要设置专业"，如汽车维修专业、秘书专业、旅游饭店专业等。还有一些学者对专业设置的概念更加模糊，只提出专业设置的基本原则①。有的学者在综合国际及我国台湾地区的经验后只提出大的原则，如适应性原则、稳定性原则、择优性原则、可行性原则②。

关于高等职业教育课程设置模式。学术界普遍认为，应充分体现高职的教学特色，采用基础课、专业课和实践课三部分组合的形式，实行理论教学和实践教学分开进行，二者并重，相互结合。基础理论和专业理论以要求"必需""够用"为度，同时又保证具有一定的理论深度，以免模糊与中等职业教育的界限，强化实践课教学，健全实践课教学体系③。另有一种观点认为，应改革过去"老三段"的模式，实行模块式课程，认为高职课程应由四个部分组成：公共基础课模块、学科专业课模块、职业技能课模块和综合选修课模块，特别强调四种模块的有机整合④。

关于高等职业教育师资形态模式。目前，"双师型"是我国教育界对职教师资（特别是专业教师）普遍提出的基本素质要求，但由于职业教育的情况非常复杂，对"双师型"的解释也有分歧，主要观点有四种。第一种观点是具有工程师、工艺师、技师、医师等技术职务，取得教师资格从事职业教育、教学工作的即可视为"双师型"教师，持这种观点者认为"双师型"教师来自社会招聘，高等学校不可能培养出"双师型"教师。第二种观点是，"双师型"教师没有一个统一的、具体的标准，从教学实际出发，只要既能胜任理论教学，又能指导学生实践教学的教师，就可看作"双师型"教师。这也是职业学校中的实际情况。第三种观点是，"双师型"教师反映了对职业学校教师的基本要求和职业教育教学的本质特征，可以通过一定的培养和

---

① 郭静. 高等职业教育人才培养模式 [M]. 北京：高等教育出版社，2000：88.

② 吕鑫祥. 高等职业教育的基本特征 [J]. 职业技术教育，2000（5）：11.

③ 俞克新. 高等职业教育的理论探索与教改实践 [M]. 北京：高等教育出版社，2000：71.

④ 周明星. 职业教育管理专业课程设置的继承与创新 [J]. 职业技术师范学院学报，2001（8）：78.

培训来实现。天津职业技术师范学院"实行双证书制,培养一体化职教师资"的教学成果,获国家普通高校教学成果一等奖,而且其"双证书"毕业生得到了职业学校充分认可,为第三种观点提供了实践支持[1]。第四种观点是,"双师型"教师已不能适应高等职业教育发展的需要,应提倡"三师型"教师,既是教师,又是工程师,还是职业指导师[2],"三师型"教师将是高等职业教育师资的新形态。

关于高等职业教育人才培养途径模式。高职院校与产业部门结合,共同培养人才的产学研合作教育是当前改革发展的一个重要趋势。国内学者比较一致地认为,发展高等职业教育,要面向社会,依托行业、企业及行业主管部门和政府主管部门,走实体化合作办学道路,走产学合作的道路,并认为这是高等职业技术应用型人才和技能型人才培养的重要途径[3]。有的学者认为,高职产学研合作教育形式多样,如校企共建实践教学基地,合作开展教学活动,学校面向企业开展在职培训以及校企合作进行科技开发等。有的学者还分析了产学研合作机制的四个基本特征:互动介入性、目标一致性、相对稳定性、共同协定性。

综上所述,高等职业教育人才培养模式处于探索阶段,缺乏成熟的理论构建。目前人才培养模式注重了以职业岗位能力要求为目标来组织教学,初步形成"以职业能力为中心"的指导思想。但以培养职业岗位能力的教学针对性较窄,使学生形成的这种能力难以适应科学技术迅速发展的形势,迫切需要进行改革。

第三节 研究的基本线索与研究方法

总的来说,本研究强调以整体性与系统论为基本研究原则,以中介研究策略和模式研究方法作为切入点,从我国高等职业教育人才培养模式的突出问题及其所导致的高职教育办学质量和效益的种种缺陷出发,围绕"以培养

---

[1] 周明星. 职业教育学通论 [M]. 天津:天津人民出版社, 2002:26.

[2] 周明星. 职业院校"双师型"教师教育研究 [M]. 长春:吉林科技出版社, 2002:56.

[3] 郭静. 高等职业教育人才培养模式 [M]. 北京:高等教育出版社, 1999:27.

素质型实用高级专门人才为目标,构建高等职业教育人才培养模式"核心主张展开研究,在理论论证和实践总结的基础上,提出高等职业教育人才培养的优化模式,并对如何建构多样化和最优化的高等职业教育人才模式进行理论论证和案例点评。

本课题研究的总体方法:其一,按照逻辑,运用演绎法进行研究,从准确把握人才培养模式等基本概念入手,构建出高职院校人才培养模式的理论框架使之具有理论性;其二,按照历史,从高职院校的涨落,运用归纳法研究并总结经验教训使之具有启发性;其三,按照层次,从培养目标到专业设置、从课程开发到培养途径等,用演绎与归纳结合的方法构建高职院校人才培养优化模式使之具有针对性。具体研究方法有五点。

一、调查研究方法

满足社会主义建设对高等职业教育人才的实际需求,这是高等职业教育的出发点和最终归宿。社会需要不需要高等职业教育人才,需要什么样的高等职业教育人才,这些是高等职业教育要解决的首要问题。这些问题的解决不是靠人的主观意愿和臆想,而是必须通过充分的社会调查。本研究准备在全国部分高等职业学校和全国部分大中型企业开展问卷调查,对用人部门工作岗位进行科学分类,了解和分析哪些岗位群由高等职业教育人才来承担最为合适;同时对毕业生进行跟踪调查,将毕业生在工作岗位上的适应状况作为信息反馈,以此分析教育质量,改进教学工作。

二、历史研究方法

我国近代的高等职业教育,从1866年左宗棠创办福建马尾船政学堂起,时起时落,至今已有一百五十余年历史。解放前后,就有一批办得比较出色的高等职业学校,积累了丰富的办学经验。我们应当对我国近代的高等职业教育史进行认真的研究,吸取成功的经验,并尽可能避免历史上曾经出现过的挫折和失误。

三、系统研究方法

所谓系统,即处于一定相互关联之中、与环境发生关系的各个组成部分的整体。高等职业教育是整个教育大系统里的一个组成部分,我们应当避免孤立地、封闭地研究高等职业教育。纵向上,要考虑本科和专科的合理分工；横向上，要注意普通高等学校、高等职业学校、成人高等学校等不同教育类型间的衔接与沟通。在学校内部，系统研究表现为对教育要素（培养目标、专业设置、课程设置、教师结构、培养途径等）的综合性分析，从而提出整体优化构想。

四、实验研究方法

教育科学在很大程度上是一门实验科学。当前高等职业教育有不少问题尚未解决，如怎样才能办出高等职业教育的特色，如何确立合理的高等职业教育的课程体系，如何加强高等职业学生的实践能力，如何使教师适应高等职业教育要求，这些问题，只有通过改革试验才能逐步获得解决。从2000年开始，教育部高教司组织全国六十多所高职高专学校进行教改试验，并把它列为"九五"期间教育科研的一个重要项目，以期通过这项实验研究，取得经验，推动全国高等职业教育的改革。本课题研究要及时借鉴这些实验的成果。

五、比较研究方法

德国的高等职业学校、美国的社区学院、日本的高等专门学校和短期大学、英国多科性技术学院的三明治教育，特别是我国台湾地区的科技大学，都是办得比较成功的，他们的经验值得我们借鉴。在学习外国和其他地区的经验时，要避免50年代学苏联时出现的一边倒现象，要博采众长，并结合中国国情。在进行横向跨国跨地区比较研究时，要将不同国家和地区的高等职业教育制度与他们的历史传统、文化背景、政治社会制度、经济发展状况、教育系统结构联系在一起，进行系统分析，这样研究才能揭示各国高等职业教育成功的原因，在借鉴时才不会采取简单的全盘照搬的做法。

第四节　主要内容与基本观点

一、主要内容

本课题研究初步分八个部分。绪论部分提出问题及其研究价值、研究现状、内容与方法；第一章讨论什么是职业教育和高等职业教育，什么是高等职业教育人才培养模式以及该模式与普通高等教育的区别等，并得出一个操作性定义；第二章在梳理我国高等职业教育发展历程的基础上，反思高等职业教育人才培养模式现状，以及产生种种缺陷的内部和外部原因，提出高等职业教育人才培养模式的新理念；第三章在对国内外的高等职业教育人才培养目标模式进行分析的基础上，提出素质本位型高等职业教育新目标；第四章在前两章的基础上提出我国高等职业教育人才培养课程模式；第五章在理论指导下提出高等职业教育人才培养教学重心、教学内容、教师形态、教学条件和教学评价等改革思路；第六章总结我国高等职业教育人才培养的产教融合、校企合作、工学结合和半工半读经验；第七章在明确高等职业教育人才培养政策范畴的基础上，通过梳理我国高等职业教育人才培养政策的脉络和缺位，总结产教融合、校企合作、工学结合和半工半读等人才培养经验，继而提出了完善人才培养体系，优化人才培养专业，丰富人才培养课程，创新人才培养机制等政策建议。结论部分综合前述各章，得出本课题研究的主要结论，并提出建议及进一步研究的设想。

二、基本观点

通过研究，本课题试图得出以下基本观点。

第一，高等职业教育实际上应该为职业高等教育，它不是一个层次，而是一种与普通高等教育并行不悖的高等教育类型，包括专科、本科和研究生教育三个层次，主要是培养有知识、有见识和有器识的素质本位型高级应用技术型专门人才。现有的普通专科、工程类本科及专业硕士教育均应为这三个层次的外在形式。

第二，人的发展与社会需求是高职院校确定人才培养类型的首要依据。据调查，我国人才类型大致分为学术型、工程型、技术型和技能型四种，其中高职人才类型应为工程型和技术型，亦称"中介人才"，本课题称之为"素质本位型高级应用技术人才"。

第三，根据高等职业教育的内在规律和专业人才成长的规律，高职院校培养的人才在毕业时还只能具有一定的"类型倾向"，而不能完全"定型"。不同的"类型倾向"具有不同的知识能力结构特征，学生在毕业后进入社会，必须经过实践的锻炼提高，才能成为社会所需要的某种类型的人才，或者说适应某种岗位群的人才。

第四，高等院校素质本位教育从广义上看是高职院校的一个办学思想与理念，即给学生全面的教育与训练，包括专业教育与非专业教育。从狭义上来看，是专业教育的延伸与深化，是专业教育的补充与纠正，是专业教育的灵魂与统帅，旨在通过科学与人文的沟通，培养具有自我发展能力、适应社会变迁能力，视野开阔，拥有完美人格的健全个人的教育。教育的本质是将人培养"成人"，高等职业教育属于教育的一个类型，应在保持职业教育独特性以及因社会变迁的教育自省力之下，必须重新思考专业与通识之间的关系，并规划出一个能够让学习者真正"成为一个人"的学习环境，也就是说，未来高职教育必须兼顾专业教育与通识教育，不仅要培养有技术的专门人才，更要培育有人文气息、有艺术气质、有通识气魄的技术人才。

第五，在社会转型中，我国正由"学历社会"逐步过渡到"学习化社会"，"资格与学历并重"是"学历社会"向"学习化社会"过渡的一个重要环节。因而，职业资格证书制度既是经济发展和社会进步对专门技术和技能型人才的客观要求，又是人们自我完善、不断提升以适应社会发展的需要。"双证书"（学历、资格）是高职教育人才培养的重要途径。

第六，不同的高等职业教育院校会有不同的素质本位的教育。高等职业教育院校各有不同，他们产生于不同的文化、专业和区域背景，他们也有不同的理念及人才培养目标。从目前情形看，高等职业教育已经进入一个"百花齐放"的时期，没有政策导向的素质本位教育就是最好的素质本位教育。因而，素质本位的高等职业教育没有固定的模式，固定模式就意味着失去素质本位教育的意义，各个高等职业院校应该有属于自己的素质本位教育，即是说，素质本位高等职业教育就是学校本位高等职业教育。

第二章　高等职业教育人才培养模式的概念

> 凡为生活做准备的教育都可称为职业教育。
>
> ——斯内登

在导言部分，我们已明确指出，本书旨在讨论素质本位高等职业教育人才培养模式，为了使这项讨论能按已确定的研究方向进行，辨析清楚本研究所涉及的主要概念的内涵是十分必要的。在展开本讨论之前，我们应当对"职业教育""高等职业教育"和"高等职业教育人才培养模式"等基本概念先予讨论确定，得出操作性定义，以指导本论文的研究。至于什么是素质本位，关涉理念问题，则放在后一章去讨论。

第一节　职业教育：一个历史的透视

一、诸种语义的职业教育

要探讨职业教育，我们就必须从职业的概念入手。职业是什么？职业是劳动者能够稳定从事的并赖以生活的工作。在此意义上，职业与工作岗位和工种等概念近乎同义，只是划分的角度不同。但作为"工作"和"岗位"意义上的职业与作为"劳动者名称"意义上的职业是有明显区别的。前者是劳动分工体系中的一个环节，是劳动分工体系物的方面；后者则是与上述环节发生关系的劳动者的社会标记，是劳动分工体系人的方面。职业教育中的职业应该指的是前者。

在教育史上，关于职业教育的解释很多①。杜威认为，职业教育就是为从事职业工作做准备的教育；斯内登认为，凡为生活做准备的教育都可称为职业教育；梅斯在《职业教育的原理和实践》中指出，职业教育是为学生将来从事各种特定职业做准备的教育；《国际教育辞典》指出："职业教育是指在学校内或学校外为提高职业熟练程度而进行的全部活动，它包括学徒培训、校内指导、课程培训、现场培训和全员培训。当今则包括职业定向、特殊技能培训和就业安置等内容。"即使有代表性的教育辞书、职业教育学教科书中所下的定义，也还不够周全。以下是几种有代表性的表述：

1. 《辞海》（中国，1999）

"给予学生或在职人员从事某种生产、工作所需的知识、技能和态度的教育。"②

2. 《产业教育振兴法》（韩国，1990）

"产业教育是指技术高级中学、职业高中、专业大学、实业系统的大学，或经教育部长官认可并设有实业系统的学科及课程的普通高级中学或普通大学，为使学生能够从事农业、工业、商业及其他产业而进行的知识、技术及态度的教育（包括家庭）而言。"③

3. 世界银行（1993）

"职业教育（vocational education）是在学校中为技术工人作准备的，部分课程是专门职业理论和实践；技术教育（technical education）指的是为技术人员作准备，大多在中学后进行，这些机构大多被称为理工或工业学院。"④ 世界银行把职业教育分成九类：传统的学徒训练、常规的

---

① 刘春生，徐长发. 职业教育学 [M]. 北京：教育科学出版社，2003：28.
② 辞海 [M]. 上海：上海出版社，1999：516.
③ 马早明. 亚洲四小龙职业技术教育研究 [M]. 福州：福建教育出版社，1998：267-271.
④ MIDDLETON J, ZIDERMAN A and ADAMS A V. Skills for productivity: vocational education and training in developing countries [M]. New York: Oxford University Press，1993.

学徒训练、企业培训、部分培训机构、与项目相关的培训、中等职业学校、综合性学校、多样化中等学校、职业学校。

4. 联合国教科文组织（2001）

"'技术与职业教育'是作为一个综合术语来使用的，它所指的教育过程除涉及普通教育之外，还涉及学习与经济及学习与经济和社会生活的各部门的职业有关的技术及各门学科及获得相关的实际技能、态度、理解能力和知识。技术与职业教育还进一步理解为：

（1）普通教育的一个组成部分；

（2）准备进入某一就业领域以及有效加入职业界的一种手段；

（3）终身学习的一个方面以及成为负责任的公民的一种准备；

（4）有利于环境的可持续发展的一种手段；

（5）促进消除贫困的一种方法。"[①]

5.《国际教育标准分类法》（ISCED，1997）

"职业或技术教育：主要为引导学生进入劳务市场和准备让他们学习职业或技术教育课程而设计的教育。学完这些课程尚不能达到劳务市场所需要的职业或技术水平。职业前和技术前教育课程的内容至少应有25%与职业或技术有关。为确保职业科目或技术科目不只是许多课中的一门，这一最低要求是必要的。"

"职业或技术教育：主要为引导学生掌握在某一特定的职业或行业或某类职业或行业中从业所需的实际技能、知识和认识而设计的教育。完成这类课程之后则可以获得所在国的主管当局（如教育部、雇主协会等）认可的在劳务市场上从业的资格。"[②]

在职业教育发展到21世纪的今天，职业教育被界定为：在一定普通教育的基础上，对社会各种职业、各种岗位所需要的就业者和从业者所进行的职业知识、技能和态度的职前教育和职后培训，使其成为具有高

---

① 联合国教科文组织. 世界技术与职业教育纵览［M］. 刘来泉，译. 北京：高等教育出版社，2002：68.

② 联合国教科文组织. 世界技术与职业教育纵览［M］. 刘来泉，译. 北京：高等教育出版社，2002：120.

尚的职业道德、严明的职业纪律、宽广的职业知识和熟练的职业技能的劳动者，从而适应就业的个人要求和客观的岗位需要，推动生产力的发展[1]。从职业教育的实践角度来看，可以从广义和狭义两个方面来理解：从广义上说，它泛指一切增进人们的职业知识和技能，培养人们的职业态度，使人们能顺利从事某种职业的教育活动；从狭义上说，它就是指学校职业教育，即通过学校对学生进行的一种有目的、有计划、有组织的教育活动，使学生获得一定的职业知识、技能和态度，以便为学生将来从事某种职业做准备。

职业教育的实践不断促进职业教育领域的扩展。我国的职业教育包括职业学校教育和职业培训。职业学校教育从纵向看，包括初、中、高三个层次。其中，初等职业教育包括职业初中、初中后的"3＋1"等；中等职业教育包括中专、技校、职业高中及成人中专；高等职业教育包括职业大学、职业技术学院、高等技术专科学校、成人高校、高级技工学校以及普通高等学校中设置的二级学院——职业技术学院。从横向看，它包括农业职业教育、工业职业教育、商业职业教育、金融财贸职业教育、政法职业教育、服务职业教育，以及卫生、艺术、体育等方面的职业教育。职业培训包括就业培训、转业培训、提高培训等。

"技术和职业教育"这个名词因而成为世界公认的对这一类教育的称谓。1984年，联合国教科文组织出版了《技术和职业教育》一书。该书并列有"技术和职业教育""技术教育"和"职业教育"三个条目，认为技术和职业教育是一个"综合性的术语"，具有"宽广的教育目的"，也可将技术教育和职业教育分别使用；职业教育"通常在中等教育后期进行""通常着重于实际训练"，培养技能人员（skilled personnel）；技术教育则是"设置在中等教育后期或第三级教育（高中后教育）初期，以培养中等水平人员（技术员、中级管理人员等），以及大学水平的，以培养高级管理岗位的工程师和技术师。技术教育包括普通教育，理论的、科学和技术的学习以及相关的技能训练。由于培养的人员类型和教育层次不同，技术教育的组成可有很大的变化"。

---

[1] 刘春生，徐长发. 职业教育学 [M]. 北京：教育科学出版社，2003：28.

近年来，联合国教科文组织、国际劳工组织、世界银行、亚洲开发银行等国际机构越来越普遍地采用一个广义的词语，即技术和职业教育与培训（technical and vocational education and training），英文缩写为TVET，用以替代传统的职业教育。

我国的职业教育，过去称为职业技术教育，其原意是"职业教育和技术教育"，它反映了我国这一教育领域的实际情况。因为在我国现有的中等职业技术学校中，中等专业学校（未含中师）历来以培养中级技术人员和管理人员为主，国际上将此归属于技术教育；技工学校以培养技术工人和其他有专门技能的操作人员为主，国际上将此归属于职业教育；职业高中则上述两者兼有，以后者占多数。1994年以后，我国将这一类型的教育改称为职业教育，现在已成法定名称，但现实的视野范围并没有任何改变，所以其内涵仍然包括职业教育和技术教育。实际上，目前我国教育界，甚至教育部的主管领导至今在正式场合仍经常使用"职业技术教育"这个名词术语，将它等同于职业教育。

至于我国使用的"职业技术教育"与国际上通用的"技术和职业教育"这两个术语之间的内涵是否有区别，还有待考证。从形式上看，两者的区别，只是职业教育与技术教育在位置排列上有先后次序之分，其内涵所指基本相同，在通常情况下，可以把它们等同对待，都可以用职业教育来称呼。如果深究起来，两者似乎有细微区别，后者更加强调、突出技术教育在这一类型教育中的地位和作用。

二、与普通教育兼容的职业教育

一般来说，职业教育对应于普通教育。何为普通教育？普通教育也称一般教育，英语表述为 general education，它是通过使受教育者掌握具有永恒普遍价值的知识、观念、工具和方法，促使受教育者身心全面和谐发展的基础性教育。普通教育是教育内容范畴的概念，与其相对的是专业教育。普通教育内容具有以下几个特点：（1）普遍性，即其内容是比较稳定的，具有普遍意义的，适应于任何职业，而不是仅适应于个别职业。（2）永恒性，普通教育内容一般是经过实践检验确证无误、逻辑严密的规律性知识体系、观念体系、方法体系和工具体系，这些内容具有能长期发挥作用的潜在力量。（3）基础性，普通教育内容本身不属于专业技术知识，但它是学习专业技术知识必需的基础，可以为各种专业教育提供一种共同的学术基础，它制约着专业工作者专业技术水平的高度和深度。（4）教养性，普通教育内容具有提高人的文化素养、丰富人的精神生活、健全人的思想、陶冶人的情操、塑造人的品格的作用，它能帮助人全面发展，使人成为一个完整的人。（5）全面性，普通教育内容一般涵盖人类知识宝库中各主要领域的精华，它要保证内容的广度，以便受教育者能综合运用知识并使身心得到全面发展。

普通教育的历史可以上溯至古希腊亚里士多德的自由教育（liberal education，博雅教育或文雅教育），这种教育最初以培养博雅的、有教养的、有理性的、心灵自由与和谐发展的贵族为目的。随着基督教的兴起，其含义发生了变化。当时教会提出七艺教育，以神学为一切科目的王冠。自由已不指理性发展，而意为对基督神性的皈依。文艺复兴时期，人文主义者要求冲破教会束缚、解放人性，教育目标被重新定为谋求个人身心的自由发展，自由教育再次得到重视，但强调以学习古希腊、罗马时期古典文献著作为主，以至于将其等同于对希腊文、拉丁文和经典著作的学习。工业革命后，自由教育的内涵得到了充实和发展。纽曼认为自由教育就是智能、理性和思考的练习。进行这种练习的材料是文法、古典文学和哲学等传统课程。他说："这种教育不是为了某一特定的或偶然的目的，不是为了某种特定的职业或专业，也不是为了研究或科学，而是为了智力而训练智力，是使智力能够感知其合适的对象，是为了最高级的文化。"[1]

随着高等教育从社会边缘向社会中心移动，自由教育内容越来越与现实事物联系起来，为了确保对自由教育进行重新思考所需的灵活性，一些人把"自由教育"这一古老称呼还给传统主义者，同时打出了普通教育的旗号[2]。自由教育被逐渐改造为普通教育。美国哈佛大学第23任校长詹姆士·科南特（James Conant）第一次对自由教育和普通教育进行

---

[1] 任钟印. 世界教育名著通览 [M]. 武汉：湖北教育出版社，1994：796.
[2] 约翰·S. 布鲁贝克. 高等教育哲学 [M]. 王承绪，等，译. 杭州：浙江教育出版社，2001：94.

了区分并主张以普通教育代替自由教育。自由教育与普通教育的根本区别在于：自由教育只是限定在少数人身上的教育，而普通教育是面向大多数人的教育，且其内容也比自由教育广泛。永恒主义教育思想的代表——美国当代教育家赫钦斯是普通教育的积极倡导者，他说："如果没有普通教育，我们决不能办好一所大学。"① 他认为普通教育可以给各种专业教育提供一种共同的学术基础。普通教育的目的在于"帮助学生学会自己思考，作出独立的判断，并作为一个负责的公民参加工作"。赫钦斯的普通教育内容是"西方世界最重要的名著以及读、写、思考和谈话的艺术，还有作为人类推理过程最好典范的数学"。赫钦斯把由这些内容组成的课程定义为"永恒的课程"。他认为这些课程集中地体现了人类理性的尊严，代表了人类的理智精神，构成了人类社会的传统，使人与人的沟通与理解成为可能。但是，使大学普通教育产生深远影响的当数科南特在哈佛大学的改革。1945年，哈佛大学一专门委员会发表了题为《自由社会中的普通教育》报告书。该报告指出：普通教育的目标是培养情感和智力全面发展的人，使个人与社会的需要协调起来。按照普通教育计划，课程设置主要按学科进行分类。每位本科生除学习本专业课程外，还必须学习普通教育课程。其中，必修课程包括"文学名著""西方思想与制度"以及从物理学或生物学中选择一门课程。此外，再从人文科学、社会科学和自然科学三个领域中各选修一门全年课程。这样，专业教育和普通教育搭配严谨得当，避免了散乱而缺乏内在联系的知识结构，形成了广泛、全面、有序、系统的知识结构。20世纪70年代以来，人类的知识领域进一步扩充，美国人对西方以外国家与人民的历史和各种问题的兴趣也日益增长。在这一时代背景下，美国教育家们不得不重新考虑如何实施普通教育。在哈佛大学第25任校长博克（Derek Bok）的支持下，哈佛大学文理学院院长罗索夫斯基（H. Rosvsky）于1978年提出"核心课程"计划，用以代替哈佛大学自战后开始执行的《普通教育大纲》。罗索夫斯基认为："从广义上讲，核心课程的目的就是鼓励学生用批判的态度来接受知识，使他们了解在一定的

---

① 任钟印. 世界教育名著通览[M]. 武汉：湖北教育出版社，1994：796.

重要领域里，存在着什么样的知识，这些知识是如何创造出来的，是如何被应用的，并对他们自身有什么意义。"[①]核心课程将基础课分成了六大类10个领域，每个本科生必须从其中8个领域中选修1门课程方可毕业。核心课程计划是一种新型的普通教育计划，它为本科生奠定了一个广博的基础，为专业学习提供了认识问题、分析问题的角度和方法，同时为学生选修其它课程提供一定的参照。哈佛大学的核心课程对美国的本科生教育产生了很大影响，许多高校纷纷建立了类似的课程模式。它使美国大学的普通教育得到了进一步完善。

最近二十多年来，世界各主要国家的大学均不同程度地加强了普通教育。有的大学在教学计划中增设普通教育课程，还有的在专业教育中贯彻普通教育精神。在我国，实施普通教育的机构一直局限在中小学。最近几年，我国一些大学为了改革狭窄的专业教育弊端，强调加强基础，开始在教学计划中增加普通教育内容。我国台湾地区自1983年起，即在大专院校实施通识教育（普通教育），要求大学生在文学与艺术、历史与文化、社会与哲学、数学与逻辑、物理科学、应用科学与技术七大基本范畴中选修4～6学分。

从普通教育的起源分析，我们似乎已经可以得到结论：无论从普通教育的目的还是为实现其目的所设立的课程来看，它既不是自由教育也不是专业教育。那么，普通教育是怎样产生的呢？我们知道，任何一种教育思想及由此产生的教育制度都不是凭空出现的，它有两方面的基础：一是历史传统的影响；二是社会现实的需要。前者表现为对传统的继承，后者则表现为对传统的改造。普通教育亦然，它一方面继承了自由教育的某些长处，如在教育目的上强调对人的理性及一般素质的培养，在课程设置及其教学上强调知识的系统性及不同学科的整体联系等；另一方面它又针对工业化社会过分强调专业教育出现的现实问题，主张人文、社会科学应当与自然科学有同等地位，必须赋予职业目的过强的专业教育以一种人文性质。因此，为满足社会现实的需要，普通教育在课程设置上对专业教育的不足进行了必要的改造。普通教育通过人

---

① 郭健. 哈佛大学发展史研究［M］. 石家庄：河北教育出版社，2000：200.

文科学、社会科学和自然科学相对广博的课程设置和教学,一方面赋予了自由教育新的内涵,在教学生做人的方面起了至关重要的作用;另一方面它又与专业教育携手共进,在教学生如何学习及克服专业教育划分太细所造成的扩大学习领域的障碍,为深入的专业学习奠定必要的知识和能力基础创造了有利的条件。这样,它就把自由教育与专业教育有机地结合为一体,既继承了两者的合理性,又弥补了各自的不足,从而凸显出自己的特性,体现出自己的精神。普通教育的目的也因此逐渐被大学教育者广为认同,并在20世纪中叶以后成为最有影响的通才教育观。

综上所述,普通教育也好,职业教育也好,都只是一种人为的划分而已,从本质上来看,这两类教育是相融相交、互为依存的。正如蔡元培在《向参议院宣布政见之演说》中所指出的:"职业教育好像一所房屋,内分教室寝室等,有个别的用处;普通教育则像一所房屋的地基,有了地基,便可把楼台亭阁等建筑起来。故职业教育所注重的,是专门的技能或知识,有时研究到精微处,也许有和日常生活绝不相干的情形。"他又说:"可是我们要起盖房子时,必得先求地基坚实,若起初不留意,等到高屋将成,才发现地基不稳,才想设法补救,已经来不及了。"所以一些有远见的学者呼吁普通教育与职业教育"携手并进"。如约翰·S. 布鲁贝克就说:"对普通教育持广阔的观点是必要的,因为一个人必须不仅为工作作好准备,而且要为工作变换作好准备。普通教育和职业教育必须携手并进。"[1] 现实中也是如此。如在普通教育阶段,日益强化的劳动技术和科技制作发明等教育融入了现代职业教育因素;在职业教育阶段,逐渐加强的人文知识和文化基础知识,则是普通教育的范畴。二者互为依存,协调发展,顺应了"普通教育职业化,职业教育普通化"的国际教育改革发展潮流。

三、与技术教育融合的职业教育

在论及职业教育时,人们常常对职业教育与技术教育纠缠不清。到底什么是技术教育?职业教育与技术教育又是什么关系呢?

---

[1] 约翰·S. 布鲁贝克. 高等教育哲学[M]. 王承绪,等,译. 杭州:浙江教育出版社,2001:95.

技术教育在世界各国教育体系中的作用日益加强，比重日益增加，在我国的现代化建设中，技术教育也正起着十分重要的作用。技术教育的培养目标是技术型人才，所以，要认识技术教育也就不能不研究技术型人才，而研究技术型人才的前提是要明确技术的概念和内涵。

1．"技术"的概念

"技术"这个名词始于古希腊，当时是指小生产者在长期生产实践中积累起来的技艺和经验。"技术"，在《辞海》1979年版中叙述为：技术是"泛指根据生产实践经验和自然科学原理而发展成的各种工艺操作方法与技能。如电工技术、焊接技术……"在《科学辞典》1985年版中叙述为："技术是为社会生产和人类物质文化生活需要服务的，供人类利用和改造自然的物质手段、精神手段和信息手段的总和。""技术"一词在工业革命以前的含义是"艺术和手工技巧"。在工业革命以后，工业生产中的技巧远比手工业生产时期多，所以这个词的使用频率也日益增多，更主要的是"技术"的内涵不仅是手工技巧，而且包含了逐渐增多的智能技巧。这是"技术"内涵变化的第一个转折。随着社会的进一步发展，社会活动日益丰富，"技术"一词的应用愈显广泛，从而导致对"技术"的理解和表述的多样化。"技术"的内涵从物质性领域又走向了非物质性领域。这是"技术"的内涵变化的第二个转折。同时，"技术"最初的内涵"艺术和手工技巧"却反而逐渐淡化而致消失。从英语来说，technology代表技术，而艺术和手工技巧已分别由art和skill来表达了。在我国用语中，艺术与技术原本分得很清楚，而手工技巧通常是由"技艺"一词来表达。因此，当今我们在应用"技术"一词时，通常是指智能技术。技术指一种专门的手段和方法的体系，为达到一定目的而采取符合该目的所要求的行动、方式、方法和手段都可以称为技术。所以，广义的技术并非专指自然科学技术、生产技术，也包括非物质生产领域的技术，如语言技术、医疗技术、教学技术等等。一般来说，主要指生产技术。即技术是将自然科学知识应用于生产过程，以达到利用和改造自然的预定目的的手段和方法的体系。手段是指一定的生产工具和其他物质设备（硬件）等；方法是指一定的知识、经验和技能以及组织形式（软件）等。这些客观的物质手段和主观的思维、操作方法相互结合形成一个技术系统。

技术与科学的关系，经历了一个历史演变过程。19世纪中叶以后，随着技术与科学之间的关系越来越密切，许多重大的技术革命都是以科学革命为先导，人们对技术与科学的关系的认识也发生了分歧。一种意见认为，技术发明和技术过程可能是科学知识的自觉应用，也可能是经验的积累结果。换句话说，科学与技术之间没有普遍的、必然的联系；另一种意见则主张，尽管科学对技术的作用有程度上的不同，但所有技术活动都是科学的延续，技术必定是科学的应用，甚至认为技术就是应用科学。应当说，这两种观点各有合理之处，又各有偏颇。在当代，的确绝大多数的技术发明都要依赖一定的科学理论，但它又不是科学理论的简单应用。我们在看到技术对科学理论依赖的同时，更要看到技术本身的独立性。热力学原理毕竟不等于蒸汽机，电磁理论毕竟不等于发电机，技术并非科学的简单派生。在现代，一项重大的技术革新，除了需要相应的科学原理外，还需要大量的技术知识，以及经验知识和经验技能。科学与技术之间的联系是很复杂的，从来就不是孰轻孰重的等级关系。技术是一个有着自己结构的特殊体系。科学决定了一件人造物的物理可能性的极限，但它并不能设定一件人造物的最终形态。欧姆定律并没能决定爱迪生照明系统的形态和细节，麦克斯韦的公式也无法决定现代无线电接收机里电路系统的具体形式。一言以蔽之，尽管在现代，技术革新在很大程度上依赖于科学革命，但技术本身是独立的，它有自己独立的发展史和独特的结构。

2. 技术教育

科学的根本职能在于认识世界，回答"是什么""为什么"；技术的根本职能在于发现世界，回答"做什么""怎么做"。所以，在培养一线应用型人才的职业教育中，技术教育占有重要的地位。

技术教育（technical education）有两种含义。一种含义起始于18世纪英、法等欧洲国家，称培养技术工人的教育为技术教育，也即是说，技术教育是职业教育的一种类型，是职业教育的子概念。另一种含义起始于20世纪中叶，把培养技术型这种新型人才的教育称为技术教育，以区别于培养技能型人才的职业教育。技术教育还可以根据其所达到的目的分为两类，即为取得某种职业资格或为从事某种职业而进行的职业教育，称为职业技术教育；不针对某种职业需求而进行的技术教育，称为劳动技术教育。前者主要在中学后职业定向阶段进行，后者主要在基础教育阶段进行。劳动技术教育属于生活知识和劳动教育，其目的在于培养学生的劳动观念、劳动习惯，使学生学会一些劳动技能，在职业教育范畴中属于职业陶冶，而非职业技术教育。

技术教育是培养技术型人才的教育。在19世纪，工厂产品制造过程中的工艺技术问题，主要依靠工人的技能与经验来解决。同时，工程型人才也兼管一些技术问题。到了20世纪，特别是第一次世界大战以后，科学技术进入生产的势头愈来愈猛，生产现场不仅工艺装备日趋复杂精确，更主要的是工艺过程已开始作为一个整体出现了。它不仅是各种装备和仪器的组合，同时又是机械、电气、液压、气动、光学等多种技术的结合，已不能单单依靠技术工人的技能与经验来解决问题。而且，工程师也不能像原先那样，同时负责产品设计和生产工艺工作了。生产需要专门人员来处理现场的技术问题，于是就出现了技术型人才，相应地也就产生了技术教育。技术型人才最初是由中等技术教育来培养的。第二次世界大战以后，尤其是20世纪60年代至今，高新技术的广泛应用和第三产业的蓬勃发展对技术型人才提出了更高要求，也就将技术教育推向更高层次，例如，机制行业中的加工中心、柔性加工系统等高技术设备的编程、调试维修人员，已不是中等技术教育所能培养的。因此，技术教育就必然进入高等教育领域，从而产生了高等技术教育。

3. 职业教育与技术教育的联系与区别

职业是社会的分工，技术是人对自然（或客观世界）的改造；职业的载体是人，技术的载体包括物与人。因此二者属于两个不同的范畴。技术能力是职业的主要能力，职业教育与技术教育虽密不可分，但有区别。

从"技术"的内涵可知，现代技术来自两方面，来自生产实践称为经验技术，来自自然科学原理则是理论技术。经验技术最初是指小生产者在长期生产实践中积累起来的技艺和经验。这种技术符合科学原理，但小生产者并不一定要学习科学理论，而是依靠长期的反复实践。而且，不能完全依靠前人的间接经验，还必须有亲自获得的直接经验。例如学习驾驶技术，不能光从书本上学，而且必须亲自经历驾驶实践。因为掌握经验技术者往往要凭自己的感觉来判断工作是否正常。随着生产力的发展，掌握经验技术者从使用简单工具发展到操作机器甚至现代化设备，他们也要相应提高文化基础和学些科学知识，但主要的仍然是通过反复实践所掌握的经验技术。

在20世纪中期，科学原理进一步应用到生产工艺领域，形成技术的科学化，从而产生理论技术。随着生产自动化程度的逐步提高，某些技术岗位出现了智能化的要求，这已非经验技术所能解决，需要由掌握一定科学理论又能应用于生产工艺领域的技术型人才来担任。在另一方面，对工程师的要求也愈来愈高，设计一条自动生产线的复杂程度远高于过去设计的产品。在把培养工程师的学制提高到以大学本科为起点并增加研究生学制的同时，将一些理论要求较低的技术和管理工作交由技术型人才担任。这样，对以掌握理论技术为主的技术型人才的需要量愈来愈大，发展技术教育就是为了适应这种新的需要。

经验技术和理论技术并非互不联系而是相互结合的，很多理论技术都以经验技术为基础，例如机器人和机械手都是模拟人的动作，有些传感器是模拟人的感觉，数控机床的加工程序编制往往依据经验技术的加工程序，两类技术的交界处是交叉的。因此，掌握理论技术的技术型人才必须学一些经验技术，但以学习理论技术为主。掌握经验技术的技能型人才也要懂一些理论技术，但以学习经验技术为主。

职业教育培养学习经验技术为主的技能型人才，技术教育培养学习理论技术为主的技术型人才，二者之间的主要区别在于：

在培养目标上，职业教育的培养目标以掌握经验技术为主，要求经过长时期实习养成某一职业所需的熟练技能、经验和有关知识。这方面人才有工农业技术工人和汽车驾驶、烹饪等人才，还包括要求熟练操作的其它各种工作岗位。技术教育的培养目标以掌握理论技术为主，要求掌握某一专业一定的理论知识及较强的应用于实际的能力。这方面人才包括工农业担任技术管理工作的技术员及第三产业方面知识、能力要求相仿的人才。

在教学计划上，职业教育为了让学生掌握经验技术，主要时间用于生产实习。1955年，全国技工学校会议提出"贯彻以生产实习为主的方针"，1979年，颁发的技工学校工作条例中又明确"以生产实习教学为主"。因此，技工学校的教学计划中，生产实习时数占总学时的50%以上，我国技工学校一般在3年中安排生产实习65周左右；德国实行双元制，每周5天中有3～4天在工厂中生产实习，1～2天在学校中上课。在理论教学方面，文化课与专业课之比约为4∶6。技术教育为了要掌握理论技术，理论教学与实践教学并重。在理论教学中，专业基础理论应建立在高中文化基础之上，如果招收初中毕业生，应有一年半左右定向选学专业所需要的文化知识，以达到相当于高中文化水平。除文化课外，专业基础课的学时数一般多于专业技术课。在实践教学中，约有一半时间学习经验技术，其余时间用于培养技术型人才的实习与设计。以上说明，同是高中阶段三年制，职业教育的文化课时数约为技术教育的40%，而学习经验技术时数则为技术教育的300%。

在课程内容上，在文化课方面，技术教育的文化课时数为普通高中的60%～70%，要求达到相当于高中文化水平；职业教育的文化课时数不到普通高中的一半，没有上述要求。在技术基础课方面，两者相比较，职业教育的学时数较少，深度较浅，广度较窄，而且，即使是同一课程的要求也不一样，例如机械制图课，职业教育着重识图能力，技术教育除识图能力外还要求绘图能力。在专业课方面，技术教育学的内容要比职业教育宽广得多，例如同是学习机械加工工艺，职业教育着重加工方法、要领；技术教育要对多种加工方法进行比较分析，还要做各种工艺装备（夹具、模具等）的设计和工艺文件的编写等工作。在实践课方面，职业教育的内容比较单一，着重某一岗位的操作实习；技术教育在学习经验技术时不能限于一个岗位（工种），而是要在专业范围内所有岗位轮换实习。此外，技术教育还要有培养技术型人才所需的基本训练和模拟实习。

在继续教育上，职业教育毕业生的提高方向有两个：一是继续提高经验技术成为高级技能型人才，二是转学技术教育，如德国的技术员学校和师傅学校，培养成为技术管理人才，在这以后，可与技术教育毕业生一样进一步成为高级技术型人才。技术教育毕业生的继续学习，可在接受高等技术教育后成为高级技术型人才。

第二节　高等职业教育：层次乎？类型乎？

一、我国高等职业教育内涵的演变

"高等职业教育"这一概念在国际上并不惯用，在我国起步较晚，我国教育界对高等职业教育定义内涵的认识大体经历了两个阶段。

1998年以前，原国家教委给高等职业教育下的定义性表述是：培养生产、管理、服务第一线工作的实用型人才。1996年全国职教工作会议又把它概括为："面向基层，面向生产和服务第一线，特别是面向农村和边远地区培养适用人才。"在这一阶段，人们在谈到高等职业教育的培养目标时，对"实用人才"和"适用人才"这两个名词交替使用，似乎找不到什么区别。但这两个名词的含义都较含糊，于是人们花费了很大的功夫去界定他们的工作类型和层次。1994年"上海高等职业技术教育发展研究"总课题组提出的《上海高等职业教育发展研究报告》认为，"这类人才的主要任务是：在专业研究人员和工程设计人员的指导下，为研究和设计承担辅助性工作，完成局部设计或安排工艺流程，负责从产品开发到实际生产的中间转换环节；或根据行政和企业首脑的决策，负责行政管理、企业管理的事务工作，组织流通领域的批发、销售业务；或从事工、农业生产第一线的技术、管理和高新技术设备的操作、维修，以及第三产业中各种需要较高专门知识和技能的经营、服务、管理工作等。"该研究报告根据《教育大辞典》第3卷中的有关概念界定，认为高等职业教育"其主要培养目标为文科、理科、工科、农林、医药、政法、财经7个科类的辅助人才"。

北京联合大学为贯彻1994年北京市教育工作会议要把北京联合大学建设成为北京高等职业教育中心的决议精神，组织了高等职业教育课题组和访问团，对国内外高等职业教育情况进行了广泛考察和专题研究。在1995年北京联合大学高等职业教育研究总课题组发表的《高等职业教育研究报告》中，对高等职业教育培养目标的提法是："高等职业教育是以某一社会职业岗位或某类技术岗位群所需要的理论知识和技术技能为依据，培养在生产或工作一线从事生产技术和经营管理的技术型、管理型人才，以及高技术设备关键岗位的操作、检测、调试和维护的智力技能型人才。"该研究报告还指出："高等职业教育培养的人才……而且具有复合型特征。""这种复合型人才，不仅是掌握相关专业知识（如机与电，机、电与液压传动，专业与计算机，专业与贸易，专业与外语）的复合型人才，而且有的还是兼具技术型和技能型两者知识和能力结构的复合人才，以适应社会职业或技术岗位技术水平提高和知识能力结构多样化的需要。"

1998年以后，我国对高等职业教育的定义性提法发生了变化。例如，在1998年2月16日，原国家教委印发的《面向21世纪深化职业教育教学改革的意见》中，对职业教育的定义性表述是："职业教育要培养同21世纪我国社会主义现代化建设要求相适应的，具备综合职业能力和全面素质的，直接在生产、服务、技术和管理第一线工作的应用型人才。"而到1999年初，教育部高等教育司原司长钟秉林在国际高等职业教育研讨会开幕式上的讲话中提出，中国高等职业教育的基本特点是："以培养面向生产、管理、服务工作第一线的技术应用型人才为办学宗旨。毕业生有较好的职业道德和较强的职业工作能力。""以技术应用能力和基本素质的培养为主线构建教学体系。实践教学在人才培养计划中占有较大的比例。"他还着重强调："以培养技术应用型和技能型人才为宗旨的高等职业教育和高等专科教育在今后一个时期内，将是我国高等教育建设、改革和发展的重点之一。"

对高等职业教育人才培养目标认识的演变，从从事一线实际工作的实用人才或适用人才，到应用型人才，再到技术应用型人才和技能型人才，反映了我国教育界对高等职业教育内涵本质认识的不断明确、不断深化的过程。杨金土、石广平等同志组成的课题组，从现代社会人才类型的分析出发，得出了"高等职业教育的培养目标主要是技术型人才"的结论，为深刻认识高等职业教育内涵的本质提供了依据①。

二、高等职业教育的内涵特征

虽然上述观点对于我们认识高等职业教育的本质有很大的参考价值，但对高等职业教育的内涵还是众说纷纭，莫衷一是，尤其是对层次和类型问题的争议较大。概括起来大致有如下观点：

第一种观点认为，高等职业教育是职业教育范畴中处于较高层次的那一部分，并不属于高等教育，从而将高等教育与职业教育视为两个并列的、互不交叠的教育范畴。如郭思乐在《现代学术观念与高等职业教育发展》一文中指

---

① 杨金土、吕祥鑫等认为，社会人才按其功能及知识与能力结构，大体上可以划分为下述四种类型：学术型（科学型、理论型、基础研究型）、工程型（设计型、规划型、决策型、工程科学型、技术研究型）、技术型（工艺型、执行型、中间型）、技能型（技艺型、操作型）。学术型人才从事发现和研究客观规律的工作，如数学家、物理学家、化学家、生物学家、语言学家、哲学家、历史学家、经济学家、法学家等。

工程型人才的任务是把科学原理和客观规律演变成设计规划、决策以及新技术的研究与开发，如机械设计工程师、城市规划工程师、园林建筑设计师、农田水利工程师等。

技术型人才的任务是在生产第一线或工作现场，把工程型人才的工程设计、规划、决策（广义的）付诸实施，使其转化为物质形态的产品，为社会谋取直接的利益，他们主要从事技术的应用工作，并常在实施工作中承担领导和组织职责。这类人才大体分布在下列四类岗位上工作：①在生产第一线的专业技术岗位上，如工艺工程师、工厂技术员、施工现场工程师、工地施工员、林业工程师、农艺师、畜牧师、植保技术员、护理师、助产士、牙科技士、高科技装备维修人员、数控机床编程与维修人员等；②在基层管理岗位上，如车间主任、作业长、工段长、设备科长、护士长、护理部主任、城建项目经理、建设监理、物业管理员等；③在经营业务岗位上，如中高级会计、统计、出纳、信贷员、秘书、导游，以及从事市场预测、成本核算、广告设计、外汇交易、证券交易、投资咨询、政法、税收等方面的人员；④在智能操作岗位上，如飞机驾驶员、远洋轮船驾驶员和轮机操作人员、柔性加工线运行人员、集中控制室运行人员等。

技能型人才的任务也是在生产第一线或工作现场，把工程型人才已完成的工程设计、规划、决策（广义的）付诸实施，使其转化为物质形态的产品，为社会谋取直接的利益。他们主要依赖体力操作技能进行工作，技师和技术工人属于这类人才。

出:"我们通常说高等职业教育是职业性的教育,而不是专业性的教育。"① 因而,高等职业教育与以专业教育为主的高等教育不是一回事。

第二种观点认为,凡是处于培养高层次的职业技术人才(不管属于何种系列)的教育都属于高等职业教育,如把培养技术工人系列人才中的高级技工教育也看作高等职业教育,从而将"高等"和"高级"等同起来。如杨金土、孟广平、严雪怡等在《对发展高等职业教育几个重要问题的基本认识》一文中,所称高等职业教育的主要内涵是高等技术教育,它与联合国教科文组织所拟定的教育分类原则中关于技术教育(technical education)的意义是一致的,既不同于培养工程师的专业教育(professional education),也不同于培养技术工人的职业教育(vocational education),但是属于第三级教育(tertiary education),是高等教育的组成部分,其培养目标为高层次技术员类人才,包括高级技术员、技术师、技术工程师等[2]。

第三种观点认为,高等职业教育属于"高等教育"的范畴,是高等教育中具有较强职业性和应用性的一种特定的教育。《教育大辞典》中的有关条目解释:高等职业教育"属于第三级教育层次",而第三级教育"一般认为与'高等教育'同义"。顾明远主编的《教育大辞典》第3卷中的有关概念界定,"高等职业教育"属于第三级教育层次的职业教育和技术教育,包括就业前的职业技术教育和从业后的有关继续教育……其主要培养目标为文科、理科、工科、农林、医药、政法、财经等7个科类的专业辅助人才,例如文科中的文秘、图书馆管理员(不含图书馆学专业人员);理科中的实验员;工科中的高级技术员、技师(工艺师);医药类中的医辅人员、护师;政法科类的法院辅助人员;财经科类中的高级会计员、统计员等[3]。又如张念宏主编的《中国教育百科全书》称高等职业教育为"培养高级实践应用型人才的教育,属高等教育范畴。职业技术教育的高等层次,招收中等职业教育学校毕业生、普通高中毕业生及具有相应文化水平和实践经验的中级技术工

---

① 郭思乐. 现代学术观念与高等职业教育发展[J]. 高教探索,1998(4):21.

② 杨金土,孟广平,严雪怡,等. 对发展高等职业教育几个重要问题的基本认识[J]. 教育研究,1995(6):11.

③ 顾明远. 教育大辞典:第3卷[M]. 上海:上海教育出版社,1991:227-228.

人，学制为 2～3 年；少数招收初中毕业生，学制 5 年。教育形式为学校教育和职业技术培训两种。教育机构主要有：各种职业技术专科学校、高级技工学校、职业技术师范学院（有的学制为 4 年）、短期职业大学、职工大学、广播电视大学、普通高等院校举办的函授大学、夜大学等。此类教育着重于学生实际技能的培养，以为国民经济部门输送高级应用型人才和高级技术工人为培养目的。职业技术师范学院还要加强教育理论和教学能力的培养，为各级职业技术教育提供合格师资"[①]。

综上所述，所谓高等职业教育，是一个内涵十分丰富而又颇具中国特色的概念[②]。从国际上看，其他国家很少有人直接使用这一名词，即使有，也与我们所理解的内涵不尽一致。例如，俄罗斯将除基础教育以外的一切教育都归于"职业教育"的范畴，他们的"高等职业教育"就是泛指所有的高等教育，并非我们所指的与"普通高等教育"相对应的那部分高等教育。同时，我们也可以看出，以上论述多偏重于对高等职业教育特点的描述，并未以定义的方式确定高等职业教育这一概念的内涵和外延，也没有正面阐述高等职业教育与其他类型高等教育的本质差异和分工。这使得高等职业教育显得十分模糊：究竟是培养技术人才，还是技能型人才，还是高级实用技术人才，还是各科类专业辅助人才，不得而知。

那么，到底如何来理解高等职业教育这一概念呢？我们认为，高等职业教育是一个历史的、发展的概念。随着社会经济及教育的发展以及内涵的不断丰富，高等职业教育（有学者称职业型高等教育）是与研究型高等教育（这里未指普通高等教育）并行的、以培养素质型高等应用型专门人才为目标的一种高等教育类型，是职业教育的高级层次和一种全新的教育形式。在学历教育上包括专科、本科和研究生层次的教育；在非学历教育上包括职业资格证书、技术等级培训和闲暇教育。如果按照这个定义划分，现行的研究型大学以外的本科院校、专科学校、成人高校、高职院校

---

① 张念宏. 中国教育百科全书 [M]. 北京：海洋出版社，1991：92.
② 郭杨. 我国高等职业教育在新国际教育标准分类中的定位 [J]. 职业技术教育，1997（8）：17.

及实施中级以上职业资格证书教育的高级专门机构等均属于高等职业教育范畴。其主要特征应该是兼有高等性、职业性和教育性。

第一，高等性。高等性就是高等教育属性。所谓高等教育属性是指它是在相当于高中文化程度的基础上进行的高等教育，即国际教育标准概念的第三级教育①。高等职业教育的高等性，是相对于初等、中等职业教育而言的，是其培养目标的纵向定位，其内涵又有别于传统高等教育的高等性。纵观国内学者的研究成果和国际公认的教育标准可以得出这个结论。先从国内学者的研究成果来看，华中科技大学高等教育研究所杨近、姚启和二位学者的《高等职业教育概念的界定》一文，在论及高等职业教育概念和高等教育类型时说："结合我国目前高等教育的实践以及人们已有的对高等教育的认识，笔者建议对高等教育类型作如下的区分：普通高等教育——主要实施面向理论基础、研究准备和高深专业的课程计划，培养学术型、工程型人才为目标的高等教育；职业高等教育——主要实施实际的、技术的、职业的特殊专业课程计划，培养技术型人才的高等教育。由此而来，高等学校主要有：普通高等学校——指主要实施普通高等教育的机构，包括大学、独立设置的学院；职业高等学校——指主要实施高等职业教育的机构，包括高等专科学校、高等职业学校、独立设置的成人高等学校。"②中国科学院院士贺贤土针对当前高等教育中大学定位不准的现象，直截了当地说："我认为高等教育中的大学定位明确的实际上是两类，一类是研究型大学，另一类就是高等职业教育型院校。这样说，不是要贬低一些高校，而是有利于这些学校找准办学定位。目前，我国有近1 400所全日制高等学校，其中有600多所本科院校，有博士点的100多所，这100多所我认为有一半左右可以归为研究型大学，其余的500多所大学定位是不清楚的。有人认为大学进行的是通才教育，这在具体办学的操作上是容易模糊的，我不太同意……把高职的学制局限在3年也不合适，高职教育是专业（prefession）

---

① 杨虹，韩凝春.试论高职教育的职教属性与高教属性［J］.职业技术教育（教科版），2002（4）：18.

② 杨近，姚启和.高等职业教育概念的界定——兼谈高等教育类型的区分［J］.教育与职业，2000（8）：18.

教育，不是就业前的培训班，限制发展本科高职教育是没有道理的。"①
再从国际公认的教育标准来看，联合国教科文组织1976年制定、1997年3月推出的新版"国际教育标准分类"（ISCED1997），对教育横向上（即类型）分类的主要标准就是教学计划；在高等教育阶段，即第五层次教育，按照不同的课程计划分为5A、5B两类：5A为"面向理论基础/研究准备/进入需要高精技术专业的课程"（theoretically based/research preparatory/giving access to professions with high skills requirements programes），5B为"实际的/技术的/职业的特殊专业课程"（pratical/technical/occupationally specific programmes）②（如图2-1所示）。

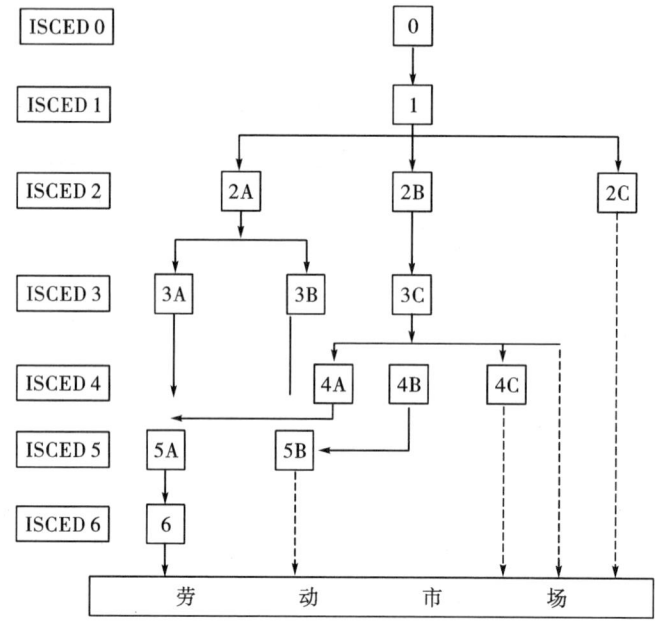

图 2-1　国际教育标准分类示意图
（资料来源：郭扬：《我国高等职业教育在新国际教育标准分类中的定位》，《职业技术教育》，1997年第8期，第63页。）

---

① 贺贤土.高等职业教育"高"在哪里 [J].职业技术教育（综合版），2003（21）：44.
② United Nations Educational, Scientific and Cultural Organization. International standard classficational of education (ISCED)[S]. 1997, 151EX/8, Annexll, Origninal: English, March, 1997.

第二，职业性。职业性就是职业教育属性。所谓职业教育属性，通常是指它的培养目标以技术型和技艺型为主。社会经济的运行和发展需要各个层次的人才。高等职业教育作为区别研究型高等教育的一个教育类型，从一开始就承担着为经济界输送以实用型高级技术人才为主的技术后备力量的任务。年轻人通过接受高等职业教育获得将来从事生产第一线职业工作的基本能力，为他们将来的职业生涯做准备。所以，这是高等职业教育区别于研究型高等教育的功能特征[1]。高等职业教育的职业性既可以是学历教育，也可以是非学历教育，而且在终身教育体制下更多的是面向职业的高级培训。上海第二工业大学吕鑫祥教授在界定高等职业教育内涵时对此有过详细的论述。他认为"高职是培养技术型人才的教育，它包括学历教育与非学历教育两部分。……高职的非学历教育是一个形式多样、内容广泛、幅度较大的领域，其主要方面是职业资格证书教育和技术等级培训"[2]。由此可见，高职教育的职业性目标具有较宽泛的范围，其上限为技术型人才，下限为技能操作型人才，而主体则为高等技术应用型人才[3]。根据国务院批转教育部《面向21世纪教育振兴行动计划》关于高等职业教育"培养生产、服务、管理第一线需要的实用人才"的规定，2002年以来，高职教育的培养重心正在降低，教育部及高教司领导都提出了高职教育培养实用型人才[4]的命题。最近，我国高等职业教育中282个专业教改试点方案，绝大多数专业以培养高等技术应用型人才为目标，但有六十多个专业的培养目标表述多样，诸如培养"高级应用型人才""技术型人才""操作型人才""实用型专门人才"等。这种现象说明，"高等技术应用型人才"这一概念还不能涵盖高职教育所培养人才的全部，各个专业应根据生产、建设、管理、服

---

[1] 徐朔.论职业教育的教育性和职业性[J].职业技术教育（教科版），2002（7）：11.

[2] 吕鑫祥.高等职业技术教育研究[M].上海：上海教育出版社，1998：29.

[3] 徐挺，张碧辉.高职人才培养模式的特征再探[J].职业技术教育，2002（1）：34.

[4] 张尧学.正确定位促进高职高专教育健康发展[J].中国高等教育，2002（1）：87.

务一线的实际需要和专业特点来确定培养目标。

第三，教育性。教育性就是教育属性。所谓教育属性就是促进人的全面发展，实施"全人教育"，让人成为一个"真正的人"[①]。高等职业教育要培养各方面全面和谐发展的人，这是其教育性的体现。首先，职业技术教育不应仅仅由"需求"驱动，也应该由"发展需求"驱动，应该是人的整体教育的一个组成部分[②]。高等职业教育不仅要教会受教育者基本的职业技能（learn to do 学会做事），还要教会他如何发展他的职业技能（learn to learn 学会学习）；不仅要使受教育者有能力从事某种职业，还要使他有能力融于社会（learn to live together 学会相处）。职业教育应使受教育者得以开发自己的潜能，以社会的一员的身份为社会发展做出贡献，成为一个有理想、有道德、有文化、有纪律的劳动者，实现自己的人生价值（learn to be 学会做人）。其次，高等职业教育不等于专业技术教育。其所应当传授的知识不应只是专业技术既定的"技术工具"性知识内容，而是专业技术知识所衍生的社会与文化意涵。毕竟人是活在人群里，追求的是受历史与文化制约的人生意义。即使是医生、工程师与教授，也都不可能、也不愿避开存在的意义而甘心成为职业的奴隶。专业知识只是提供人存在价值的社会基础，并不等于存在价值本身。把高等职业教育简单地视为培养高级实用技术型人才的观念已经不能适应时代要求了，21 世纪需要的是更具人文素质和文化底蕴的技术人文主义者[③]。高等职业教育仅仅限于培养实用技术型人才，不符合教育的目的，因为教育的基本任务是发展全人。这是社会发展的选择。21 世纪的教育，所要吸收的最重要的信息就是对人的全面发展的要求。这是

---

① "真正的人"应该包括：[1]他知道如何爱生命、爱人；[2]他知道如何尊重自己、尊重别人、服膺真理、享受自由；[3]他是一个看得见生命缤纷色彩、丰富多彩因而热爱生命的人；[4]他是一个健康的人，一个身体强健、精神满足、灵魂丰盈的人；[5]他是一个快乐的人，一个真正满足，真正快乐，拥有圆融美满人生的人；[6]他是一个不断成长，完成自我，因而成功的人。

② 吴靖国. 技职通识教育理论与实务 [M]. 台北：师大书苑有限公司，1999：181.

③ 王英杰. 试谈世界职业技术教育发展趋势及我国职业技术教育的困境与出路 [J]. 比较教育研究（外国教育动态），2001（3）：51.

因为现代人拥有并为现代科学技术所加强的技术，是过去时代所难以比拟的。现代社会发展已经表明，如果人类的能力缺少自我精神制约，就会出现不择手段地去掠夺自然而创造财富，以致生态问题日益严重，反过来威胁自己的生存状况。因而，作为教育的一种类型的高等职业教育应把人放在中心位置。

以上我们对广义的高等职业教育的内涵特征进行了论述。本书所指高等职业教育，仅指高等职业学校教育而言。按联合国教科文组织的名词解释，培养技能型人才的教育一般称职业教育，培养技术型人才的教育称为技术教育，综合称为技术与职业教育。我国现在通称为职业教育，但其内涵仍然包括技术教育和职业教育两类教育。本书所谓高等职业教育应理解为高等技术与职业教育，其内涵基本与我们理解的相吻合。

三、职业型高等教育与研究型高等教育的联系与区别

综观众多文献，笔者以为，高等教育实际上只有两种形式。一种称为研究型高等教育，一种称为职业型高等教育，也就是我们现在所称的高等职业教育。那么，什么是研究型高等教育？以培养学术型高级专门人才为教育目标的高等教育，称为研究型高等教育。学术型高级专门人才是指系统地掌握某一学科领域的基础理论和专门知识，有能力推动学科进步与发展，或经过一定实际工作锻炼后，能够胜任该学科所覆盖的同性质职业或岗位工作的人才。什么是职业型高等教育？从前述界定，我们获知，以培养职业型高级专门人才为教育目标的高等教育，称为职业型高等教育（高等职业教育）。这类教育的含义为"属于专门人才"，"属于应用型人才"，"其职业对从业人员有较高的文化和专业要求"，"他们的知识与能力结构，具有特定的职业指向性"[①]。高等职业教育实施专才教育，培养某一类职业、岗位的专门人才。

高等教育类型的分化是世界高等教育发展的共同趋势。联合国教科文组织提出的《关于高等教育的变革与发展的政策性文件》的前言第一段，开宗明义地做出了一个结论性判断——"本世纪（指20世纪——笔

---

① 陈勃生.职业高等教育导论[M].长沙：湖南教育出版社，2001：19-21.

者注）的后半叶，在教育史上将成为高等教育不寻常的扩展和质的变化阶段"①。然后，在"高等教育的趋势"一章中，提供了大量的数据，雄辩地证明了这个判断。在20世纪下半叶，世界高等教育一方面是数量规模的迅速增长，另一方面是发生了许多质的变化，其中突出的变化之一是"结构与形式的多样化"，包括教育类型的急剧分化。

据联合国教科文组织1995年统计：1991年全世界大学生人数已有6 500万人，是1960年1 300万的5倍。其中发展中国家增长幅度更大。预计在21世纪的最初十年内，全世界的大学数量仍有较大速度增长，然后将逐步放慢。在20世纪后期的数十年里，许多国家的高等教育规模达到了大众型水平，个别国家还达到了普及型程度。1991年，世界18～23岁年龄组的高等教育入学率平均为18.8%，发达国家达40.2%②。

与此同时，高等教育的功能和高等教育的类型结构也发生了显著的变化。联合国教科文组织称这种现象为两元现象，但"未必是两极现象"。这种两元现象就是指在原有的高等教育中分化出了一种新的类型。

第二次世界大战结束以后，特别从20世纪60年代开始，各经济发达国家率先新建了大批所谓"非大学高等教育机构"（non-university sector），例如法国的科技学院，原西德的高等专科学校，挪威的区域学院，英国的综合工业学院（polytechnic），荷兰的高等职业学院，日本的短期大学和高等专门学校，北美的社区学院等等。联合国教科文组织的这份《政策性文件》中说："几乎世界各地的高等教育都趋向多样化。虽然有些学校，尤其是珍视悠久传统的大学对变革有一定程度的抵触，但从总体上说，高等教育已经在较短时期内进行了意义深远的改革。"③现在，部分国家和地区的非大学高等教育机构已有与普通大学平分秋色之势，并早已突破了非大学教育机构的概念，在有的国家和地区，已经堂而皇之地成为另一类型的大学。经济合作与发展组织1998年统计的

---

① UNESCO. 关于高等教育的变革与发展的政策性文件［R］. 1995.
② 约翰·S. 布鲁贝克. 高等教育哲学［M］. 王承绪，等，译. 杭州：浙江教育出版社，2001：95.
③ 约翰·S. 布鲁贝克. 高等教育哲学［M］. 王承绪，等，译. 杭州：浙江教育出版社，2001：95.

数据表明，1996年大学和非大学高等教育在校学生数分别占同龄人（18~21岁）的比例，加拿大是23.1%和17.3%，挪威是10.3%和8.7%，比利时为19.6%和20%。大学高等教育机构学生增加了一倍，而非大学高等教育机构学生增加了四倍；在1960—1985年间，原西德大学生增长四倍，非大学高等教育机构学生则增长七倍。

按人口平均计算，我国的高等教育规模还没有达到大众化的水平，但由于其总量已经名列前茅，具有高等教育多样化的社会需要和内在需要；同时，我国高等教育大发展的过程处于改革开放日趋深化的时代背景下，而且直接受到国际教育大趋势的影响。因此，我国的高等教育也突破了精英教育的固有属性，导致高等教育类型的多样化，其表现是以培养技术应用型人才为目标的高等职业教育迅速发展，尤其在20世纪90年代更如异军突起，其势迅猛异常。

科学技术的发展，要求高等教育同职业与技术教育相结合。由于科学技术的迅速发展，一方面，社会对未来人才的知识、能力结构要求日趋多科类的交叉、渗透与复合；另一方面，社会的职业分工日趋细化。即使在高新技术产业，不但有"白领"与"蓝领"之分，而且还出现了专门从事技术工作的"灰领"。人们越来越认识到，要创造高水平的经济不仅需要高质量的"白领"人才，而且必须有高质量的"蓝领"和"灰领"大军，从而推动了高等教育与职业技术教育的结合。正如联合国教科文组织在《关于高等教育的变革与发展的政策性文件》中指出："创造高质量的工作有赖于高质量的劳动大军，而高质量的劳动大军的培养正是由高等教育与职业和技术教育一起来完成的。"[①] 对高等教育类型作上述的界定，不仅符合我国当前的教育实践，而且还具有以下几点好处：第一，对高等职业教育概念的合理界定，统一了认识，解决了实践中的矛盾，从而能促进高等职业教育的健康发展。因为明确了高等职业教育在高等教育阶段是一种独立的类型，不仅解决了它与普通高等教育和高等专科教育的关系问题，同时也让人们能充分意识到高等职业教

---

① 约翰·S. 布鲁贝克. 高等教育哲学[M]. 王承绪，等，译. 杭州：浙江教育出版社，2001：95.

育并不是普通高等教育中的一个低层次，它也有自身的层次体系，在发展高等职业教育的过程中注意到其本身的内涵和特点办出特色。第二，有利于构建和完善符合我国国情特点的初等、中等和高等职业教育相互衔接的职业教育体系。高等职业教育在高等教育阶段的独立地位及其高层次技术型、技能型人才培养目标的确定，对中等职业教育与高等教育的直接衔接带来便利，促使了中等职业教育的健康发展，从而促进了职业教育体系的构建和完善。第三，将高等教育明确地分为两种类型有助于解决高等教育价值取向的两难问题。从理论上说，高等教育价值取向既要重视学术性，又应强调职业性。但在实践中，这是个无法平衡的两难问题，因而将高等教育分为两类，普通高等教育和职业高等教育，使一类侧重学术性，发展成为研究型综合大学，创世界一流水平，代表国家学术形象；一类侧重职业性，为满足区域经济发展的需要服务，从而进一步构建我国多样化的高等教育结构。

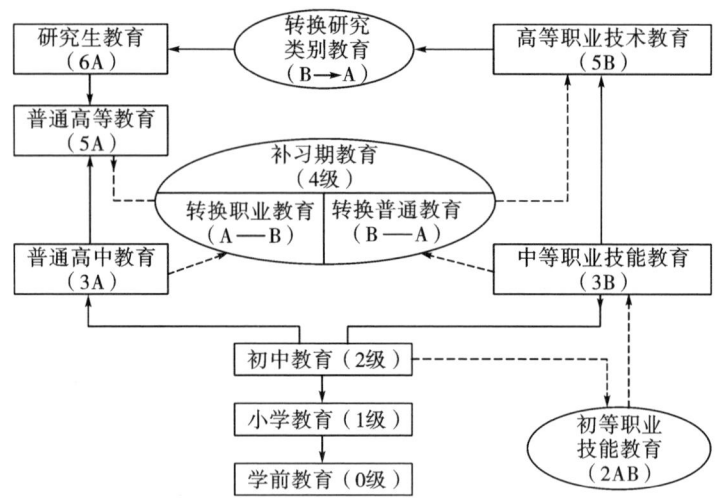

图 2-2 我国近期教育阶段及分类框架图

第三节 高等职业教育人才培养模式界定

在探析了高等职业教育的概念后，再来界定高等职业教育人才培养模式的概念。

一、人才培养模式的概念

"模式"一词在现代社会中运用较为普遍。汉语中，模式指"标准的形式或样式"。在英语中，它和"模型""模范"是同一个词，都是 model。西方学术界通常把模式理解为经验与理论之间的一种知识系统。有学者认为：模式是再现现实的一种理论性的简化的形式。它有三个要点：第一，模式是现实的再现；第二，模式是理论性的形式；第三，模式是简化的形式。

"模式"一词的流行是近年来的事，1980年版《辞海》还没有收入这个词条。但人们普遍认为，"模式"一词的英文是 model，而根据《韦伯斯特第三版新国际辞典》（1981），model 作为名词共有14种释义，其中包括"模范人物""服装模特儿""铸造模具""三维实物模型""著作摘要""理论模式"（如原子理论模型）、"理论方面的关系图式（投影）"和"蓝图"等[①]。

辞典释义不等于定义。由于"模式"一词的多义，给"模式"下一个严格定义是困难的。但任何理论研究的前提是必须明晰概念，因而下定义是必要的。我们认为，根据"模式"一词的辞典释义和它在各学科领域，尤其是在课程领域使用的实际情况，可以从以下三个由具体到抽象的层面给"模式"下一个比较完整的定义：（1）模式是供人们分类、参照或复制的一类事物中具有典型特色的代表性事物。它具有特征方面的典型性和功能方面的代表性，它提供了一种范例。（2）模式是为人们更深刻地认识事物，便于人们进行观察和研究而运用文字符号、图像等表征手段对事物的重要因素、关系、状态、过程等所作的概括性的呈示方式。它具有概括性、描述性和阐释性，它提供了一种理论模型或图式、对于同一事物的不同的概括性显示方式。虽然模式的"图像"不一样，但模式的实质和主特征没变。当然，同一事物在其不同的发展阶段，其模式可能不一样。（3）模式是构造、生成或复制符合人们需要的

---

① Webster's third new international dictionary [M]. Massachusetts：Merriam-webster Inc. Springfield，1981.

具体事物的构造性框架,具有构造性或规范性。它提供了一系列原则性的规定、法则,这些规定和法则既符合事物的客观规律,又符合人们的价值准则①。

模式是位于经验与理论之间、目标与实践之间的那种知识系统。即"某种事物的标准形式,或使人可以照着做的标准样式"②。培养模式是以某种教育思想、教育理论为依据建立起来的既简便又完整的范型,可供学校教育工作者在人才培养活动中据以进行有序的实际操作,能够实现培养目标。它集中地体现了人才培养的目的性、计划实施性、过程控制性、质量保障性等一整套方法论体系,是教育理论与教育实践得以发生联系和相互转化的桥梁与媒介③。

人才培养模式最高的抽象和概括就是培养人的方式(即方法与形式)。人才培养模式是学校为学生构建知识、能力、素质结构,以及实现这种结构的方式,它从根本上规定了人才特征并集中地体现了教育思想和教育观念④。人才培养模式就是有目的、有计划地增进人们的知识与技能、培养能力和提高素质的基本方法与形式。

人才培养模式的分类有多种,这里主要依据人才培养过程进行分类。一个人从出生到培养成才,大致可分为两个阶段:

第一个阶段是从小学开始到大学毕业,主要通过学校教育这种模式来进行人才培养,即进行初级(基础)人才的培养。在其中依据面授和媒体在人才培养中所起的不同作用,又分为以课堂面授为主的传统学校教育模式和以多种媒体教学为主的远程教育模式等。

第二阶段是从大学毕业走上工作岗位,直到退休,主要通过社会实践来进行人才培养,即进行初级以上的中、高级人才培养。在其中根据人才培养的方式不同,又分为在职培养模式、师徒培养模式和自我培养

---

① 黄克孝. 职业和技术教育课程概论 [M]. 上海:华东师范大学出版社,2001:72-73.
② 现代汉语词典 [M]. 北京:商务印书馆,1983:800.
③ 龚怡祖. 论大学人才培养模式 [M]. 南京:江苏教育出版社,1998:235.
④ 教育部. 关于深化教学改革、培养适应21世纪需要的高质量人才的意见 [R]. [1998-04-10].

模式等。详细分类如图 2-3 所示：

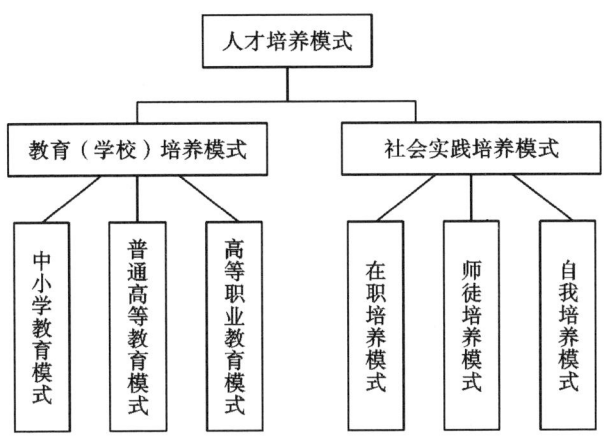

图 2-3 人才培养模式

二、普通高等教育人才培养模式概念

经过笔者从有关书籍、报纸杂志和教育科研网上进行的文献调研，普通高校关于人才培养模式的定义有以下 10 种：人才培养模式是教育者教育思想和教育概念的集中体现；人才培养模式实际上是人才的培养目标、培养规格和基本培养方式，它决定着高校人才的基本特征，集中体现了高等教育思想和教育观念；人才培养模式是在一定的教育思想指导下，人才培养目标、制度和过程的组合；人才培养模式是由人才培养的指导思想、目标、内容、方式、质量评价标准等要素所构成的相互协调的系统，它反映了人才培养的目标、规格、过程及其评价的规律性关系，是一所大学办学思想、办学水平和办学特色的集中体现；所谓培养模式，即培养目标、业务规格、培养过程、培养方法、教育管理等方面的综合特征或主要特点[①]；人才培养模式就是高等工程专科所进行的人才教育过程的抽象，包括德、智、体等方面全面发展的教育过程和方式；人才培养模式是指在一定的教育理论、教育思想指导下，根据特定的培养目标和人才培养规格，以相对稳定的教学内容和课程体系为依

---

① 高等教育司. 高等教育教学改革（1999）[M]. 北京：高等教育出版社，2000：4.

托，不同类型的学校人才的教育和教学模式、管理制度、评估方式及其实施过程的总和；人才培养模式指人才的培养目标、培养规格、培养方案，它集中反映在人才培养计划（教学计划）上，包括专业培养目标、人才培养规格、学生知识、能力、素质结构、课程体系、教学内容及培养过程等①；人才培养模式是指高等学校人才培养目标和质量标准，为大学生设计的知识、能力和素质结构以及怎样实现这种结构的方式②；人才培养模式是在一定教育思想指导下，培养目标、教育制度、教育过程诸要素的组合③。

上述定义除揭示了普通高等教育人才培养模式的一般内涵——方式（方法与形式）以外，还从不同侧面揭示了普通高等教育人才培养模式的特质内涵：即教育思想和观念、培养目标和规格、培养过程等等。这为我们研究高等职业教育人才培养模式的概念具有极其重要的参考价值。

同时我们也看到，上述定义讲的是普通高等教育的人才培养模式的概念，但在"人才培养模式"前没有加定语，限制它的使用范围。这样，就容易给人造成一种错觉，即用普通高等教育"人才培养模式"这个小概念去定义"人才培养模式"的大概念（如图2-4所示）。这在我们研究问题时应引起注意。

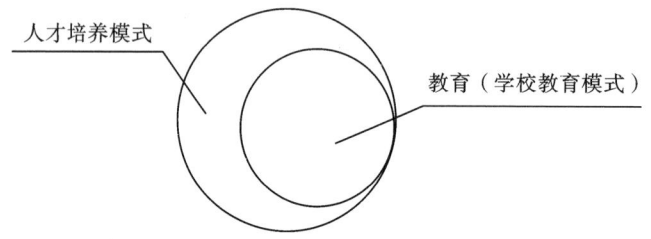

图 2-4　普通高等教育人才培养模式

---

① 《面向二十一世纪高等理科教育教学内容和课程体系改革计划》工作指导小组. 挑战、探索、实践 [M]. 北京：北京航空航天大学出版社，1999：89.

② 刘凤菊，王新平，韩启峰. 本科院校高职教育人才培养模式研究报告 [J]. 中国成人教育，2001（3）：123.

③ 孙德彪. 构建高校创新人才培养模式的思考 [N]. 光明日报，1997-05-08.

三、高等职业教育人才培养模式概念

高等职业教育人才培养模式的概念，目前并不多见。可查的是，王明伦在《高等职业教育人才培养模式重建之思考》一文中有一个比较合乎逻辑的定义："所谓高等职业教育人才培养模式，是指在高等职业教育过程中具有一定格式要求的人才培养程序、方式和结构在先进的教育思想指导下，为高等职业学生构建一个复合知识结构、综合能力结构、人格素质结构均衡发展的教育平台图示。"① 该定义回答了"培养什么样的人才"和"怎样培养人才"这两个根本性问题，具有创新之处。但该定义较为抽象，缺乏可操作性，有待进一步完善。

根据以上我们对人才培养模式的阐述和对普通高等教育人才培养模式研究成果的分析，高等职业教育人才培养模式除具有人才培养模式的一般属性以外，更具有培养规格的多样性，即教育对象多元性、教学内容实用性和教学方式实训性等特殊性。

我们抓住这些特点，采用演绎的逻辑方法，尝试给高等职业教育人才培养模式下一个定义：高等职业教育人才培养模式是在现代高等职业教育理念指导下，高等职业院校为学生构建的知识、能力、素质结构，以及实现这种结构的方式，包括教育理念、培养目标、课程体系和教学模式等要素。

首先，高等职业教育理念是人才培养模式赖以产生的理论基础。人才培养模式的形成主要有两种方法：一种是归纳法，即通过对人才培养活动的原型进行归纳而形成的一种模式，过去主要采用这种方法；另一种是演绎法，即依据一种或多种人才培养理论，对人才培养活动进行系统设计，形成一种方案或假设，然后经过实践验证而形成的一种模式。现代人才培养活动多采用这种方式。由此可见，任何一种通过演绎形成的人才培养模式，都是依据一定的人才培养理论为基础而建立起来的。人才培养理论在人才培养中既是独立因素，又渗透和蕴含在其他因素中。例如信息加工人才培养模式是以信息加工理论为基础的；个体自我

---

① 王明伦.高等职业教育人才培养模式重建之思考[J].教育研究，2002(6)：34.

培养模式是以人本主义的理论为基础的。高等职业教育的人才培养模式是依据我国高等职业教育思想、素质教育思想、终身教育思想和多元智力理论及建构主义的学习理论等为基础建立起来的。

其次，高等职业教育培养目标是人才培养模式的核心。任何人才培养模式都是为了实现某种目的、达到某种目标及规格而创立的。培养目标是人才培养模式的核心因素，对其他因素有制约作用。其他因素只是为实现该目的、目标而采用的方式及手段，必须紧紧围绕它而起作用。高等职业教育的人才培养模式就是为了实现多样化的高等职业教育的培养目标而建立。具体来讲，一是总体培养目标，即培养社会主义建设需要的，德、智、体全面发展的，适应生产建设、管理、服务第一线需要的素质本位型的应用高级专门人才；二是专业教育目标，即口径较宽、基础扎实、人格健全、素质较高、能力较强的全面发展的职业型应用高级专业人才；三是大众素质教育目标，即广泛的、非专业性的、非功利性的基本知识、技能和态度的教育。

第三，高等职业教育课程是人才培养模式的关键。任何通过演绎法形成的人才培养模式，都是依据一定的人才培养理论、规律、原则和培养对象的知识、能力和素质结构，为达到培养目标的要求，对人才培养活动系统及要素进行综合的优化设计，形成一种人才培养方案或计划（亦即课程），然后经过实践多次验证、修正，最后才形成的。在此当中，课程设计是关键。远程教育也是一样。它主要包含管理、教学和学习三个子系统，涉及培养目标和规格、教学计划、大纲、媒体、教师、学生、经费、设备、实施和时间等多种因素。

第四，高等职业教育教学是人才培养模式的主要组成部分。任何一种人才培养模式都离不开培养过程及程序，都有一套独特的培养过程和操作程序，详细具体地说明人才培养的逻辑步骤和各步骤所要完成的任务，使人才培养模式具有可操作性。高等职业教育就是通过教育教学的组织和实施过程来完成人才培养任务。同时，任何一种人才培养模式都有一套独特的人才培养方法，来完成人才培养任务，实现培养目标。它是人才培养模式中不可缺少的重要组成部分。高等职业教育人才培养模式也是一样，它包含在高等职业教育系统结构的每一组成部分和运行过程中。

四、职业型高等教育人才培养模式与研究型高等教育的联系与区别

职业型高等教育人才培养模式与研究型高等教育是有区别的，应把握好界限：

（1）培养目标。研究型高等教育培养的是从事研究和发现客观规律的学术（研究）型人才和从事与为社会谋求直接利益有关的规划、决策、设计等有关的工程型人才。这两类人才的特点主要是应用智力技能来进行工作。而高等职业教育培养的是与我国社会主义现代化建设要求相适应的，掌握本专业必备的基础理论和专门知识，具有从事本专业实际工作的良好综合素质和职业综合能力，在生产、建设、管理、服务第一线工作的高级应用技术型人才。这类人才的特点主要是依赖操作技能完成任务。

（2）教学计划。在同样坚持全面发展的前提下，研究型高等教育以理论知识为主线制订教学计划；高等职业学校则以职业技术应用与创新能力培养为主线制订教学计划。理论教学与实践环节教学比例一般不同，要处理好基础知识与专业能力训练，理论与实践的关系，人才培养要有应用性，又要注重可持续性。

（3）课程体系。在同样坚持厚基础的前提下，研究型高等教育注重宽口径设置课程，讲求课程体系的整体性和单一课程学科的系统性；高等职业学校应按照宽基础、活模块设置课程，课程体系不注重整体性和单一课程学科系统性，构建以职业能力为本位的课程模式，开设课程应能基本涵盖未来职业岗位所需的基本知识和技能，既要引入前沿知识，又要注重生产实践中已应用的知识。一般按公共课以及专业基础和专业课两段式设计课程体系，并按素质教育的需要，重视开设选修课。如经济类专业既要针对专业特点，又要多开设一些体现人文科学及网络类前沿科技知识的选修课，这有利于发挥学生的兴趣、爱好，拓宽视野和知识面，开发智力和能力，促进学生个性特长的发展。

（4）教学方式。高等教育都要以学生为主体改革教学方式。研究型高等教育应把创新思维能力的培养作为重点，基础扎实并掌握前沿科技

知识，以学生自学为主；高等职业教育应以培养创新应用能力为目标，强化技能训练，使学生具备六种基本能力：读、写、算、听、看（各种屏幕）、运用电脑，从而掌握有效的沟通能力和问题解决能力。高等职业教育的特点是理论密切结合实践，在课堂实训场所做到在学中做、在做中学，师生之间教、学、做合一，手、口、脑并用；通过启发式、模拟教学、操作示范教学等创造性的教学方式，引导学生创造性地学习，从而发挥学生的独立思考能力和创新应用能力。

（5）实践教学。高等教育院校都要重视相关专业的教学实践环节。研究型高等教育侧重以发现、验证性实验为主；高职院校则以强化技能训练为特点，因此应该重视校内实验、实训设施和校外实习基地的建设，加强学生动手操作和模拟实习的能力培养。以金融类专业为例，除了专业基本技能操作训练外，为培养学生创新思维和综合技能运用能力，还应精心设计一些综合型的实验项目，诸如银行会计结算操作（案例）项目，保险理赔、证券投资、期货交易等实证项目，使学生通过模拟实习，掌握各个操作过程和要领，并通过计算、分析、评估，得出项目实施最终结果和效益等。除了加强校内学科实践，阶段性综合实训外，更要重视校外银行、证券、保险机构实习基地的建设，通过"校企挂钩"在互惠互利的基础上，建立稳定的协作关系，充分发挥社会教育资源的效益，从而使学生在毕业前有较多时间和机会参与业务实习（而不是模拟），面向社会，学到真实本领，以适应金融市场发展和变化的需要①。总之，职业型高等教育与研究型高等教育在人才培养模式上存在诸多区别，具体详见表2-1。

表2-1 职业型高等教育与研究型高等教育比较

	职业型高校培养模式	研究型高校培养模式
教学计划	坚持全面发展的原则，以职业能力培养为主线制订教学计划，理论教学与实践教学为1∶1。	坚持全面发展的原则，以理论知识为主线制订教学计划。

---

① 黄志钧，徐伎畸.构建以能力为本位的高职教育人才培养模式［J］.无锡商业职业技术学院学报，2002（1）：8.

续表

	职业型高校培养模式	研究型高校培养模式
课程体系	按照宽基础、活模块设置课程,不注重课程体系的整体性和单一课程学科系统性,体现综合素质培养。	按照厚基础、宽口径设置课程,注重课程体系的整体性和单一课程学科系统性。
教学内容	以岗位技术需要的能力为依据,重点传授生产、服务、管理区域的先进知识和技术。	以学科体系为线索,重点传授学科前沿的理论和高新技术。
教学方式	把创新应用能力的培养作为重点,教、学、做合一。	把创新思维能力的培养作为重点。以学生自学为主。
实践教学	以职业岗位技能模拟训练为主。	以发现、验证性实验为主。
培养途径	以产学结合为主要培养途径。	以产学研结合为主要培养途径。
考评方式	以职业岗位能力为重点,知识、能力、技能考核并重,能力、技能考核为主。	以学科知识体系为重点,知识、能力、技能考核为重,知识、能力考核为主。
师资队伍	以"三师型"教师为主。	以学术型教师为主。
培养目标	专门高等应用型人才,主要是高级技术人才。	研究型、设计型人才。

本章小结

本章主要讨论了高等职业教育及其人才培养模式相关概念。

职业教育是培养劳动者职业道德、丰富劳动者职业知识、提高其职业技能,使其能够从事或更好地从事某种职业的教育活动。它以培养职业素质为核心,包括职业学校教育和职业培训。层次上分为初、中、高等职业教育,每一层次又包含农业、工业、商业、金融、政治、服务等多个方面的职业教育和培训。与其交融的普通教育是通过使受教育者掌握具有永恒普遍价值的知识、观念、工具和方法，促使受教育者身心全面和谐发展的基础性教育。普通教育是教育内容范畴的概念，与其相对的是专业教育。普通教育内容具有以下几个特点：(1) 普遍性，即其内容是比较稳定的，具有普遍意义的，适应于任何职业，而不是仅适应于个别职业。(2) 永恒性，普通教育内容一般是经过实践检验确证无误、逻辑严密的规律性知识体系、观念体系、方法体系和工具体系，这些内容具有能长期发挥作用的潜在力量。(3) 基础性，普通教育内容本身不属于专业技术知识，但它是学习专业技术知识必需的基础，可以为各种专业教育提供一种共同的学术基础，它制约着专业工作者专业技术水平的高度和深度。(4) 教养性，普通教育内容具有提高人的文化素养、丰富人的精神生活、健全人的思想、陶冶人的情操、塑造人的品格的作用，它能帮助人全面发展，使人成为一个完整的人。(5) 全面性，普通教育内容一般涵盖人类知识宝库中各主要领域的精华，它要保证内容的广度，以便于受教育者能综合运用知识并使身心得到全面发展。与其融合的技术教育是培养技术型人才的教育。一般来说，来自生产实践称为经验技术，来自自然科学原理则是理论技术。职业教育培养学习经验技术为主的技能型人才，技术教育培养学习理论技术为主的技术型人才。

高等职业教育又称职业型高等教育，它既是职业教育的一个高级层次，又是高等教育的一个类型。以培养学科型高级专门人才为教育目标的高等教育称为研究型高等教育，以培养职业型专门人才为教育目标的高等教育称为职业型高等教育。约定俗成，现在我们称之为高等职业教育。职业型高等教育是与研究型高等教育并行的一种高等教育类型，应该存在独立的运行体系，包括专科、本科和研究生教育各个层次。高等职业教育具有高等性、职业性和教育性的特征。

高等职业教育人才培养模式是在现代高等职业教育理念指导下，高等职业院校为学生构建的知识、能力、素质结构，以及实现这种结构的方式。其中，高等职业教育理念是指南，人才培养目标是核心，课程体系是完成人才培养目标的行动计划和方案，教学过程是达成人才培养目标的手段和途径。

第三章　高等职业教育人才培养的理念

职业是文化之根；文化乃职业之果。

——凯伦

马克思主义认为，教育与生产劳动相结合的综合劳动技术教育是实现人的全面发展的唯一途径，据此可以认为以综合劳动技术教育为主要特征的职业教育是十分重要的教育。可是，我国目前的高等职业教育却处于一种十分尴尬的境地。原因纵然很多，然而一个重要的原因是对高等职业教育理念缺乏成熟的认知。因此，对高等职业教育理念进行系统探讨，旨在帮助人们确立高等职业教育新理念，促进我国高等职业教育的人才培养模式成熟发展。

第一节　高等职业教育理念的内涵、形态及趋势

一、高等职业教育理念的内涵

在理解高等职业教育理念内涵之前，有必要弄清什么是"理念"和"教育理念"。何谓"理念"？理念是一个具有能反映一类事物每个个体或一类现象每种个别现象共性之能力的普遍概念，具体说它是诸理性认识及成果的集大成。它既包含了认识、思想、价值观、信念、意识、理论、理性、理智，又涵盖了上述思维产品的表现物，如目的、目标、宗旨、原则、规范、追求等，而后者使理念这一抽象的概念具有了直观的形象。何谓"教育理念"？教育理念是教育主体在教学实践及教育思维活动中形成的对"教育应然"的理性认识和主观要求。教育理念既可以

是系统的亦可以是非系统的、单一或彼此独立的理性概念或观念，这取决于教育主体对"教育应然"即教育现实的了解和研究程度，以及他们指导教育实践的需要。无论是系统的还是非系统的教育理念，均对教育主体的教育实践发生影响。根据上述对"理念"和"教育理念"的理解，我们认为高等职业教育理念应是指人们对高等职业教育的理性认识、理想追求及其所持的高等职业教育思想观念。

随着高等职业教育的发展，对高等职业教育理念内涵的认识便成为近几年学术界见仁见智地论争的热门话题。代表性的观点有以下几种[①]：

一是主体论。这种观点认为职业教育是现代教育的主体，其理由是"本来教育是为了职业而设的"，也就是说人类先有职业而后有教育。持这种观点的学者认为，世界上的一切问题的中心是人类，人类的中心问题是生活，有什么样的生活就有什么样的教育。既然职业是人类生活的主体，那么职业教育就理所当然地成为教育的主体了，高等职业教育亦然。二是过程论。有的学者认为，高等职业教育是大工业生产发展的必然产物，它是一个历史发展过程。其要义是，高等职业教育是伴随着大机器生产而产生的，职业所需要的知识和技能是随着社会经济的发展而不断变化的。三是终身论。有学者强调应树立大教育观和终身教育观，认为随着终身教育思想的深入人心，高等职业教育成了贯穿于个人职业发展全过程的一种教育：高等职业准备教育→就业培训→岗位培训→晋级/转业/再就业培训。与之观点相同的学者也认为：职业教育和培训是社会终身教育、终身学习的主要内容，所以，它是一种终身性的教育。四是系统论。这种观点认为，高等职业教育是国家教育事业的重要组成部分，是一种教育的类型，是为获得某种职业资格而组织的教育系统。这种系统完全可以摆脱学历和学术课程的困扰，可以按不同职业资格需要招收不同学历或学术、文化水平的人给以职业资格培训。五是适应论。高等职业教育是为适应职业需要而进行的教育，包括就业准备、在职提高和转换职业所需要的教育。同类观点强调职业教育是为适应经济社会发展的需要和个人就业的要求。六是针对论。持这种观点的学者认

---

① 周明星，等. 职业教育学通论[M]. 天津：天津人民出版社，2001：45.

为，狭义的高等职业教育指在普通高中的基础上对部分劳动者给予的一定水平的专业技能教育，培养能够掌握特定劳动部门的基础知识、实用知识和技术的教育。换句话说，高等职业教育就是针对某种职业（特定劳动部门）或职业群的理论知识和实践能力的特殊要求所进行的一种专门教育，即是一种"职业针对性"的教育。

上述诸论从不同层面阐述了高等职业教育的理念，使我们对此有了进一步的认识和理解，综合起来看：

第一，高等职业教育是一种主体教育的理念。传统高等职业教育追求的是对受教育者进行某种技能教育，使之成为某种会劳动的工具，强调受教育者对教师、学校和社会的机械服从和顺应，忽视了受教育者的个性差异和主体性，这种"见物不见人"（即把受教育者当作教育的客体加以塑造，而不是当成教育的主体来加以培养）的教育方式，其塑造出来的人，"人"味很淡，"物"性十足，满身"机油味"，既缺乏主体意识和创新精神，也缺少必要的职业道德。因而，高等职业教育也要和其他教育一样，必须全面贯彻党的教育方针，面向全体学生，注意学生个体差异，促进人的个性在职业领域里全面发展。

第二，高等职业教育是一种全民教育的理念。由于高等职业教育是一种就业教育，所以它同时也是一种大众化的教育。高等职业教育是在满足社会上个人的需要和开发个人潜能的同时，为所有人提供技能的教育，对包括穷人、被遗忘的人和未曾想到过的人、在职人员和失业者的培训、再培训，并使正规与非正规经济界中处于"边缘化"的群体获得均等机会。高等职业教育的普及与其提供的学习技能，将会促进全社会所有公民接受教育。

第三，高等职业教育是一种文化教育的理念。这里指的是一种理念文化，包括价值观念、道德观念和思维方式。实施职业准备教育阶段，在传授一定文化知识和技能的同时，加强职业道德教育，培养学生学会做人，使其日后上岗就业能够热爱本职工作，无私奉献，为个人服务社会从而为社会做出贡献奠定基础；实施职业继续教育阶段，由于树立了劳动的价值观，懂得作为社会人应与社会及其他社会人和谐相处，并依靠自己的双手创造财富，学会了生存，所以，当遇到就业难和上岗转岗、失业等挫折时，能够"笑傲江湖"，战胜自我，勇于创业，积淀的唯物主义思维方式使自己能够立于不败之地。

第四，高等职业教育是一种终身教育的理念。正如《学会生存》报告中说的，教育的目的，就其同就业和经济发展的关系而言，不应该培养青年人和成人从事一种特定的、终生不变的职业，而应培养他们有能力在各种专业中尽可能多地流动并永远刺激他们自我学习和培训自己的欲望①。随着生产力的发展和社会的进步，人的职业、岗位、职业能力会经常变动、更新，这就需要经常不断地参加这样或那样的职业、技术学习，接受继续教育或培训。因此，职业教育包括高等职业教育是一种终身教育。

二、高等职业教育理念的形态

全面把握职业教育理念，还需深入研究职业教育理念的表现形态。从职业教育理念的表现形态看，可分为高等职业教育的观念、高等职业教育的精神、高等职业教育的使命等三个方面。

关于高等职业教育的观念②。高等职业教育观念就是人们对高等职业教育的总的态度和看法。高等职业教育观念具有如下内涵：

一是高等职业教育的目标由单纯针对职业岗位扩展到着眼于整个职业生涯。在现代社会中，社会就业人员的利益导向和价值走势，常使其就业经常变更，一个人一辈子固定在一种行业或一个岗位上的时代即将消失。我国自改革开放以来，人才流动已逐渐成为一种常见的社会现象，社会成员正由"单位人"逐渐走向"社会人"，社会人员的这种就业需求必然对职教的目标和内涵产生影响。

二是高等职业能力内涵已由单纯满足上岗要求走向适应社会发展。这里的职业能力不仅指操作技能或动手能力，而且是指综合的、称职的就业能力，包括知识、技能、经验、态度等为完成职业任务所需的全部

---

① 联合国教科文组织国际教育发展委员会. 学会生存——教育世界的今天和明天 [M]. 北京：教育科学出版社，1996：176.

② 吕鑫祥. 面向21世纪的职业教育观（上、下）[J]. 北京成人教育，2000(3)：121.

内容。在职业能力的内涵中，应十分注重合作能力、公关能力、解决矛盾的能力、心理承受能力和竞争能力等非技术的职业素质。同时，随着技术的迅猛发展，社会职业岗位的内涵与外延处于不断变动中。因而，职业教育的教学计划不能仅着眼于当前上岗能力的需要，还应十分注重学生对职业岗位变动的良好适应性和就业弹性的需要。

三是高等职业教育功能由单纯的学历教育功能扩张为复合功能。职教体系总体上分为学历教育、非学历教育与培训两大部分。学历教育主要是以较长的连续时间，系统地培养基层一线的技术型人才，有中等职业教育和高等职业教育两个层次。非学历教育与培训中，一部分是资格证书教育、工人技术等级培训，另一部分是岗位培训、在职进修培训和短期就业培训。随着我国加入WTO，实施"走出去"的战略，职业教育功能又将由培养国内人才扩张为培养国际人才。

关于高等职业教育的精神。精神是自然的真理性和终极目的，是理念的真正现实。高等职业教育的精神即高等职业教育的内容实质，我们认为高等职业教育的精神最为突出的是笃实。

第一，知识实用。高等职业教育的课程是按职业岗位群的需求确定的，专业课可根据市场变化而调整设置，基础课按专业的需要以必需、够用为度，有些高职院校还为企业"量体裁衣"，"定制"特殊岗位的人才，培养立足本地并服务于市场的职业人才，受到了人才市场的欢迎。

第二，注重实践。社会对人才的需求是多元化的，任何时候需要量最大的都是具有良好职业技能的操作型人才，高等职业教育培养的实用人才，既有一门过硬的实用技术，同时熟悉英语、电脑等知识，适应生产一线的需要。目前人才市场已出现了企业争抢机电加工类的车、钳、焊、电、铣等技术高级工的局面。

第三，岗位实在。加入WTO将催生出大量的新职业、新机遇，促进我国国民生产总值的增长和就业机会的增加。给食品加工业、纺织业、服装业、建筑业尤其是第三产业带来了良好的发展机遇。接受高等职业教育的学员若具备较高的职业素养，有一定的分析、解决问题的能力和适应岗位的能力，专业对口，面向基层第一线，会管理，懂操作，达到"一专多能"，将拥有更多的就业机会和更好的创业机遇。

第四，目标实际。由于高职院校自入校起就对学生加强了职业道德教育，使之牢记"为人民服务"是职业道德教育的核心，"顾客是上帝"是行业服务的宗旨，树立正确的择业观，要求学生做到目光现实、脚步踏实、技术扎实、为人诚实，就业期望值切合实际。

关于高等职业教育的使命。高等职业教育的根本使命在于以新的实践人才和成果开发人力资源，促进职业资格证书制度的推广，优化职业教育结构，缓解就业压力，维护社会稳定。

有效开发人力资源，为未来社会培养素质结构更为合理的准劳动力是高等职业教育使命之一。与普通教育以基础研究型人才为主的培养目标不同，高等职业教育旨在培养大量动手能力、实践操作能力比较强的高级实用技术型人才，学生在毕业后基本上就能顶岗工作。

促进职业资格证书制度的推广是高等职业教育使命之二。由于国内的、跨国的区域经济集团之间的劳动力流动日益增长，证书制度作为能力的认证起到了一种特殊的作用。当前，由于劳动力市场的限制即实行就业准入制度，使职业资格证逐步具有与普通高等职业教育学历文凭类似的"硬通货"性质，从而使高等职业教育得到强大驱动。21世纪的高等职业教育将进一步完善对学生职业技能的标准化考核，证书制度转向"双证"，即学历证书和职业资格证书。根据劳动部门统计，全国有职业技能鉴定机构6 797个，报名参加鉴定的人数达到320万人，获得各类等级证书的有180万人。职业资格证书将同学历资格证书一样，逐渐在高等职业教育质量鉴定和求职过程中发挥主要的作用。

优化和完善教育的类型结构体系是高等职业教育使命之三。从我国现有的教育体制结构来看，普通高等教育始终占据着主体地位，而定位于普通高等教育有效补充的高等职业教育，其招生条件的要求相对降低，光从录取分数线上来说，就比同等程度普通高等教育低若干分。这无疑为那些处于职业边缘的学生开通了一条谋生与成材的新航线，把原本狭窄拥挤的升学"独木桥"拓宽成四通八达的"立交桥"，为进一步提高国民的整体素质作出了贡献。

缓解就业压力、有效调节劳动力市场是高等职业教育使命之四。据《中国教育事业统计年鉴》（1998）的资料显示，1998年我国职业教育机构总共招生585.27万人,其中高等职业教育学生占75%,若以全部在校学生数计算,则共有1 642.44万的劳动人口被吸收进去接受教育,从而延缓了这部分劳动人口的就业进程,这就意味着仅此一项,国家和社会每年就可减少安排将近1 700万个工作岗位,大大有利于缓解我国的就业压力①。

三、高等职业教育理念的趋势

高等职业教育在整个社会发展中起着至关重要的作用,它使国家的资源利用者、开发者、管理者的技能不断更新,它使整个社会的技术含量、智能含量和精神价值的含量不断提高,它使一个国家的整体的民族素质从中不断获益和增强②。随着高等职业教育的发展,其理念也得以不断创新。

模式上,从学校模式走向混合模式。高等职业教育中的学校模式,是传统意义上的以学校教育为主的封闭办学模式,它是一种"供应"模式,以"供应"为目的,不问社会需求,呈现出封闭的、不适应变化的时代的特点,它是计划经济的遗留产物。这种模式培养的人才或者有基本知识无动手能力,或者有动手能力又缺乏适应市场的应变能力等等,高等职业教育的"产品"被社会拒绝。这就要求用一种全新的混合模式取而代之。职业教育中的混合模式是现代意义上的学校、企事业单位、公民个人等多元化开放办学,并以企事业单位和公民个人办学为主的一种新的办学模式。它是一种"适应"模式,它追求职业需求以社会需求为动力,主张职业教育适应社会:社会有什么样的人才要求,学校就培养什么样的人才,使职业教育培养的学生有良好的教育基础和文化素质,有较高的思维、判断和理解能力,成为"可培训的人",而不仅仅是"培训过的人"③。混合办学模式已经成为职业教育发展的必然。

目标上,从就业教育走向创业教育。就业教育与创业教育既是两

---

① 吴洪伟,应方淦. 论我国职业教育的就业价值 [J]. 中国成人教育,2002(3):56.
② 江伟. 发达国家职业教育的新理念 [J]. 教育与职业,2001(3):76.
③ 周明星. 论职业教育现代化 [J]. 职业技术教育,2001(10):56.

种不同的人才培养目的，也是两种不同的教育质量观，前者以填补现有的显见的就业岗位为价值取向，后者以创造性就业和创造新的就业岗位为目的。我们所处的是一个知识经济初露端倪的时代，仅在某一特定领域受过培训的人是不可能适应新工作的，而且我们不能担保有哪一个领域可以保持不变，最根本的问题在于21世纪的大部分就业机会还有待创造。因而要帮助受教育者培养创造意识和创业能力，这是一种全新的"自我就业"的能力，这种能力能实现与市场行为的结合，它使受教育者有更广阔的发展空间。从就业教育到创业教育，既是世界职业教育的总趋势，也是中国高等职业教育改革和发展的必然选择。

内容上，从能力本位走向素质本位。所谓能力本位教育（competence based education），它根植于英国而推广于英联邦国家，其重心放在能力上，它是知识本位教育（knowledge based education）失败的产物，主要用于职业教育的构建。它试图通过选择高文化知识——科学知识作为课程，培养出具有超凡能力的科学主体。大量的事实已说明这是不可能的。有的发展理论专家提出：发展最重要的不是经济，而是人的全面素质。因此，作为直接作用于经济社会生活的职业教育中的人的素质教育应引起重视。所谓素质本位，指的是以职业素质为基础、以职业能力为核心、以职业技能为重点的全面素质教育或素质培养。这种教育在注重受教育者能力培养的同时，也重视他们的精神、道德、文化和身心等素质修炼，要求高等职业学校的学生通过一定时期的培养，学会做人，即做一个会做事、会学习、会生活的人，从而达到在社会中随心所欲而不逾矩的境界。因而，从能力本位走向素质本位，将成为高等职业教育现代化的重要内容。

过程上，从终结学习走向终身学习。终结学习是一种"静态"的教育观念，它把社会当作一个不变的系统，人作为其中的一员，拥有某一种技能，从事某一职业将是一生不变的，它奉行的是"学一阵子，用一辈子"的一次性学习观。当今社会飞速发展，新的技术、新的行业不断被创造，人的一生将面临多次职业变更，美国和德国的未来学家预计，人类的职业大约每过15年就将更换20%，而50年后，现存的大部分职业都将寿终正寝，取而代之的是我们现在无法想象的职业①。岗位竞争日益激烈，只有终生不断地学习，才不至于被工作岗位所抛弃。因此，高等职业教育不应培养青年人和成年人从事一种特殊的、终生不变的职业，而应培养他们有能力在各种专业中尽可能地流动，并永远刺激他们自我学习和培训自己的欲望。也就是说，现代社会需要现代的人，只有终生学习的人才能成为这种人。这种学习要求破除过去一次性学习的传统：在时间上，不局限在青少年时代，抑或职前的培训，而是贯穿于人的一生；在空间上，使劳动者学习与工作二者合一，工作过程就是学习过程，让学习和生存两个主题伴随人的一生。终生学习是当今社会的教育思潮，也是高等职业教育改革和发展的总体趋势。

综上所述，高等职业教育理念是一种主体教育理念、一种素质教育理念、一种文化教育理念，同时也是一种终生教育理念，其表现形态主要有高等职业教育的观念、精神和使命。随着社会的发展，高等职业教育的理念也不断创新，它将不再是单纯的学校模式，而是混合模式；不再是终结教育，而是贯穿人的一生的终生教育；不再仅仅是为了谋生，而将是不同个性、兴趣、爱好者用以充实自我、怡悦人生的一种多姿多彩的职业生活教育。

第二节 高等职业教育的人才观、教学观和质量观

20世纪90年代末以来，我国高等教育正从精英教育阶段走向大众化教育阶段，在这一过程中，明确高等教育的人才观、教学观、质量观尤为重要。而高等职业教育是高等教育的重要组成部分，同样也是如此。因此，确立什么样的高等职业教育人才观、教学观、质量观，是高等职业教育人才培养过程中当前亟待探讨和解决的重大课题。

一、高等职业教育的人才观

人才观是学校教育思想的基础，是学校教育重要的理论和实践问题，

---

① 孟广平. 面向21世纪我的教育观：职业技术教育卷［M］. 广州：广东教育出版社，2000：235.

决定着教育的教学观和质量观。一个国家或民族的人才观正确与否，不但直接影响着学校教育的质量，也影响着民族的强弱、国家的兴衰。因此，我们有必要探讨高等职业教育的人才观，以促进高等职业教育的蓬勃发展。

1. 高等职业教育人才观内涵

何谓人才？人才是指德才兼备，并有某种特长的人。他们的创造性劳动，为人们认识自然改造自然、认识社会改造社会以及人类进步作出了较大贡献。人才的特点：第一，杰出性。这是人才最本质的特征，指的是人的杰出表现，或在再现型劳动中作出超量贡献，或在创造型劳动中作出成绩。第二，相对性。指人才总是在相对于一定的历史时代和劳动领域而言的。第三，广泛性。指人才是多类型、多层次的，不限于少数天才。第四，社会性。指人才具有社会属性，在阶级社会中具有阶级性，每个阶段都有自己阶段的人才。第五，动态性。指人才不是天生的，而是通过实践不断提高、成长，从非人才向人才转化而成的，人才素质是不断发展变化的，不是静止不动的[①]。

至于人才观，《教育大辞典》中对其解释是：关于人才现象和问题的基本观念体系，诸如对人才的本质、标准、成长过程和开发使用等每一方面的基本看法，它受一定的政治经济制度、生产力水平的制约，并受意识形态、伦理观念、文化传统和科学技术发展的影响，具有历史性和时代性，在阶级社会中常带有阶级性，对教育的目的、目标、制度、内容和方法等均会产生影响[②]。

因此，高等职业教育人才观是指人们根据社会发展的需要，提出的关于高等职业教育人才培养的内涵、标准、质量等一系列问题的基本观点。

---

① 《中国大百科全书》简明版（7）[M]. 北京：中国大百科全书出版社，1995：3971.

② 《教育大辞典》增订合编本（上）[M]. 上海：上海教育出版社，1998：1264.

2. 高等职业教育人才观的误区

由于长久以来，社会意识形态对高等职业教育的歧视，以及高等职业教育本身的生源素质（大部分是三校生及部分普通高考落榜生）、教育的内容（主要注重动手操作）、教育的层次（有且仅有大专学历）、教育的目标（培养生产一线的技术工人）等问题，人们对高等职业教育人才观有很多错误的看法。

（1）高等职业教育排在普通高等教育之后，培养的是二等人才。人们认为，高等职业教育落后于普通高等教育，是普通高等教育的附属品，是二等教育，所以，培养出来的人才是二等人才。实际不然，我国高等教育体系是由普通高等教育和高等职业教育两部分组成的，他们的社会地位是平等的，而非"普"高"职"低。普通高等教育培养的人才主要偏重原理性知识，而高等职业教育培养的人才主要偏重操作性知识，他们之间只是偏重点不同，而无"一等""二等"之分。

（2）高等职业教育只强调实用技术，培养的是技术性人才。关于高等职业教育只强调使用技术，而缺乏人文，的确是一个事实性问题。高等职业教育创建之初的目的就是：培养经济建设过程中需要的大批懂文化、懂技术的高级应用型工人。所以，其在课程设置方面不免厚此薄彼，重技术轻人文。殊不知，高等职业教育也是教育的一部分，它首先应教会学生怎样做"人"，然后才是对社会有用的人才。

（3）高等职业教育培养目标只限于专科，培养的是低层次人才。目前，我国高等职业教育培养目标还仅局限于专科，这必然阻碍了挖掘其继续发展的潜力。随着社会的发展，职业流动率的增高，高等职业教育应该在学历上有所延伸，使职业教育在学历上形成一个体系，一个真正与普通教育相媲美的教育体系。例如，现在中国的台湾就实现了高等职业教育本科化，且部分高校的职业教育研究生化。

3. 现代高等职业教育人才观

由以上论述可知，人们对高等职业教育人才观存有很大的误解，阻碍了高等职业教育的发展，所以我们要构建全新的高等职业教育人才观，即现代高等职业教育人才观。

现代高等职业教育人才观的主要观点是：高等职业教育的人才培养不仅要使人学到知识，掌握技能，继承传统道德，最重要的是要培养人的创新精神和实践、创造能力，注重知识、能力、素质的协调发展。这就给高等职业教育的人才培养提出了新的要求：

一是兼容性[①]。"兼容性"这个概念是比尔·盖茨在他的一本著作里提出的，他指出以他为首的微软公司的成功，正是在于其所出产的电脑软件具有兼容性。软件兼容性的强弱，往往在于它在不同硬件和不同操作环境所能显现的功能。若将这个概念应用于高等职业教育的人才培养方面，则人才的兼容性是高等职业教育急需关注的一种素质，即高等职业教育培养出的人才要在不同的工作环境均能发挥其功能，不断学习适应新的工作要求，有效地解决由不同情境引发的问题。这就需要培养人才的"通用技能"——基本的读写、运算和生活技能，复杂的推理技能及与工作有关的合作、思考、工作动机等技能。因为掌握通用技能是人才兼容性的基础。

二是倾向性[②]。倾向性是指高等职业教育人才的培养受到高等职业教育内在规律和专业人才成长规律以及学生学习时间的限制，只能按社会需求培养学生具备某种类型倾向而不能完全定型。也就是说高等职业教育培养的只是人才的"毛坯"，只有经过现实社会的"锤打锻压"后，才能最终成为合格的"产品"。这是因为：其一，高等职业学校在培养高级应用型人才时，既要满足社会对人才需求的多样性和变动性，又要保证学校教育的相对稳定性以及所培养的人才具有一定的通用性。其二，高等职业教育人才的成长具有社会性，实践出真知，实践出人才，他们只有在毕业前从事必要的社会实践，才能形成对应岗位所具备的一些素质和能力。其三，实际工作中，某个具体的人才究竟属于何种类型，并非固定不变，往往会因工作的需要从一个行业到另一个行业，从一个岗位到另一个岗位。因此，试图在高等职业学校将人才定型，将不

---

① 卢乃桂. 信息社会的人才要求 [J]. 教育研究，2000 (11)：9.
② 清华大学教育研究所. 科技人才培养研究 [M]. 北京：清华大学出版社，1993：34.

利于他们适应职业的变更。

三是伸缩性。伸缩性即弹性①,是人才适应市场、职业、岗位、工种变化的一种可伸缩性的综合能力和可持续学习的基础。高等职业教育培养的人才就是要具有这种弹性素质,这样才能适应社会需求的变化。这种弹性素质的主要特征表现为:其一,普通性。即牢固掌握自然科学和人文科学的基础知识,以及一类职业岗位共同的专业理论知识,为现实的专门技术训练和适应未来快速变化的经济形势以及掌握高新技术奠定坚实的文化知识基础。其二,变通性。学生要"以一技之长为主、兼顾多种能力",既掌握一类职业岗位共同的专业理论,又能在此基础上,在相近职业岗位范围内发生能力迁移,实现上岗不需要过渡期,转岗亦不需要过多的再培训。其三,融通性。即学生既具备职业领域的方法和能力,又具有社会活动能力,且能将这两种能力运用自如。其四,潜通性。即学生应具备今后多次创业和广泛就业的潜在素质,包括创新精神、良好的个性品质、善于学习以及广泛的兴趣和爱好。从现实情况来看,一个人的职业角色的变换,得益于每个人的潜在资质和相当的潜通基础。

二、高等职业教育的教学观

高等职业教育的教学观直接影响着它的质量观,进而影响整个高等职业教育的发展,因此我们有必要对高等职业教育的教学观进行分析,树立正确的教学观,为高等职业教育的发展服务。

1. 高等职业教育教学观内涵

教学就是指教的人指导学的人进行学习的活动。进一步说,指的是教和学相结合或相统一的活动。教的人不限于教师,但主要指的是教师。学的人不限于学生,但主要指学生②。教学观是指教师对教学的本质和过程的基本看法。教师的教学观一经形成,就会在他们的头脑中形成一个框架,影响到他们对教学过程中的具体事物和现象的看法,影响到他们在教学中的决策和实际表现,进而影响到学生的学习。因此,高

---

① 周明星. 高等职业教育现代化特征初探[J]. 高等教育研究,2002(1):91.
② 李秉德. 教学论[M]. 北京:人民教育出版社,1997:2.

等职业教育教学观是指高等职业学校教师对高等职业教育中的教学的本质和过程的基本看法。

2. 传统教学观对高等职业教育的影响

半个世纪以来，我国教育界一直是在苏联教育学家凯洛夫教学观指导下组织和实施教学活动的，高等职业教育自然也不例外。这种教学观可称为传统教学观。

传统教学观认为，教学就是教师以预先编定的教材为工具，把知识传授给学生的活动。教师的职责是"传授"（传道、授业）和"训练"，学生的职责是"接受"和"掌握"。知识和技能是预先选择和设定的，是客观的、外在的、固定不变的东西，好比是水，学生好比是一个空桶。教师的教就是把知识、技能之水一点点地灌进这些空桶里去（当然也讲究灌水的方法），学生的学习过程就是等待教师把知识、技能之水装进自己的桶里来（至多是跟教师积极配合）。传统教学观的特点是：其一，教、学二分，由此引出谁是主体的长期争论。其二，三个中心，即教师中心、教材中心、课堂中心，由此导致学生等待教师来灌输、塑造，处于完全被动的地位。其三，把教学等同于知识传授和技能训练，忽视学生综合能力的培养、素质的养成和个性的发展。其四，教师对学生的关系是单向的、居高临下的关系，教师是塑造者，学生是被塑造者。

在传统教学观的支配下，高等职业教育教学表现出诸多弊端：其一，对教学价值缺乏全面的认识。在现实教学中，许多教师的教学价值体系典型地表现为知识中心的价值倾向，不重视实践，偏离了高等职业教育的根本宗旨。其二，教学效率、效益观念淡薄。许多教师在思想上存在着只问产出、不问投入的偏误，他们常常不去反思怎样通过合理利用教学手段、改进教学设计、优化课堂教学结构等途径提高教学效率和质量，而是一味强调增加学习时间和刻苦用功的重要性，从而使许多学生的学习长期处于投入大、负担重、效率低、质量差的被动境地。其三，教学创新意识淡薄。在许多教师的头脑中，创新意识并没有真正成为指导教学实践的思想观念。

3. 现代高等职业教育教学观的构建

通过对传统教学观的分析，笔者认为，随着社会的发展，它已不适应现代教育的需要，更多地体现出其弊端，必须探索新的高等职业教育教学观。现代高等职业教育教学观应该具有这样一些特征：其一，教学着眼于学生的发展，包括知识和能力的发展，更包括态度、价值观、情操、审美观念和生活品位的健康发展与个性的健康发展。其二，教和学合一，成为教师和学生通过相互交往而共同营造、共同参与的活动，换言之，教学是一个包括认识和交往实践两个方面的活动过程，是一个认识和交往实践统一的过程。其三，教师与学生的关系是一种新型的、双向的关系。其四，要重视学生个人经历和体验在教学中的重要作用。

因此，现代高等职业教育教学观的主要观点为：其一，教学内容突出技术性。高等职业教育的根本任务在于培养高等技术应用型专门人才，只有教学内容突出技术性，才能体现其职业性。一方面，教学内容的组织要以解决问题为中心，打破学科界限，使内容的组织服从于所要解决的职业领域的问题；另一方面，增加实践性教学内容，使学生有充足的机会将专业知识与职业实践结合起来，获得隐性经验，增加学生的职业适应性使学生获得相应的技能。其二，教学过程突出实践性。高等职业教育的培养目标决定其学生应具备和掌握从事专业领域实际工作的基本能力和基本技能。因此，高等职业教育教学要让学生形成与其所学专业相关的个人经验，其过程就要体现出强烈的实践性。高等职业教育应采取学校与企业合作的形式，让企业参与教学计划的制订，承担义务为学生提供实训和实践的机会。学校在精选教育和培训内容的基础上，可适当延长实训时间。其三，教学环境情境性。高等职业教育的教学环境包括实训基地、模拟职业活动情境和问题情境等。在专业课学习中，为了增长学生的职业经验，应该设置教学环境来组织教学内容和活动，使专业课学习立足于解决职业实践中的问题，这就要求其教学环境逼真、可信，突出情境性。学校应以实训基地为基础，通过设置问题情境和模拟职业活动情境，使学生在真实或仿真的环境中，通过自身的体验，从中获得隐性职业经验，掌握专业技能。

三、高等职业教育的质量观

高等职业教育的质量观是高等职业教育发展的根本保障，只有高等职业教育的质量得到保证，才会有高等职业教育的健康发展。因此，确立什么样的高等职业教育质量观，是高等职业教育工作者当前亟待探讨和解决的重大问题。

何谓质量？现代管理科学将其定义为反映实体满足明确和隐含所需的能力的特性总和，即产品要符合规定性和具有适应性。教育质量借鉴了质量的内涵，即教育质量是指"教育水平高低的效果和优劣程度"[①]。何为高等教育质量观？1998年，联合国教科文组织在巴黎召开的首届世界高等教育大会上对高等教育质量观作出新的界定，各国也普遍认同这个界定，即"高等职业教育的质量是一个多层面的概念，应包括高等教育的所有功能和活动：各种教学计划与学术计划、研究与学术成就、教学人员、学生、校舍、设施、设备、社区服务和学术环境等"；"应建立独立的国家评估机构和确定国际公认的可比较的质量标准。但对学校、国家和地区的具体情况应予以应有的重视，以考虑多样性和避免用一个统一的尺度来衡量"[②]。

综上所述，高等职业教育质量观是对高等职业教育的质量的基本看法，即应包括教学工作、学校管理、学生、教师以及高等职业学校的各种软硬件设施等多元因素，但其核心是人才培养的质量。高等职业教育兴办时间虽然不长，但却正由传统的质量观向现代质量观渐进。

传统高等职业教育质量观是随着高等职业教育不断发展壮大而不断发展，根据人们对高等职业教育功能和价值的不同看法，主要形成以下三种看法：

一是知识质量观。传统的教育质量观是一种知识质量观[③]，以学生

---

① 《教育大辞典》增订合编本（上）[M]. 上海：上海教育出版社，1998：798.

② 武毅英. 新世纪我国高等教育的质量观[J]. 厦门大学学报（哲学社会科学版），2002（4）：56.

③ 潘懋元. 新世纪高等教育思想的转变[J]. 中国高等教育，2001（Z1）：22.

掌握知识的多寡、深浅、宽窄来评价教育质量的高低。不能为了达到迅速上岗的目的，而挤掉文化知识的教学课时，要保证学生在校期间掌握一定深度和广度的文化基础知识，要注意各科教学内容的系统性和完整性。这种观点还认为目前人才市场化，学生毕业后又不可能终身从事一个职业，所以必须加强文化知识的学习，为其今后能适应终身教育打下基础。

二是能力质量观。这种观点认为高等职业教育的质量应体现在毕业生的职业能力上，毕业生在实际工作中能迅速上岗，做出好成绩，就是质量高。应该强调高等职业教育的特点，根据就业市场要求学生能迅速上岗的目标，及时调整教学计划，确定教学内容，安排各种相应的技能，较大地提高学生的各种能力，并指导学生运用于实践之中。

三是素质质量观。高等职业教育根据全面推进素质教育这一战略，采取了切实可行的措施，不仅要求学生学会学习、学会做事，而且更强调学会做人，将非智力因素的发展纳入培养高级专门人才的教育过程中，注重培养学生的思想道德素质、人文科学素质、业务素质和身心健康素质，努力把大学生培养成为具有良好综合素质和较强实践能力及创新精神的人才。在这样的历史背景下，人们就形成了以素质为标准来评判教育质量的质量观。

由上文描述可知，传统高等职业教育质量观有其存在的价值，但随着社会的不断发展，更多地体现出它们的不足。知识质量观强调以知识标准评判高等职业教育的质量，这是很片面的。因为受教育者是要获得全面发展的，而知识只是其中的一个重要方面，它不足以用来全面检验高等职业教育质量；能力质量观比知识质量观前进了一步，但它仍然没有超出智育范畴，有它的不足；素质质量观虽然给人们提供了评判高等职业教育质量的一般原则标准，可是它不够具体，只是一般意义上的质量观，我们应该更具体地研究符合高等职业教育发展的质量观。因此，通过总结传统观点的肯定因素和不足因素，根据高等职业教育的实际情况，笔者认为，现代高等职业教育质量观是三位一体的质量观，即以知识、能力、素质三者融为一体作为评价标准的教育质量观。它侧重强调以下方面：第一，这种质量观认为掌握知识、培养能力、提高素质三者是绝对不能分开的。因为知识是基础,是发展能力的基础,也是提高人的整体素质的基础;能力是知识和素质的外在表现;素质是知识和能力转化而形成的内在品质。三者相互联系、相互依存、相互作用,不可分割。第二,它强调以知识、能力、素质三者融为一体为高等职业教育质量观的评价标准,符合高等职业教育发展规律。因为高等职业教育是为社会培养高级应用型、技能型人才,这就决定了高等职业教育的特征,即既具有高等性,又具有职业性。因此,它的教育质量必须以全面的标准来衡量,而以知识、能力、素质三者融为一体这个标准完全与其相符。

综上所述,高等职业教育的人才观、教学观和质量观等问题是现阶段高等职业教育需要探讨的重大问题。本文主要论述了高等职业教育人才观、教学观和质量观的内涵,并对传统的观点进行分析,提出了现代高等职业教育的人才观、教学观和质量观。当然,这只是高等职业教育的一部分,还有价值观、学生观以及发展观等没有具体阐述,都有待于高等职业教育工作者进一步探讨。

第三节 现代知识观与高等职业教育理想

一、现代知识观与高等职业教育的思想基础

1. 现代知识观与现代高等教育思想

现代知识观以理性主义、经验主义和实用主义为哲学基础,产生和兴盛于工业社会,带有明显的体现西方现代文化的科学主义、工具主义和客观主义色彩。现代知识观的产生,使人们从形而上学与宗教神学的桎梏中解放出来,促进了人类文明的进步。在现代知识观的影响下,20世纪的高等教育哲学主要分成两种流派,一种以认识论为基础,另一种则以政治论为基础[①]。认识论教育哲学认为,高深学问唯一的坚实基础是严格的客观性,因此必须摆脱价值影响;而政治论教育哲学则认为,高等教育必须考虑价值问题。反映在大学理念上,前者表现为理性

---

① 约翰·S. 布鲁贝克. 高等教育哲学[M]. 王承绪,等,译. 杭州:浙江教育出版社,1987:12.

主义的大学思想，后者的实质则是带有浓厚功利主义色彩的、强调知识的经济功能和社会功能的实用主义大学思想。在这两种思想的影响下，近代实施高等教育的大学在确立自身地位的过程中，产生了两种模式，其主要特征表现在：

（1）教育的目的。前者受理性主义的影响，认为知识是通过特定的概念和命题进行描述的，具有确定性和实证性，故而把科学与知识等同起来，将科学看作唯一的知识，认为知识的产生和增长是纯粹的个人劳动，是天才和智慧的结晶，从而将大学教育的目的定位于培养掌握理性特权的社会精英和纯学术人才；后者受实用主义影响，强调大学的工具性功能，认为"认识或解决问题的最终目的是适应环境、利用环境"[①]，从而使高等教育成为提升政治地位、取得政治资本、提高经济地位和获取丰厚薪俸的手段，受教育者的精神需要、兴趣爱好、人文关怀等被工具性的需要所替代。

（2）高等教育与社会的关系。前者受理性主义的影响，认为知识是超越社会和个体条件限制的，是价值无涉和文化无涉，知识的产生靠一定的先验形式，靠天赋观念，个人在知识生产过程中不能也不应该受社会文化的影响，因而将实施高等教育的大学视为独立于社会的、为知识精英探求知识和真理的科学城堡。在这一城堡中，重知识轻实践，重理论学科轻实用学科，认为学科教育与高等职业教育、理论教育与实用教育有明显的高低、贵贱之分；而受实用主义影响的威斯康辛模式虽然表面上视大学的功能是为社会服务，但大学内部却仍然是一个独立的"教育工厂"[②]。

（3）教育和教学管理。现代知识观认为，知识的增长是不断积累和分化的过程，其中分化是知识发展的主要特征。受这一观点影响，现代高等教育推行高度专业化的教育管理，推行严格的科层管理模式，以学科为大学分支管理模式，系科之间各自为政、相互隔离，每一个系科都

---

① 陆有铨. 现代西方教育哲学[M]. 郑州：河南教育出版社，1993：81.
② 联合国教科文组织国际教育发展委员会. 学会生存——教育世界的今天和明天[M]. 北京：教育科学出版社，1996：211.

是一个小社会。在教学和研究方法上,前者受理性主义的影响,推崇思辨推理、理性自觉和演绎,把理性训练看得比一些知识的传授更为重要,认为"为知识而知识的教育才是最有价值的教育"①;后者受经验主义的影响,反对先验的理性,坚持实证主义方法论,奉行实验、观察和归纳,甚至用经验分析和行为指导的方法来规范人文科学,其结果只能是对人文科学的鄙视。两者的一个共同后果,是对自然科学的顶礼膜拜和对人类精神产品的淡漠,导致社会生活中人生意义缺失,自由意志和人格尊严被践踏,个人主体价值迷茫,社会道德水平下降等精神和社会问题。

2. 高等职业教育的功利主义思想基础

高等职业教育反映的是现代知识观的实用主义和功利主义思想。虽然在早期,由于社会阶层的等级分化而带来的"劳心者治人,劳力者治于人"的意识形态使得高等职业教育仅仅是一种实践,在教育理论体系中并没有地位。然而,随着科学技术的发展,以理工科和技术课程为核心的高等职业教育逐步在教育体系中确立了自身的地位,形成了与理性的博雅教育相抗衡的功利主义教育思想。

从教育史的角度看,存在两种不同的高等职业教育概念。一种与体力、谋生紧密联系,常常是实用而又机械的高等职业教育。最早可以追溯到古希腊斯巴达为增强国家的军事实力和防御外敌而进行的训练优秀武士的实践。另一种是与造就社会所需要的政治、军事、法律等方面专门人才密切相关的专业意义上的高等职业教育。例如公元前5世纪智者派旨在教授演讲术、辩论术以及政治生活上的成功之道和以培养军事上的领袖人物为己任的修辞学校。今天的高等职业教育概念,可以说是以上两种概念的混合。从一般的意义上说,今天的高等职业教育的特征有如下几方面:

(1)高等职业教育的特征在很大程度上取决于它所服务的外在目的,即个人或社会物质、经济福利方面的目的。这种教育与"工作世界"(the world of work)相联系,与实际事物和谋生关系紧密。

---

① 黄济. 教育哲学通论[M]. 太原:山西教育出版社,2001:167.

(2) 在教育目的中,"理解"(understanding)与"欣赏"(appreciation)被"技能"(skills)和"胜任能力"(competencies)所取代,"会话"和"沉思"被"适应"和"做"所取代。

(3) 在课程设置上,常常是根据有用且能清晰地加以界定、易于测量的具体目标进行规划。这种目标往往不是产生于学科本身,而是产生于对经济或某种职业需求的职业技能的分析。

(4) 在评价准则上,质量建立在符合来自外界"行为指标"(performance indicators)的基础上,关键在于成功地完成工作。

(5) 以功利主义为导向,关注结果的效用大小或效益的高低,关注达到某种结果的方法和手段的有效性,关注知识的具体应用[①]。

从教育与生产劳动相结合的角度看,高等职业教育基于一种功利主义的结合观。这种功利主义的结合观承认生产劳动的教育价值,但更强调教育与生产劳动相结合的必然性和实效性,把它视为有利于个人更好地进入社会和就业的有效形式。其基本观点是:

一是教育不仅应与社会生产相结合,还必须与社会生活相联系。教育是社会生产中的一部分,现代科学技术的飞速发展,要求教育为社会生产培养适应社会发展的劳动者,而不像以前那样,只是为统治阶级的政治统治服务。同时,接受教育也是人们改善生活的需要。因此,教育同社会生产和社会生活的紧密联系,是教育发展的必然。

二是应该注重实用的知识和技能的传授。随着现代社会的发展,人们越来越关注劳动世界或劳动力市场的发展,越来越注重对社会生产、社会生活和个人发展有用的知识的学习。面对这种现实主义倾向,学校不应再在纯粹的知识与实用的知识的区别上纠缠不清,而应更多地将出发点放在日常生活的经验和需要解决的问题上。

三是使受教育者为将来进入社会做好准备是十分合理的。在现代社会中,职业选择难度加大,使受教育者掌握技能、学会生存与工作,是现代学校教育面临的主要问题。因此,帮助学生获得就业的实用技能,

---

① 叶澜. 教育理论哲学基础的反思——关于"人"的问题[M]. 上海:上海教育出版社,2001:89.

甚至选择一种职业，找到一份工作，便是学校分内的事。

四是教育与生产劳动相结合应该与受教育者的实际需求结合起来。教育与生产劳动相结合的目标，就是更有效地使学生为就业和自我教育做好准备，使他们顺利地走向社会，完成向生产行业的过渡，并通过生产劳动获得经济效益。

二、现代知识观转型与高等职业教育的发展

1. 现代高等教育思想的两种极端

从以上的分析可以看出，现代知识观影响下的高等教育思想走的是两个极端：其一是以理性主义为基础的博雅教育，其二是以功利主义为定向的高等职业教育。前者认为，教育是追求知识本身的价值，应由知识本身决定范围与内容，并由此与心智发展相关联。20世纪60年代的英国教育哲学家赫斯特对博雅教育作如下解释："这种教育的定义以及对这种教育之合理性的证明是以知识本身的性质和重要性为依据，而不是以学生的偏爱、社会的需求或政治家的各种奇怪的念头为基础的。"显然，博雅教育是一种为了知识而学习知识的教育，是一种为了心智的完善、解放和自由，发展人的理解和判断力的教育，与职业或功利的目的无关，与实际事物关系不大。后者认为，教育的最终目的是获得物质与经济方面的成功，满足个人或社会经济与物质方面的需要。博雅教育追求的目标固然十分崇高，但没有一种价值可以崇高得不依赖经济的支持。美国教育哲学家布劳迪（H. S. Broudy）在他的著作中写道："如果博雅教育仅仅是为了自我修养，而不是出于经济和社会的必要，那就很清楚，现代的青年没有时间学习博雅学科。有钱的退休人员似乎是学习这类学科最为合适的人选。"[①]

显然，两种高等教育思想相距甚远，各自走到了极端。理性主义的博雅教育脱离经济的需要，不能为年轻人进入工作世界提供充分的准备，因此在为国家提高经济竞争实力上显得软弱无力；功利主义的高等职业教育依据社会急需程度来定义价值的高低，将物质或经济方面的利

---

① 瞿葆奎. 教育学文集·智育[M]. 北京：人民教育出版社，1993：201.

益作为终极目的，注重现实而忽视了未来。

2. 知识观转型

从教学理论的历史发展来看，各种教学思想流派之间的纷争往往是以知识是什么、什么知识最有价值、通过什么方式获取知识等一系列关于知识观的问题展开的。理性主义的博雅教育和功利主义的高等职业教育之争也莫过于此。理性主义认为，知识的价值在于其本身，知识是以认知的方式获取的；功利主义认为，知识是满足个体生活幸福或社会需要的工具，具有功利性价值，知识是在经验中取得的。尽管两者在知识的价值上观点不同，但在知识的性质这一问题上却大同小异，同属于现代知识观。按照西方社会对思想发展史的分期，知识观可相应划分为前现代知识观、现代知识观和后现代知识观三类。工业革命是划分前现代知识观与现代知识观的标志，后现代知识观则兴起于20世纪60年代。现代知识观向后现代知识观转变。前现代观认为，知识具有客观性和绝对价值，其认识是直观反映式过程；后现代观作为一种新的知识观，是对传统知识观的批判、反思与超越。这种知识观认为：知识具有不确定性，知识具有理解性，知识有多种类型，科学只是知识的一种，认知是个体主动建构的过程，是同化与顺应相互作用的过程。上述知识观的转型，促使理性主义的博雅教育与功利主义的高等职业教育之间应逐步寻找统一性，即目的和价值方面的统一，知识内容和知识结构方面的统一。

3. 知识观转型对高等职业教育的启示

不难看出，后现代知识观是对以现代知识观为基础的两种高等教育思想的共同冲击。面对这一冲击，两者似乎都应有所警醒。也就是说，随着社会和经济的不断发展，理性主义的博雅教育和功利主义的高等职业教育之间应逐步寻找统一性，以符合人们对知识的重新认识。

首先是目的和价值的统一。理性主义教育应该接受对经济活动的理解，更多地关心知识的效用和应用。满足个人和社会经济与物质方面的需要，面对现实，使学生学会生存、学会谋生，在如今充满竞争的社会中应该是十分合理的事情。没有生存这一前提，一切价值都无从谈起。而功利主义教育则应该认识到，在科学和人文高度发展的今天，就连木工技能的获得，也有可能要引入科学的因素和审美的鉴赏，从而使心灵面向进一步的探究。科学的发展使如今的职业与过去相比，对理智和文化修养的要求高出了许多。职业再也不是仅限于物质和体力劳动之中，而是与精神和脑力劳动有着密切的关系。因此，高等职业教育离不开博雅内容的学习。把高等职业教育局限于技术教育（technical education），仅仅传授技能和追求技术效率，排除理智和审美的因素，不考虑职业的全部理智背景和社会意义，这种狭隘的职业概念显然将被时代所淘汰。

其次是知识内容和知识结构方面的统一。理性主义教育不应仅仅与理论的和命题性质的知识相联系，也应与熟练的行为要求相联系。不能仅仅把理智的完善作为受教育的标志，也应将获得有用的知识作为标准之一。而功利主义教育则应该认识到，实践活动本身也渗透着理解。明智的实践包含着雏形的理论（embryonic theory），它一旦在实践中被明确和系统地阐述出来，就成为供人检验、反思和批判的理论。"想"与"做"、理论与实践之间有一种逻辑关系经常被忽视，从而损害了对道德生活和工作世界来说至关重要的理智的实践（intelligent practice）。也就是说，要在实践的同时进行思考，将镶嵌在实践中的观念明确化，挖掘植根于其中的科学与学术的内涵。因此，理想的高等职业教育既要鼓励学生"做"（doing）与"制作"（making），也要强调理论教育，使学生学会思考，从而使职业兴趣接近科学和学术的观念世界。

第四节　素质本位：高等职业教育人才培养新理念

出发点问题（或是起点）是我们探讨高等职业教育人才培养模式最基本的问题之一。这里说的出发点的含义主要是指观察、研究高等职业教育问题的理论起点。教育的出发点是人，这个命题自 20 世纪 80 年代以来几乎成为共识。但是，高等职业教育的出发点是什么？如果说高等职业教育的出发点也是人的话，那么又是人的什么？是人的能力，还是人的人格，抑或是人的素质？种种疑问因为人的含义丰富而模糊，不同的时代、不同的国家、不同的文化背景都对此有不同的理解。当前人们关注高等职业教育出发点问题，主要集中在三个基本问题，即高等职业教育是能力本位，还是人格本位，抑或素质本位？对这三个问题的探讨，有助于人们进一步认识高等职业教育本质，或者说用一种合乎逻辑的理念观察和研究高等职业教育。

一、能力本位理念

当前主张能力本位的高等职业教育理念很是"时兴"，这类主张频频出现在教育刊物上。有的学者主张"能力改变命运"，提出能力本位是当代中国发展的核心文化理念，有的学者指出："能力本位是职教本质的必然选择，能力本位是社会对高等职业教育的本质要求。"国家教育行政部门在《面向二十一世纪深化高等职业教育教学改革的原则意见》中明确提出："高等职业教育应确立以能力为本位的教育指导思想。把增强学生的职业技术能力和就业能力放在突出位置，使高等职业教育的教育教学更好地适应经济发展和劳动就业需要。"[①] 能力本位是否真是高等职业教育的灵丹妙药？

能力本位教育是过去二三十年代中在欧美国家兴起的一种高等职业教育本位观，又称 CBVE（Competence Based Vocational Education），也有称 CBT（Competence Based Training），即能力本位培训，其中以能力本位高等职业教育居多。国外许多国家通常把这样的一种教学模式称为 CBE（Competence Based Education），译为能力本位教育或以能力为基础的教育。能力本位职业教育的产生与能力本位（或称操作本位）师范教育联系在一起，是60年代典型的"美国式"产物[②]。能力本位是指以胜任一种岗位的技能或能力为中心，也就是依照胜任一种岗位的能力分解来建立课程的一种教学模式。即是把每一个具体的职业或岗位的全部工作分解成相对独立的工作职责，每项工作职责又可看作从事该职业应具

---

① 所列观点，仅就最近两年出版物中所摘，引文未标明作者和出处，引文有误，作者愿承担责任。
② 黄日强，许惠清. 能力本位职业教育的特征［J］. 外国教育研究（长春），2000（5）：56.

备的一项综合能力；然后，再根据履行每项工作职责的需要，把每项工作分解成若干工作任务，每项任务又可看作从事该项职业应具备的一项专项能力；最后，根据职业分析确定该职业应具备的各种综合能力和专项能力，开发教学大纲并组织教学。这种教学模式的依据是一种分工理论，最好的诠释是英国古典经济学家亚当·斯密的《国民财富的性质和原因的研究》。在他的著名的"扣针工厂"的例子中，斯密谈到"十八种操作，分由十八个专门工人担任"，其中，"一个人抽铁线，一个人拉直，一个人切截，一个人削尖线的一端，一个人磨另一端……"这种分工把生产过程分割成许多不同的工序，从调查、研制、开发、生产的不同工序，到产品调试、维修等，均分别由不同的专门人员担任，每个员工固定在一个岗位上，形成流线型的分工体系，其目的是"以批量生产"来提高效率[①]。由于这样的胜任一种岗位的能力是较易量化的，课程的设计也就比较易于操作。然而，随着科学技术的发展和信息时代的到来，这种分工体制的局限性就明显地表现出来了。在《学会生存》一书中，提到当今世界的科学技术革命的意义："18 世纪的产业革命是用机器代替和加强人类的肌体功能。"可与这种产业革命最初的机器相比的是，科学与技术同时还征服了人类的精神世界，即在任何距离之间都可以传递信息，而且发明了日益完善的理性化的计算机，由于知识的不断更新、技术的不断进步，产品日益复杂精巧，而其市场则日益短暂，旧的产品尚未销售完毕，新的产品便已设计出来，并投入生产。相应的，人们的职业周期变得短促，工作和学习将交替进行，显然这种本位观在过去几十年中，对高等职业教育的改革与发展起到了主要指导作用，但发展到今天已凸显出不适应时代要求。

从高等职业教育的外部来看，能力本位高等职业教育不适应劳动力流动市场。科技的飞速发展和经济的全球化，带来职业和知识技能的不断更新，使得世界上每三个月就产生一个新的行业，传统的职业岗位在

---

① 亚当·斯密. 国民财富的性质和原因的研究[M]. 郭大力, 王亚南, 译. 北京：商务印书馆，2002：8.

不断萎缩，而代之以高技术含量为主的新的职业岗位。马克思早就预言，劳动的变换、职能的更动又必然使劳动分工不断发生变化，造成工人的大量流动，使得工人不断地从一种生产劳动职能转入另一种劳动职能，从一个生产部门流入另一个生产部门①。据美国劳工部的一项研究预测，现在20岁的青年人在今后一生的工作时间内，职业的变换和工作的变更将会达6～7次之多。改革开放以来，中国人更换职业岗位的频率也由80年代的15年缩为90年代的5年。而不同的职业岗位对知识和技能的要求各不相同，即使在相同的职业岗位上，由于知识技能更新速度的加快，也需要不断学习才能适应工作需要。那么，这种以岗位为中心的高等职业教育所培养的人，一旦在社会需求即社会分工出现变化与波动时，工人便只能失业了。因而，从培养目标到专业和课程内容都围绕着狭义的职业岗位的"能力本位"高等职业教育，渐渐不能适应劳动力流动加剧的变化，职业学校毕业生就业的专业对口率连年下降已成为不争的事实。所以，美国经济发展委员会称："一般而论，工商界对于狭隘的职业主义并不感兴趣。"②

从高等职业教育内部来看，能力本位高等职业教育培养不了健全人格的人。能力本位论从分工理论出发构建它的课程体系，把每一种工艺分成各种精细的程序，每种工序分给每个工人，作为终生的职业，使工人终生束缚于一定的局部的操作和一定的工具之上。马克思把这种分工称为"旧的分工"，并说："把一种手艺分成各种精细的工序，把每种工序分给个别工人，作为终生的职业，从而使他一生束缚于一定的操作和一定的工具之上。"这样一来，"每一个人都只能发展自己能力的一个方面而偏废了其他各方面，只熟悉整个生产中的某一个部门或者某一部分的一部分，其结果是工人的发展更加畸形化、片面化"③。由于学生过早拘泥于专业知识的细节就像只窥见了一棵枝繁叶茂大树上的一个小枝或几片树叶，因此，难以明了大树扑朔迷离的内在联系。基础教育（通识

---

① 马克思.资本论：第一卷［M］.北京：人民教育出版社，1979：163.
② 林清华.劳动力流动与职业教育的变革［J］.职教论坛，2002（7）：67.
③ 马克思恩格斯全集：第23卷［M］.北京：人民教育出版社，1972：530.

教育）薄弱和专业教育狭隘，使高职学生在几年大学课堂中所学到的专业知识少得可怜。一旦他们走入劳动力市场，面对迅速变化的世界，其适应性下降的悲剧结局就不可避免。高职学生乃至整个大学毕业生和整个社会都将品尝"过度教育"（over education）的恶果，"过度教育"在教育经济学中有三层含义：一为对于历史上较高水平者而言，指受过教育者其经济地位的下降；二指受过教育者未能实现其对事业成就之期望；三指工人拥有比其工作要求较高的工作技能。其恶果是不仅使毕业生个人所用非所学，所得非所求，而且对企业和整个社会的生产率也有极大的负面影响。20世纪的西方文明表明，推崇只重视物而忽视人的精神和价值的能力本位，倘若没有高于能力之上的力量制约它，就必然引起社会和自我的迷失。就社会而言，当能力成为核心而急剧膨胀却没有其他力量制约它，便会引起人类不择手段地利用自己的能力去征服自然而创造财富，并"最终将威胁到整个人类的生存"。就个人而言，能力本位必然导致"丰饶中的纵欲无度"，无休止地追求物质的欲望引起普遍的精神空虚、世风日下。正如俄罗斯科学院院士诺维科夫所说："如果我们把高等职业教育仅仅与具体生产、具体技术与具体工艺挂上钩……我们具有的残缺不全的人性被狭隘的高等职业教育和因循守旧的片面活动所歪曲。"①

二、人格本位理念

人格本位理念可以追溯到19世纪末20世纪初，产生于欧洲（尤其在德国）的人格主义教育学（personlichkeits-padagogik），这种教育理论主张以教师或教育者的人格为教育的主要手段，达到养成学生人格的教育目的，强调独立人格的价值和人格的自由发展，认为培养学生的人格应成为整个教育过程的中心。至今，这种教育理念还在日本占主导地位。日本近代著名的教育家小原国芳是人格本位的突出代表。他提出的全人教育"是指塑造健全的人格，亦即塑造和谐的人格"②。日本教育基本法还规定："教育首先以必须培养健全的人格为目标。"人格本位职教

---

① 林清华. 劳动力流动与职业教育的变革 [J]. 职教论坛，2002（7）：67.
② 瞿保奎. 教育学文集·教育目的 [M]. 北京：人民教育出版社，1989：302.

理念认为，职业教育所培养的学生不仅应具有必备的知识和技能，而且还必须具有健康的职业心理，能把市场经济条件的失业视为常态，面对新知识、新技术含量的急剧增加与变化，用终身化的教育思想积极生存、发展向上的精神和自己创业的意识，去对待和迎接现实的未来的职业生涯[①]。早在20世纪30年代，我国的黄炎培先生就主张把"培养健全之人格"作为职业教育的三大目标之一。

把"人格"作为"本位"，形成一种人格本位高等职业教育理念，在我国鲜为人知。较为详尽提出这个问题的是邓志伟先生，他在《21世纪世界职业教育的方向——兼对能力本位的职教体系的质疑》一文中预言："从能力本位论走向人格本位论是历史发展的必然。"[②] 与之呼应的是另一学者马庆发，他指出，"知识社会"概念的出现和人才观的更新，已促使无论是普通教育或是高等职业教育培养目标的重心都发生转移，即转向人格本位[③]。

为了进一步理解人格本位，我们有必要对"人格"的词义进行分析。"人格"（personality）一词来源于拉丁文 persona，学术界基本认同其原意是指面具（mask）。公元前1世纪，在古罗马政论家西塞罗的著作中最早出现人格的引申意义，它包含四方面的内容：（1）一个人给他人的印象；（2）人的社会身份或角色；（3）特指有优异品质的人；（4）人的尊严和声望。中国原无"人格"一词，它是在近代首先从西方传入日本，然后再从日本传至中国。查近年统纂的《辞源》《辞海》《中国大百科全书·哲学卷》等权威工具书，也均未列出"人格"词条，唯《现代汉语词典》罗列出人格的三种意义：其一是人的性格、气质、能力等特征的总和；其二是个人的道德品质；其三是人的能作为权利、义务的主体的资格。这是分别从心理学、社会伦理学和法学角度予以理解的。姑且不论法学上的人格意义，下面仅从心理学和社会伦理学两个角度对人格本位提出质疑。

---

① 刘春生. 职教课程改革目标取向研究[J]. 职业技能培训教学，1999（2）：9.
② 邓志伟. 21世纪世界职业教育的方向——兼对能力本位的职教体系的质疑[J]. 外国教育资料，1998（1）：67.
③ 马庆华. 当代职业教育新论[M]. 上海：上海教育出版社，2002：59.

先从心理学视角来推导。心理学上的人格近似于个性。朱智贤先生主编的《心理学大辞典》在解释"个性"时这样界定："个性（personality）也可称人格。指一个人的整体精神面貌，即具有一定倾向性的心理特征的总和。"① 从这种意义上说，人格教育也即个性教育。按照这个解释，人格本位似乎是个性本位，其实质就是以人为本。"所谓'以人为本'就是在自然、社会和人的关系上，'人'高于自然和社会，一切为了'人'自身；在国家、群体、个人的关系上，'个人'高于国家、群体，个人至上，自我本位，自我自由，自我尊严至上。"② 这与我们国家目前提倡的育人为本又是相悖的，育人实际是对教育对象发展方向和发展水平的价值限定，教育的本体价值是使受教育者的身心要按照教育者的设计得以发展，实际是一种"社会为本"。显然，按以上心理学上对人格的解释，这样的人格本位在我国现阶段是不切合实际的。

再从社会伦理学角度去审视。尽管中国没有西方人格心理学等学科的现代人格含义，但中国关于人的本性与人伦的理论比较丰富，所以很快就吸收了"人格"这个专有名词，用来指人的道德水准与道德理想境界。比如，近年有的学者列出14项人格特质：仁爱、气节、侠义、中庸、忠孝、理智、私德、功利、勤俭、进取、实用、嫉妒、屈从、欺瞒等。正因为中国一直是以人的道德水准与道德理想境界作为人之所以为人的规定，因此"人格"被赋予了中国人自己理解的含义，成了"人品"的替代词，即个人的道德品质。由此推导出，人格本位就成了道德本位。不可否认，道德教育特别是职业道德教育是高等职业教育十分重要的内容，但并不是高等职业教育的全部内容。以此作为起点，似乎有以偏概全之嫌。

总之，人格本位高等职业教育概念比较含混，其内涵和外延边界模糊。人格本位到底能否涵盖人的全面发展，或者说能否作为高等职业教

---

① 朱智贤. 心理学大辞典[M]. 北京：北京师范大学出版社，1989：225.
② 孙喜亭. 论"以人为本"和"育人为本"的教育观——再论教育出发点问题[J]. 高等师范教育研究，2002（7）：77.

育的一种主流理念，从理论到实践都有待于探讨。

三、素质本位理念

什么是素质本位高等职业教育？笔者认为，广义上的素质本位高等职业教育应该是以联合国教科文组织提出的教育四大支柱为核心内容，培养学生学会认知、学会做事、学会共同生活和学会生存等综合素质的一种高等职业教育模式；狭义的素质本位高等职业教育就是加强学生弹性素质的培养，培养目标由针对狭隘的职业岗位拓展到职业群、职业生涯，着眼于职业适应能力的提高以及职业情商的养成，包括职业品德、职业知识、职业能力和从事某种职业所必需的健康的心理和体质，着眼于个人的可持续发展的一种高等职业教育模式。

关于素质本位高等职业教育的研究并不多见。最早提出"素质本位职业教育"这一概念的是解延年，其定义为："我们所谓的素质本位的职业教育，指的是以职业素质为基础，以职业能力为核心，以职业技能为重点的全面素质教育或素质培养。"[①] 接着有学者对素质本位职业教育的构成做了比较详细的阐述，指出：职业教育的素质由三大部分构成，一是基础性素质，二是专业性素质，三是创业、创造性素质。基础性素质包括：科学文化基础知识、基本技能、基本能力、基本职业道德品质、基本职业个性倾向、基本爱好等；专业性素质包括：与某一专业工作密切相关的理论知识和方法知识、这一专业工作所需要的实践操作能力和技能、这一专业工作所必备的职业道德品质和兴趣爱好以及个性特点等；创业、创造性素质主要包括：终生学习的能力、适应不断更新变化的专业工作的态度和能力、在专业工作中敢于创业的精神与个性、创造性思维品质和人格品质等。这三部分素质之间相互依存和影响，构成一个完整的素质结构[②]。明确提出高等职业教育"素质本位"人才培养模式的是冯晋祥等学者。他们认为，"素质本位"是社会进步、经济发

---

① 解延年. 素质本位职业教育：我国职业教育走向21世纪的战略抉择 [J]. 教育与职业，1998 (5): 56.

② 王敏勤. 由能力本位向素质本位转变——职业教育的变革 [J]. 教育研究，2002 (5): 34.

展的必然要求，是提高学生素质和能力、激活创新思维、激发创造能力、实现人生价值的关键①。

素质本位高等职业教育的提出与构建并非空穴来风，而是有着深厚的理论基础和国内外高等职业教育改革背景。首先，从马克思主义关于人的全面发展观来看，人的全面发展理论在肯定大工业进步性的同时，也谴责大工业对人的"异化"，并认为解决这一矛盾的有效方法是使受教育者接受"工艺学校教育"和"综合技术教育"，走教育与生产劳动相结合之路。因此马克思说："生产劳动同智育和体育相结合，它不仅是提高社会生产的一种方法，而且是造就全面发展人的唯一方法。"② 为实现综合技术教育的思想，即"在文化教育和科学教育的基础上传授一般技术知识和技能"，列宁认为，职业学校不宜过早专业化，并要扩大其普通教育比重，实施综合技术教育③。

其次，从教育改革大政方针来看，我国正在由过去单纯的能力教育向综合素质教育转变。《高等职业教育法》第四条规定："实施高等职业教育必须贯彻国家教育方针，对受教育者进行思想政治教育和职业道德教育，传授职业知识，培养职业技能，进行职业指导，全面提高受教育者的素质。"1999年，第三次全国教育工作会议决定："实施素质教育应当贯穿于幼儿教育、中小学教育、高等职业教育、成人教育、高等教育等各级各类教育。"可见，我国高等职业教育的根本宗旨在于全面提高劳动者的素质。

最后，从高等职业教育发展国际背景来看，世界发达国家也深感针对岗位工种的能力本位缺陷，美国、日本及联合国教科文组织纷纷从不同角度提出了"素质本位"理念。以美国人文主义教育家阿德勒为首的佩代亚小组，在1982年提出了将普通教育与高等职业教育融为一体的佩代亚计划。根据这个计划，学校教育既不是单纯的普通教育，也不是专门化的高等职业教育，它致力于三个目标：（1）为学生自我发现作准

---

① 冯晋祥. 中外高等职业技术教育比较[M]. 北京：高等教育出版社，2002：162.
② 马克思恩格斯全集：第23卷[M]. 北京：人民教育出版社，1972：533.
③ 教育部职业教育与成人教育司，教育部职业技术教育中心研究所. 职业教育综合改革研究分卷[M]. 北京：高等教育出版社，2002：119.

备，即促进学生的个性发展；（2）为学生将来履行在民主社会中的公民责任作准备；（3）为学生将来就业作准备。日本在1994年的第三次教育改革中，在综合高中设立普通＋职业综合科，其目标是："在向终生学习社会过渡中，把学生培养成具有丰富的内心世界，具有主动、创造性地生存素质和能力，在社会生活中能灵活地适应周围的环境，能扩大自我实现可能的人。"早在1972年，联合国教科文组织国际教育发展委员会就在《学会生存》中指出："为人们投入工作和实际生活作准备的教育，其目的应该较多注意到把青年人培养成能够适应多种多样的职务，不断地发展他的能力，使他跟得上不断改进的生产方式和工作条件而较少注意到训练专门从事某一项手艺或某一种专业实践。"[1] 到2001年，联合国教科文组织把技术与高等职业教育设计为："成为每一个人的普通基础教育的一个组成部分，为了解科学技术、职业领域和人的价值以及做一个有责任心的公民打下基础"，"允许个性和性格的和谐发展，培养精神价值和人的价值，培养理解、判断、鉴别和自我表达能力。"[2] 科学技术的发展和现代社会的进步，使人们对高等职业教育人才观又有了新的认识。我们所造就的跨世纪人才，除了应当具有扎实、系统的知识和较强的能力之外，更要有全面的、优良的素质。澳大利亚学者在80年代末曾提出要让未来的高校毕业生掌握三张"教育通行证"，即"学术性通行证""职业性通行证"和"事业性通行证"[3]。《学会关心：21世纪的教育》一文还强调："归根到底，21世纪最成功的劳动者将是最全面发展的人，是对新思想的新的机遇开放的人。"[4] 由此看来，人类迈入新世纪，在全球化背景和终身学习思潮的影响下，世界各国出

---

[1] 联合国教科文组织国际教育发展委员会. 学会生存——教育世界的今天和明天 [M]. 北京：教育科学出版社，1996：37.

[2] 刘来泉. 世界技术与职业教育纵览——来自联合国教科文组织的报告 [M]. 北京：高等教育出版社，2002：68.

[3] 国家教委国家教育发展研究中心，中国教科文组织，全委会秘书处. 未来教育面临的困惑与挑战 [M]. 北京：人民教育出版社，1991：67.

[4] 国家教委国家教育发展研究中心，中国教科文组织，全委会秘书处. 未来教育面临的困惑与挑战 [M]. 北京：人民教育出版社，1991：25.

现了普教与职教结合，工具主义与人文主义相融合以培养学生综合素质为本位的高等职业教育发展趋势。

综上所述，我们可以得出下列结论：第一，能力本位、人格本位和素质本位是三种不同的高等职业教育理念和高等职业教育的出发点，是三种不同的价值取向。能力本位、人格本位是人的发展中的个别属性、某个方面，素质本位是人的整体内在的身心组织结构及其质量水平。第二，能力本位高等职业教育理念在世界职教发展史上享有一定声誉，现在仍是高等职业教育发展主流。但是，随着科学技术的迅速发展和数字化生存时代的出现，那种只重视物，而忽略了人的品质、内在精神的培养能力本位的高等职业教育，越来越暴露出诸多缺陷。第三，人格本位的概念由于它的含义多重性而使其本来面貌显得十分含混，基于本土概念，不论是从心理学向度，还是社会伦理学向度，推导出的结果具有明显的片面性。第四，无论是基于人的全面发展理论的人文理性思考，还是受人力资本理论的工具理性的驱使，高等职业教育人才培养都不可避免地同时涉及人本主义和工具主义两方面，二者的融合是世界高等职业教育的共同取向。因而，我国高等职业教育从能力本位向素质本位转变将成为人类交流理性的必然。

本章小结

高等职业教育理念是人们对未来高等职业教育前景的理想期望，包括人们对高等职业教育的理性认识、理想追求及其所持的高等职业教育思想观念。高等职业教育理念是一种主体教育理念、一种素质教育理念、一种文化教育理念，同时也是一种终身教育理念，其表现形态主要有高等职业教育的观念、精神和使命。随着社会的发展，高等职业教育的理念也不断创新，它将不再是单纯的学校模式，而是混合模式；不再是终结教育，而是一种把知识转化为智慧，把文明积淀成人格，把兴趣提升为能力，把特长发展成职业的终身教育；不再仅仅是为了谋生，而将是不同个性、兴趣、爱好者以充实自我、怡悦人生的一种多姿多彩的高雅的职业生活教育。

高等职业教育人才观、教学观和质量观是高等教育人才培养的基本观念。在人才观方面，传统的观念认为，高等职业教育培养的人才是"二等人才""技术性人才"和"低层次人才"；现代高等职业人才观认为，高等职业教育人才是兼容性、倾向性和伸缩性人才。在教学观方面，现代高等职业教育教学观认为：教学是通过教师与学生共同参与的认识活动，学生增长知识、发展能力，通过教师与学生之间、学生与学生之间的交往活动，学生在态度、价值观、审美观、生活品位和个性方面获得发展的一个统一过程。在质量观方面，现代高等职业教育质量观是三位一体质量观，即以知识、能力、素质三者融为一体作为评价标准的教育质量观。它侧重强调以下方面：第一，这种质量观认为掌握知识，培养能力，提高素质这三者是绝对不能分开的。第二，它强调以知识、能力、素质三者融为一体为高等职业教育质量的评价标准。它的教育质量必须以全面的标准来衡量，而以知识、能力、素质三者融为一体这个标准完全与其相符。

现代知识观对高等职业教育产生很大影响。现代知识观认为，知识具有不确定性，知识具有理解性，知识有多种类型，科学只是知识的一种，认知是个体主动建构过程，是同化与顺应相互作用的过程。上述知识观转型，促使理性主义的博雅教育与功利主义的高等职业教育之间应逐步寻找统一性，即目的和价值方面的统一，知识内容和知识结构方面的统一。

在全球化背景和终身学习热潮的影响下，世界各国出现了普教与职教结合，工具主义与人文主义相融合的，以培养学生综合素质为本位的高等职业教育发展趋势。我们可以得出下列结论：第一，能力本位、人格本位和素质本位是三种不同的高等职业教育理念和高等职业教育的出发点，是三种不同的价值取向。能力本位、人格本位是人的发展中的个别属性、某个方面，素质本位是人的整体内在的身心组织结构及其质量水平。第二，能力本位高等职业教育理念在世界职教发展史上享有一定声誉，现在仍是高等职业教育发展主流。但是，随着科学技术的迅速发展和数字化生存时代的出现，那种只重视物，而忽略了人的品质、内在精神培养的能力本位高等职业教育，越来越暴露出诸多缺陷。第三，人格本位的概念由于它的含义多重性而使其本来面貌显得十分含混，基于本土概念，不论是从心理学向度，还是社会伦理学向度，推导出的结果具有明显的片面性。第四，无论是基于人的全面发展理论的人文理性思考，还是受人力资本理论的工具理性的驱使，高等职业教育人才培养都不可避免地同时涉及人本主义和工具主义两方面，二者的融合是世界高等职业教育的共同取向。因而，我国高等职业教育从能力本位向素质本位转变将成为我国教育发展的必然。

第四章 高等职业教育人才的培养目标

> 职业教育目的：谋个性之发展；为个人谋生之准备；为个人服务社会之准备；为国家及世界增进生产能力之准备。
>
> ——黄炎培

如前所述，我们确定了"素质本位高等职业教育"理念。那么，在这一理念影响下怎样构建高等职业教育人才培养目标呢？换句话说，高等职业教育要向社会输送什么样的人才？它和研究型高等教育培养出来的本科生有什么区别？这些问题涉及高等职业教育的培养目标定位问题。以下从国际和国内高等职业教育人才培养目标的比较、我国高等职业教育人才培养目标的确定、高等职业教育人才培养目标的构建等方面予以讨论。

第一节 比较与启示：国际高等职业教育人才培养目标

一、高等职业教育人才培养目标国际透视

世界发达国家的高等职业教育既是教育发展的共同规律的体现，又具有本国文化、制度、经济等社会背景所形成的特征。所以，认真研究他们高等职业教育人才培养的目标对结合我国国情确定高等职业教育人才培养是十分有益的。

从美国来看，美国的高职学历教育分两个层次，一个是 2 年学制，一个为 4 年学制。2 年学制的高等职业教育可得副学士学位，主要由社

区学院（初级学院）和技术学院承担。美国《国防教育法》在谈到初级学院与技术学院时指出，这类学校属于"主要提供一项2年的教学计划而办理的高等学校"，"这项教育计划的目的在于培养学生将来在需要懂得并运用工程、科学或数学的基本原理和知识的工程、科学或其他的技术领域中当技术员或从事半职业性工作"，例如，美国俄亥俄州欧文斯技术学院（Owens Technical College）规定的电子工程专业培养目标为："使学生达到生产、研制、仪器使用、试验、安装及维修等技术人员水平，既具有专业工程师，也具有熟练技工的某些知识和技能"。4年学制的高等职业教育可得学士学位，由工业大学中的技术学院承担。前2年完成副学士学位课程，此时也可参加工作。如果要继续深造，那么再续读2年，获学士学位。2年学制毕业生一般担任技术员工作；4年学制毕业生担任技术师工作，例如美国普渡大学的机械工艺专业副学士学位的培养目标为："培养生产工艺程序、机器安装、维护和解决一般工程技术问题等方面的产品制造专门人才。本专业毕业生可胜任如实验室技术员、工程师助手、工厂维修人员、产品设计助手和工艺人员工作。随着经验的增加，可能提升到诸如工业生产管理者、工艺设备设计者、技术采购员、生产调度员和成本预算员的位置。""顺利完成本专业的学习后，学生将自动取得学习机械技术学士学位的入学资格。"

  从英国来看，英国主要承担高职教育的办学机构是多科性技术学院（polytechnic），它的培养目标是技术工程师（technician engineer）。技术工程师的职务要求如下："技术工程师将特许工程师的意图转化为实际工作，他们是工程技术人员群体活动的计划者。他们常常负责作出每日的工作安排，对日常的技术问题要找出切实的解决办法。有的技术工程师要进入管理和监督岗位。"学生毕业后，可获得英国教育科学部"商业和技术教育委员会"（The Business Technician Education Council）所颁发的高级国家证书或文凭（Higher National Certificate or Diploma，简写为H.N.C/D）。H.N.C/D的学制为2年。入学条件为已获得英国"A"水平普通教育证书的学生（相当于我国高中毕业生）或已获得技术员证书的人员。在英国，职业技术教育内部是可以衔接的，技术工人经过

2年培训，在获得普通国家证书（Ordinary National Certificate）以后可以成为技术员。技术员再经过2年培训，获得高级国家证书（H.N.）后，也可成为技术工程师。

从法国来看，法国的短期技术学院是高职教育的主要承办学校。根据法国国民教育部1966年1月7日法令，短期技术学院的培养目标为"为工业、商业以及应用科学部门培养既有一定理论基础，又有较强实践能力的高级技术员"，"这些人的任务是将抽象的设计或理论研究的结果具体化"，"造就直接协同经济、管理和工业尖端力量工作，协助工程师进行研究、计划、发展和生产的较高级的技术人才和中间领导人"。因此，他们在技术方面应当受到比工程师更深入、更具体的培养，在对事物的一般认识上应该比普通技术员眼界更开阔。学生毕业后，大部分担任国家部门和私人企业的中层干部和技术人员，如机械专业毕业生可以任机械师，也可参与企业管理，对机械设计、安装、运转、生产组织与监督、产品检验、产品销售等各个环节的业务均能胜任。再如物理测量专业，主要为企业和实验室培养高级理化检验技术员。学生既具有一定的理论知识，又掌握各种检验手段，有较高的实际操作能力。毕业生可以到各企业部门和多种实验室工作。

从日本来看，日本的高职教育有3种学制：一种是高等专科学校，招收初中生学习5年；另一种为短期大学，招收高中毕业生，学制为2～3年；第三种为技术科学大学，招收高等专科学校毕业生，进行本科与研究生院的连续性课程教学。据日本《学校教育法》，高等专科学校的培养目标是："深入教授专门的学艺、培养职业所必需的能力。"学生毕业后，一般能获得主任技术员的证书，如第二种或第三种电气主任技术员证书，第一种或第二种水利工程主任技术员证书。短期大学的培养目标在《学校教育法》中写为："在教育的基础上，对学生进行高深的专门知识教育，培养职业上或实际生活中所必需的能力。"技术科学大学为适应新技术革命的要求，以实践的技术开发为培养目的，进行教育和研究。它在以高等专科毕业生为主要招生对象的同时，也为在后期中等教育阶段实施实际技术教育的工业高中毕业生提供适当的升学机会。这种大学是高专学制基础上的提高，是技术教育的进一步发展。日本已有长冈和丰桥两所技术科学大学，它们是70年代以来，日本大学教育制度进行改革的产物。

从德国来看，德国高等专科学校的培养目标为：能将设计变成现实产品，长于实践，能动手解决实际问题的桥梁型工程师和善于管理的企业型工程师。学生毕业后，可获得"文凭工程师（专科）"称号，在生产部门从事制造、施工、安装调试、市场经济营销、维修、运行、设计和管理等工作。北莱茵-威斯特巴伐利亚高等专科学校法规定：高等专科学校通过应用型教学为学生就业作准备，这些职业要求学生必须具备应用科学知识和方法的能力或艺术的塑造能力。在这些范围内，高等专科学校还要考虑到科学或艺术基础理论和继续发展教学所必需的研究和发展任务及艺术的塑造任务。

二、国际高等职业教育人才培养目标的启示

从以上比较研究中，可得出以下几点：（1）从世界范围看，高职培养目标的人才类型都是技术型人才，即将设计、规划等转化为现实产品或其他物质形态的人才，是为生产一线或工作现场服务的人才。（2）从世界范围看，高职培养目标的教育层次可以有大学专科、大学本科和研究生三个层次。但是当前大多数国家的高职教育层次仍然是大学专科层次，就是具有大学本科和研究生层次的国家和地区中，高职培养目标大部分也仍然是大学专科层次。（3）世界各国和地区在论及高职培养目标时，大都从人才特征、知能构成、工作范围以及职务教育层次来阐述。前三项内容基本一致，在职务教育层次上有所差异。其差异主要表现在技术员职务上。美国和日本都是大学专科层次培养技术员，大学本科层次培养技术师和高级技术员。而英国与法国是中等专科层次培养技术员，大学专科层次培养技术工程师和高级技术员。

第二节　变迁与误区：我国高等职业教育人才培养目标

我国（包括台湾地区）的高等职业教育虽然起步较晚，但受世界发达国家高等职业教育影响而形成的人才培养目标，既有值得肯定和继承的特色，也有需要避免的误区。

一、我国高等职业教育人才培养目标的变迁

1. 解放前的高等职业（专科）教育培养目标

清朝末年的《高等农工商实业学堂章程》已对各类高等实业学堂的培养目标做了规定：高等农业学堂以传授高等农业学艺，使将来能经理公私农务产业，并可充当各农业学堂之教员管理员为宗旨。高等工业学堂以授高等工业的学理技术，使将来能经理公私工业事务，及各局厂工师并可充各工业学堂之管理员教员为宗旨。高等商业学堂以施高等商业教育，使通知本国、外国之商事商情，及关于商业之学术法律，将来可经理公私商务及会计，并可充各商业学堂之教员为宗旨。高等商船学堂以授高等航海机关之学术、技艺，使可充高等管驾船舶管理员，并可充各商船学堂之教员管理员为宗旨。1929 年中国国民政府颁布的《专科学校组织法》和 1948 年颁布的《专科学校法》规定专科学校"以教授应用科学，养成技术人才"为宗旨。

2. 解放后我国关于高等职业（专科）培养目标

解放初的高等职业教育（专科）的培养目标为"培养高等专门人才"。如，1950 年新中国成立后颁布的《专科学校暂行规程》中提出专科教育"为适应国家建设的急需，进行教学工作，培养通晓基本理论并能实际应用的专门技术人才，如工业技师、农业技师、药剂师、财政经济干部、文艺工作人员"。1952 年，高教部颁布《关于制定高等学校工科专修科各专业教学计划的规定（草案）》，提出："专修科是适应国家建设对技术人才的迫切需要而采取的培养干部的一种速成办法，其任务为培养高级技术员。"1983 年，教育部制定的《关于高等工程教育层次、规格和学习年限调整改革问题的初步意见》中指出，高等工程专科教育的培养目标为："应当德、智、体全面发展，具有社会主义觉悟的高级工程技术应用人才""3 年制专科生在业务上的基本规格是获得助理工程师的基本训练""2 年制专科生在业务上的要求应当降低，只能获得助理工程师的初步训练"。

1987 年，国务院批转《国家教育委员会关于改革和发展成人教育的决定》文件指出："职工大学、职工业余大学、管理干部学院应当利用

自己同企业、行业关系紧密的有利条件，结合需要，举办高等职业技术教育，为企业、事业单位培养生产、经营管理方面的专业技术人才。"

1991年，国家教委颁布的《关于加强普通高等专科教育工作的意见》（教高〔1991〕73号）中指出：普通高等专科教育应"培养能够坚持社会主义道路、适应基层部门和企事业单位生产工作第一线需要的，德、智、体诸方面都得到发展的高等应用型专门人才"。国家教委高教司颁布的教学文件《普通高等学校工程专科教育的培养目标和毕业生基本要求（试行）》中提出："普通高等工程专科教育培养能够坚持社会主义道路的、德智体诸方面全面发展的、获得工程师初步训练的高等工程技术应用人才。""学生毕业后主要去工业、工程第一线，从事制造、施工、运行、维修、测试等方面的工艺、技术和管理工作及一般设计工作。"

1995年，国家教委《关于推动职业大学改革与建设的几点意见》（教职〔1995〕12号）指出："职业大学直接面向地方经济建设、面向基层、面向中小企业和乡镇企业，担负着为地方经济建设和社会发展培养高级（部分中级）实用技术、管理人才的任务。"1995年8月，国家教委在北京召开全国高等职业技术教育研讨会，会议提出："高等职业教育的培养目标是在生产服务第一线工作的高层次实用人才。这类人才的主要作用是将已经成熟的技术和管理规范变成现实的生产和服务，在第一线从事管理和运用工作，这类人才一般可称高级职业技术人才。"1999年，党中央、国务院在第三次全国教育工作会议上发布的《关于深化教育改革　全面推进素质教育的决定》（以下简称《决定》）明确指出："高等职业教育是高等教育的重要组成部分。要大力发展高等职业教育，培养一大批具有必要的理论知识和较强实践能力，生产、建设、管理、服务第一线和农村急需的专门人才。"《决定》对我国高等职业教育的培养目标进行了明确的定位。2000年，《教育部关于加强高职高专教育人才培养工作的意见》（教高〔2000〕2号）强调培养"高等技术应用性专门人才"。上述文件反映了我国高等职业教育培养目标在政策上的沿革。在不少论著中，高职教育的培养目标也有多种表述，1995年，原国家教委副主任王明达指出："短学制的高等教育一般培养的是各行各业第一线的实用人才。"① 由杨金土等专家组成的课题组则认为："高等职业教育的培养目标是技术应用型人才和技能型人才。"② 郭静主持的北京市教委课题组提出，高等职业教育的主要培养目标是"技术应用性人才和技能性人才"③。这些表述反映了人们的一种认识轨迹。在国家教育行政部门和专家学者的规范和指导下，不少高等职业院校摸索出了具有校本特色的素质本位型人才培养目标。比如，天津职业技术师范学院"本科＋技师"的"双证书"特色，天津渤海职业技术学院提出的"以素质为基础，以能力为中心"的人才培养目标，长沙航空职业技术学院提出的"知识复合、能力本位"的人才培养目标。由此可见，高等职业教育的培养目标具有较宽泛的范围，其上限为技术型人才，下限为技能操作型人才，而主体则为高等技术应用型人才。

3. 我国台湾地区

我国台湾地区的高职教育有三个层次的培养目标：①大专层次：台湾学制中，初中毕业生读5年的专科学制以及职业中学毕业生读2年、高中毕业生读3年的专科学制。课程内容以操作技术与科学应用知识相提并重，培养技术员、领班、工程师助理、技术师助理等。②本科层次：台湾学制中的工业技术学院，招收上述专科毕业生，学习工业或商业的课程2年；或招收职业中学毕业生，学习1年课程，毕业后授予技术学士学位。在医学教育体系中，授予护理学士学位与医疗技术学士学位。培养学生成为各行各业的技术师层次的人员。课程内容是传授高深的科学知识与数学，以从事操作复杂精密的机器、设备、仪器或者控制复杂的生产程序等工作。③研究生层次：在台湾的工业技术学院中设立工业技术硕士班，招收技术学院毕业生，授以2年课程，毕业时授技术硕士学位。这一层次的教育在科学与数学方面的要求较技术师教育更深一层。其操作的机器，多半与电脑、自动控制、激光等新技术有关。此

---

① 王明达. 高等职业教育的理论探索与教改实践 [M]. 北京：高等教育出版社，1999：19.

② 杨金土. 论高等职业教育的基本特征 [J]. 教育研究，1989（4）：54.

③ 郭静. 高等职业教育人才培养模式 [M]. 北京：高等教育出版社，2000：41.

外，尚有部分的管理课程。培养学生成为各行各业中的技术师长、正技术师等层次人才。

综观我国大陆和台湾地区高等职业教育人才培养目标，与上述世界各国的高职培养目标并无本质差别。这是由于我国社会的经济发展与科技进步的水平已发展到一定程度，人才结构与世界发达国家已基本相同，发展高职的经济与科技的动因在我国社会中也同样存在。差别只在于兴起的时间，世界是20世纪60年代，我国是20世纪80年代。我国大陆各个历史时期和台湾地区对高等职业技术教育培养目标的阐述，虽然培养目标的内涵在不断丰富日益明确，但是从总体上看是基本一致的。可将它归结为人才类型是应用型、实用型和职业型；人才层次是高级专门人才（如比技术员高一层次的高级技术员）；工作场合是基层部门、生产一线和工作现场；工作内涵是将成熟的技术和管理规范转变为现实的生产服务。

二、当前高等职业教育人才培养目标的误区

近年来，高等职业教育虽然有了长足发展，然而，由于对高等职业教育培养目标的定位不明确，以致高等职业教育的发展存在以下误区。

一是重学历教育，轻职业培训。《中华人民共和国职业教育法》规定，职业学校具有从事职业学校教育和职业培训双重职能，对接受职业学校教育和职业培训的学生颁发学历证书和培训证书，高等职业教育显然有着同样的职能。《面向21世纪教育振兴行动计划》也指出，要"发展非学历高等职业教育，主要进行职业资格证书教育"。然而，高等职业教育发展现状表明，大多数高等职业院校只注重了职业学校教育而轻视了职业培训。无论是在专业建设、设施建设、设备投入，还是在学生比例上，职业培训所占比重均微乎其微，有时甚至几乎没有职业培训的份额。

二是重正规院校，轻社区角色。高等职业教育具有根据社会需求设置专业，面向基层，面向生产、服务、管理第一线培养人才的特点，它在经济建设和社区建设发展中具有不可替代的重要作用。然而，在浏览新成立或新改制升格的高职院校的发展规划以及一些准备改制为高职院的中等职业学校奋斗目标时不难发现，大多数院校都注重向"正规院

校"发展而轻视自己的"社区角色"。这些院校不是以"本科高职院校"为目标,就是以"一流的高等职业技术学院"为目标,极少有以"社区学院"为发展目标的。

三是重专业数量,轻课程开发。高等职业院校在建设发展中,为了"学历教育""正规院校"的目标,往往盲目追求专业数量的增多,而忽视课程的建设开发。有的规定一年必须新上几个专业,有的院校新开设的专业一无经验、二无教师、三无设施,成为名副其实的"三无"专业,而真正结合现有专业积极加强课程建设和深入开发的却很少。表面上看,学校专业数不断增多,规模不断扩大,背后却隐藏着基础薄弱、底气不足、没有特色、竞争乏力的致命弱点。

四是重学校本位,轻企业参与。现在高等职业教育人才培养目标绝大多数是在上级教育行政部门指导下或规范下,关门造车而定的,严重脱离社会特别是企业需要,受到排斥。实践证明,高等职业教育人才培养目标是由学校和企事业单位共同确定的。企业既是高等职业教育的需求主体,又是高等职业教育重要的办学主体,高职教育能否办出特色取决于企业参与的程度,其根本标志是毕业生是否受企业欢迎。高职教育在日本被称为"企业眼里的高等教育",在德国已成为"企业手中的高等教育"。这与本科教育有着重大区别[①]。

总之,由于受传统高等教育培养目标定势的影响,人们对高等职业教育培养目标的定位往往只注重其"高等性"而忽视其"职业性"和"教育性",在教学要求和具体教学实施上往往有意无意地在向培养"工程师""设计师"甚至更高目标靠,从而严重偏离了高等职业教育的轨道。对学生的毕业环节过分要求"毕业论文"或"毕业设计"就是其片面强调"高等性"的具体表现,不利于高等职业教育的健康发展。以上分析给我们的启示是,高等职业教育决不能偏重向"学历教育""正规院校"和"学校本位"发展,更应注重在"职业培训""社区角色"和"企业参与"方面的发展;不能只注重专业数的增加,更要注重课程建

---

① 徐挺,张碧辉. 高职人才培养模式的特征再探[J]. 职业技术教育(教科版),2003(22):34.

设和开发。只有将重心由"攀高"向"低移"转变,高等职业教育的发展才能贴近社会,贴近时代。

第三节 我国高等职业教育人才培养目标的确定

高等职业教育人才培养目标制约着其教育活动的方向、课程教学方法和手段,是高等职业教育的出发点和归宿。它不仅在高等职业教育学理论中占有重要位置,而且对实际的高等职业教育工作也有着现实的指导意义。那么,怎样才能正确地确定高等职业教育人才培养目标呢?

一、社会需求是高等职业教育培养目标的现实依据

当今社会进入知识经济时代,其发展的速度取决于科技进步,取决于劳动者素质的提高。这就对在科学技术转化为生产力过程中人才的素质和作用提出了很高的要求。首先,高新技术的广泛应用产生了许多与高新技术相关的职业岗位,如我国现代化大型企业上海宝山钢铁总厂的生产基本上是自动化的,有一条700米长的流水线,从钢水进去到钢板出来,只有3个人在控制室里用计算机操作。这3个人就是技术人才,是高等职业技术教育要培养的人才,他们不但要懂一定的理论,还要在生产第一线掌握生产工艺,操作生产过程,维修生产设备。过去在这种岗位上的是技术员,多是低水平的中专生,现在再用中专生显然已经不适应时代需求了。普通高校培养的学术型和工程型的人才到这个岗位也不适应,生产现场出现的问题他们处理不了。由此可见,这些技术岗位的产生对高等职业技术人才提出了大量需求。其次,以金融、商品流通、交通、通信、房地产为主的第三产业近年来得到飞速的发展,第三产业已经成为新的经济增长点,占国内生产总值的比重从1992年的36%提高到47.8%,公用服务、信息咨询等行业的增长速度在20%左右。第三产业的蓬勃发展使社会职业岗位的分布出现了新的趋势,产生了一系列新的职业岗位,如广告编辑、广告推销代理、广告设计、广告估价人员、商标代理人、旅行社经理、审计与监理人员、证券咨询员、投资分析员、投资经纪人、证券推销代理人、外汇交易员、信贷员等。这些新岗位大部分是在服务第一线,需要掌握熟练的服务技巧,这就需

要高等职业技术教育培养一大批相应的技术型人才。再次，在经济和社会大变革中，社会原有的职业岗位出现了既有分化又有复合的现象，比如护士岗位，随着医疗技术的发展，工作也逐渐专业化，细分成了精神科护士、外科护士等。而根据技术水平，护士的岗位已经分成了五个层次：职业护理师、主管护理师、护师、护士和护理工。目前，上海的家庭病床越来越多，老年疗养院越来越多，急需中、高等层次的护理人员。不少岗位像护理岗位一样，层次提升了，不仅需要中等层次人才，而且需要高等层次人才。社会岗位在分化的同时也在复合，出现了不少复合岗位，比如相关技术的复合，如机电一体化；还有技术与技能的复合，如加工中心的编程、操作、维修的岗位。专业技术知识与操作技能已经成为不可分割的整体，形成了独立的职业岗位。无论是高新技术的发展所产生的岗位还是第三产业兴起所增加的岗位，它们的技术含量和技能水平都比较高，中等职业技术教育培养的人才已经不相适应，急需发展高等职业技术教育。

二、独特智力倾向是制定高等职业教育培养目标的智力依据

在我国现有状况下，进入职业学校的学生绝大多数是经过了重点高中、普通高中等层层选拔后的落榜者，以常人的观点看是普通教育中处于相对劣势的群体。我们并不赞同职业教育学生是基础教育的失败者的观点，我们认为职业技术教育的学生只是在智力类型方面与进入重点高中学生之间存在着差异，是一样具有独特智力倾向的群体[①]。

美国哈佛大学教育心理学家霍华德·加德纳在20世纪80年代提出了多元智力的理论。他认为：人的智力至少由七种基本智力组成，即言语/语言智力、逻辑/数理智力、视觉/空间智力、音乐/节奏智力、身体/运动智力、人际交往智力和自我反省智力。言语/语言智力指的是人对语言的掌握和灵活运用的能力；逻辑/数理智力指的是对逻辑结构关系的理解、推理、思维表达的能力；视觉/空间智力指的是人对色彩、形状、空间位置等要素的准确感受和表达的能力；音乐/节奏智力指的是个人感

---

① 教育部职业教育与成人教育司.职业教育综合改革研究分卷［M］.北京：高等职业教育出版社，2002：148.

受、辨别、记忆、表达音乐的能力；身体/运动智力指的是人的身体的协调、平衡能力和动作的力量、速度、灵活性等；人际交往智力指的是对他人的表情、说话、手势动作的敏感程度以及对此作出有效反应的能力；自我反省智力指的是个体认识、洞察和反省自身的能力①。

到1999年加德纳又分别再增加了"自然观察者能力"和"存在能力"。加德纳批判传统的智力衡量标准，他认为：智力并非以语言、数理等能力为核心，它们也不应成为衡量智力水平高低的惟一标准。每个学生的智力都是九种能力的组合体，能力间不同的组合构成了个体间智力的差异，有的语言智力占主导，有的身体/运动智力占优势，并倾向于用不同的方式来学习。目前的学校教育并没有公正看待这些差异的自然性和平等性，只关注以纸笔测验能测得的那部分能力，即语言能力和逻辑/数理能力，并以此判断学生智力的优劣：成功者往往是语言能力、逻辑能力占优势的学生，其他学生则落入失败者之列。

根据加德纳的多元智力论和现实职业学校生源选拔状况，我们不难发现职业学校的学生虽然在语言能力、数理能力方面可能弱些，但并不表明其在其他能力方面也差。对我国在初中时学习困难的学生的各项能力调查结果也显示，基础教育中学生学习优劣间的差距主要表现在语言能力、逻辑/数理能力方面，而在观察能力、运动能力方面的差距并不显著。问题在于现有教学未能足够重视除语言、数理能力之外的其他智力潜能的开发，并在评价中加以反映。实际上，语言能力、逻辑/数理能力不是社会发展所需人才素质的全部，西方学者曾就学校知识性、学术性测验与未来职业岗位之间的关系作过研究，发现大多数的调查显示出两者之间存在某种正相关，但平均只有0.155，其中最高的为护士与政府机关的服务岗位（0.23），其次是商业，再次是教师与工程师。研究普遍表明，现有学校中知识型评价的成功与未来职业岗位的成功之间的相关程度极低。

三、职业带理论是制定高等职业教育培养目标的层次依据

高等职业教育的核心内涵在人才结构区域中应该具有唯一对应性，

---

① 霍华德. 多元智能[M]. 沈致隆，译. 北京：新华出版社，1999：234.

即其培养目标必然隶属于某一种系列的人才范畴，并且在这一系列中某一特定层次来界定高职培养目标。提起社会人才的分类结构，我们总会想到金字塔形、门字形、阶梯形等多种结构模式。但目前国际上比较认同的人才结构及分类理论，是西方国家常用的职业带（occupational spectrum）理论。这一理论以工业职业领域为例，将各类工业技术人才的知识和技能结构用一个连续的职业带来表述。如图 4-1 所示，工业技术人才按其各自不同的职业性质、工作对象和管理范围被划分为技术工人（craftsman 或 skilled worker）、工程师（engineer）、技术员（technician）三个系列，分别称为 C 系列、E 系列、T 系列。图中 A、B 为技术工人（C 系列人才）区域，C、D 为工程师（E 系列人才）区域，E、F 为技术员（T 系列人才）区域。斜线 XY 上方代表手工操作和机械操作技能所占比重，下方代表科学理论和工程技术理论知识所占比重。

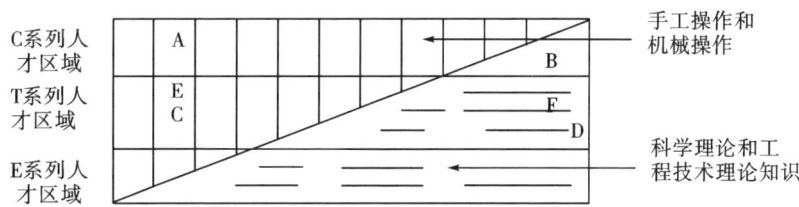

图 4-1 西方国家职业带理论示意图

从图中看出：对技术工人的要求主要是操作技能，对工程师的要求主要是理论知识，对技术员则在两个方面均有一定的要求。国际上一般将分别培养这些不同系列人才的学制相应地分为三种类型：培养工程师的称工程教育（engineering education），培养技术工人的称职业教育（vocational education），培养技术员的则称技术教育（technical education）。后两类统称技术和职业教育，同属广义的职业教育范畴。

职业带理论除了可以解释技术工人（C）、技术员（T）、工程师（E）三个系列人才的地位和特点外，还可以解释社会人才结构随着科技进步与生产技术发展的演变及其与教育的关系。

在手工业生产阶段，整个职业带上的人才类型是单一的；而在大工业出现初期，职业带上出现了技术工人和工程师两类人才，且二者在职业带上有部分交叉。20 世纪上半期，工程师为适应科技发展需要而必须提高理论知识，于是便在职业带上大幅度与技术工人（仅有稍许右移）的交叉消失并拉开距离，由此出现的空隙需要由一种新型人才来填补，技术员这种中间人才（middle man）应运而生。到20世纪下半期，由于高新科技的突飞猛进和生产技术体系的不断发展，工程师区域继续右移，技术员区域进一步扩大出现了层次上的分化，从而诞生了高级技术员（或称工艺师、技术师、技术工程师等，对此各国称谓有所不同，但本质上是一致的）这种新型的高层次职业技术人才，因它原属于T系列人才范畴，但又与E系列有部分交叉，故有人将其称为TE系列人才。

技术员类人才的多层化给教育带来了培养目标上的分化。作为IF系列人才的高级技术员必须具备较高理论水平，故其所接受的教育内容已跨入高等教育领域。于是自20世纪60年代以来，各国高等教育相继在培养目标上外化出专门培养这类人才的学制，例如美国招收2年制专科毕业生（技术员）培养技术师的学制（1967年），还有法国培养高级技术员的短期技术学院（1966年），英国培养技术工程师的多科技术学院（1969年），德国培养应用型工程师的专科大学（1970年）和职业学院（1974年）等也都是这样的学制。这种新型学制就是我们所说的高等职业教育（实质上是高等技术教育），前面图中用箭头所示的区域即为其对应的培养目标。高等职业教育的出现顺应了职业教育高移化这一世界趋势，而随着当今高科技产业的迅猛发展，职业教育高移化的结果必将使高等职业教育在数量上、层次上进一步扩展。如我国台湾地区已有了培养工业类技术教育的硕士（1979年）乃至博士（1986年）的学制，至于这种高层次研究生阶段的高等职业教育究竟是与普通高等教育殊途同归，还是仍自成系列尚有待继续探讨。

当然，从严格的意义上讲，用一个仅以工业技术人才为例的、经过简化了的、平面的职业带来表述复杂的、多维的社会人才结构是不够精确的，但它毕竟是至今为止可以在较大范围内得到承认且相对完整的理论模式，特别是它能够反映人才结构与教育结构的相互关系，这非常有助于我们进一步揭示高等职业教育的核心内涵，对于其他类别的人才结构虽然不一定都能非常精确地与工业类一一对应，但就总体上来看还是颇为类似的。例如在医疗卫生系统，除了受过类似工程教育（医学高等教育）的医师（相当于E系列人才）和受过狭义职业教育（一般护理技术培训）的普通护理人员（相当于C系列人才）外，还需要大量受过技术教育（医药卫生类中专教育）的护士（相当于T系列人才）作为中间人才。而这一系列中的高层次人才——护师（高级护士）就只有通过高等技术教育来培养，实际上国内一些医科大学近年已出现了许多护理专业的专科和本科学制，其高等职业教育的性质是不言而喻的。

四、综合能力是制定高等职业教育人才培养目标的素质依据

为了满足21世纪对宽专多能的复合型人才的要求，世纪之交，各国在坚持职业针对性特点的基础上，注意在职教课程中加强旨在提高劳动者通用性职业能力的教学内容。这种能力可以分为两大类：一类是指一般素质的关键能力；另一类是指某一行业范围内体现通用性的职业能力，即行业能力[①]。所谓行业能力，一般是指行业劳动能力，亦即劳动能力。对什么是劳动能力，马克思有个著名定义："我们把劳动力或劳动能力，理解为人的身体即活的人体中存在的，每当生产某种使用价值时就运用的体力和智力的总和。"[②] 这就是说，人的体力和智力是构成劳动能力的基本要素。因此行业劳动能力的发展，就是体力和智力的发展。

1. 各国教育的关键能力

"关键能力"的概念最早出现在20世纪70年代初。德国劳动力市场与职业研究所在1972年给欧盟的报告《职业适应性研究概览》中第一次使用了"关键能力"的概念[③]。"关键能力"的概念发展到今天，已被世界上几乎所有的国家所接受，但在不同的国家，其称谓和含义也存有差异。它在德国被称为"软能力"或"关键能力"，在美国被称为"基本技能"，在英国被称为"核心技能"，在澳大利亚被称为"关键能力"，在新西兰被称为

---

① 教育部职业教育与成人教育司，教育部职业技术教育中心研究所.职业教育学与课程改革研究分卷[M].北京：高等教育出版社，2002：11.

② 马克思恩格斯全集：第23卷[M].北京：人民出版社，1979：190.

③ 唐以志.关键能力与职业教育的教学策略[J].职业技术教育，2000(7)：8.

"必要技能",我国多采用"关键能力"① 这一称谓。现将德国、美国、英国、澳大利亚、新西兰和中国六国关键能力的含义概括如表 4-1：

表 4-1　德国、美国、英国、澳大利亚、新西兰和中国大陆及中国台湾地区关键能力的比较

德国的软能力	美国的基本技能	英国的核心技能	澳大利亚的关键能力	新西兰的必要技能	中国大陆的关键能力	中国台湾的基本能力
1.交流与合作能力 2.组织和执行任务的能力 3.独立性与责任感 4.学习技能和思维能力 5.承受能力	1.基本的信息处理技能 2.基本的信息交流技能 3.资源管理技能 4.人际交往能力 5.基本技能:读、写、算能力 6.基本技能:思维技能 7.技术系统	1.交流技能 2.提高学习与操作的个人交流技能 3.与他人合作的能力 4.计算能力 5.解决问题的能力 6.信息技术 7.现代外国语	1.收集、分析和组织信息的能力 2.交流观点和信息的能力 3.规划与组织活动的能力 4.团队合作能力 5.应用数学方法技巧的能力 6.解决问题的能力 7.应用科技成果的能力 8.理解不同文化的能力	1.信息处理技能 2.交流技能 3.自我管理工作和学习的技能 4.社会性技能 5.计算技能 6.决策技能 7.信息交流技能	1.与人合作能力;团队精神、交际能力等 2.生存发展的能力:组织能力、收集和处理信息的能力、分析和解决问题的能力等 3.职业行为能力:分析能力、创造能力、语言文字表达能力、获取新知识的能力等 4.心理承受能力:适应新环境和承受困难与挫折的能力等②	1.了解自我与发展潜力 2.欣赏表现与创新能力 3.生涯规划与终身学习 4.表达沟通与分享 5.尊重、关怀与团队合作 6.文化学习与国际了解 7.规划组织与实践 8.运用科技与资讯 9.主动探索与研究 10.独立思考与解决问题

（资料来源：教育部职业教育与成人教育司、教育部职业技术教育中心研究所编：《职业教育学与课程改革研究分卷》，北京：高等教育出版社 2002 年版；吴靖国著：《技职通识教育理论与实务》，台北：师大书苑有限公司 1999 年发行。）

---

① 教育部职业教育与成人教育司，教育部职业技术教育中心研究所. 职业教育学与课程改革研究分卷［M］. 北京：高等教育出版社，2002：11.

② 王敏，等. 关键能力培养的要求和模式［J］. 中国职业技术教育，2000(3)：51.

2. 企业界所需的职业能力

以台湾为例①。台湾相关经济部门在《资讯人才供需推估研究计划》调查中指出，企业界认为学校应加强培养资讯相关科系毕业生的能力，依序为：①确认及解决问题能力（67%）；②团队工作能力（58%）；③学习新知能力（52%）；④忠诚合作（34%）；⑤发掘及使用资讯能力（33%）；⑥策划能力（33%）；⑦创意能力（26%）；⑧适应多元文化能力（25%）；⑨理解及辨证能力（23%）；⑩评估工作效果能力（22%）；⑪懂得培训同辈（10%）、决策能力（8%）、其他（4%）。

台湾《天下杂志》第 203 期（1999 年 4 月 1 日出版）对不同产业进行雇用人力需求的调查中指出，企业雇用员工的首要考虑是：①工作态度、敬业精神佳；②能团队合作；③学习能力强，可塑性高；④工作稳定性高，能配合公司规划发展；⑤专业能力强；⑥具有解决问题的能力。

由此可略知，企业取才的关键已经由"能力"转为"态度"。在《天下杂志》的报道中指出，许多企业主管有"学历愈高愈不敬业"的刻板印象，其引述一名台电中级主管之陈述"现在大学生的专业技术、知识都够，但却普遍缺乏敬业和团队合作的素养"；而 IBM 人力资源部副总经理也强调："业绩不好但能团队合作的，是可造之才；但如果业绩好而不能团队合作，就是组织之癌。"所以企业界最需要的是懂得跟人合作的人，因为这些人比较会替别人想、有耐性、会调适，不会动不动就想辞职。

台湾谷家恒等人在《由全面品质管理理念探讨技职教育与产业界配合之研究》中指出，在研究所列十二项能力表现中，业界方面有七项（专业能力、发展潜力、学习能力、敬业精神、分析能力、创新能力、就业稳定）给予技职学校毕业生较高的评价；另外五项（沟通能力、领导能力、外文能力、表达能力、人群关系）则给予普通学校毕业生较高的评价。而技术学院、专科学校毕业生之敬业精神、就业稳定、外文能力均低于产业之期望均数，高职毕业生则只有人群关系高于期望值。业

---

① 吴靖国. 技职通识教育理论与实务 [M]. 台北：师大书苑有限公司，1999：245.

界普遍对于技职体系毕业生有肯定的评价，但在沟通能力、领导能力、外文能力、表达能力及人群关系方面有较劣势的评估；在研究中参与座谈会的专家学者也纷纷表示，技职学生较欠缺人文、艺术、管理等方面的素养，并建议各级技职学校应全面加强通识教育，强化其课程、师资及图书，让学生除学习专业知识外，有更多机会学习人文、人际关系等方面的课程。

此外，无论是制定教育目的还是制定各级各类教育的培养目标，人们都自觉不自觉地遵循一定思想或理论的指导。我国是一个社会主义国家，马克思主义是我国社会主义革命和建设的指导思想，马克思主义关于人的全面发展学说是我国制定高等职业教育人才培养目标的理论依据。

第四节　高等职业教育的人才培养目标的理性思考

教育作为培养人的社会活动是一种在理性引导下的有目的的追求，事关人才培养的核心问题。通过教育培养什么样的人，怎样为社会培养人，是古今中外一切教育活动展开的前提。教育目的是人才培养的一个基本问题，在教育工作中占有主要位置。确定教育目的又是一个十分复杂的问题。在教育目的方面，世界上存在众多分歧①。德国教育哲学家雅斯贝尔斯在《什么是教育》中曾经告诫我们："今天我们关心科技人才的培养，但对此我们必须小心从事，因为我们为科技人才的匮乏而震惊，而其所造成的后果却变得模糊。培养出来的科技人员只是服务于某些目的的专业工人，他们并没有受到真正的教育。""对整个教育问题的反思，必然追溯到教育的目标上去……仅凭金钱我们还是无法达到教育革新的目的，人的回归才是教育改革的真正条件。"② 今天，迫于国际经济竞争的需要和高技术人才的迫切需求，技术和职业教育正在全球范围

---

① 约翰·怀特. 再论教育目的 [M]. 李永宏，等，译. 北京：教育科学出版社，1992：3.

② 雅斯贝尔斯. 什么是教育 [M]. 邹进，译. 北京：生活·读书·新知三联书店，1991：50-51.

受到广泛重视，但正如雅斯贝尔斯所言，我们在着手改革职业教育时，也必须要追溯到教育的目标上去，特别是"人的回归"问题，即个体发展的终极目标问题，因为这才是"教育改革的真正条件"。

关于教育目的的研究，有学者曾有过精辟的论述，他说："如果教育者和受教育者对教育目的的追求仅停留在经验层次的具体目的上，而不了解哲学层次教育目的的纷争，就难免会跌入陷阱。"[①] 而一旦发现是陷阱时，对学生来说则青春已逝，对教师来说则已误人子弟。对于具有较强适应性、针对性、实用性的高等职业教育来说，到底需不需要对其目的作出应然的思考呢？如果单从高等职业教育服务于现实社会（特别是促进当前社会经济发展方面）的角度来看，其实然目的之影响远远超过人们对其应然目的之关注，以致出现高等职业教育只能培养人力或劳动力，而忽视了"人之为人"的本真追问，这种目的下所培养的"只是服务于某些目的的专业工人"，"他们并没有受到真正的教育"。然而，高等职业教育作为教育系统中的重要部分，它仍然是一种价值追求的过程，从这个角度讲，我们必然要对高等职业教育目的作出应然的思考。

一、综合素质：高等职业教育的理智选择

我们正处在知识经济时代，其经济发展、产业结构的变化必然对人才的素质提出新要求，培养综合素质人才是知识经济时代高等职业教育发展的理智抉择。知识经济时代是一个"人化"的时代，个人的需要更加多样化。一些在工业经济时代还可望而不可即的需要，将随着社会的科学技术进步而能够不折不扣地得以实现。从物质产品（汽车、彩电、电脑等）到精神产品（电视节目、教育服务等），都要求日益个性化。为了满足不同消费者的特殊消费需求，社会生产模式就必须从单一产品的规模生产转变为个性化产品的规模生产，整个生产系统由一个刚性的产品制造系统变成了一个柔性的经济体系。在这样的社会中，只掌握生产过程某一环节的专门技术，是难以承担日愈个性化的小批量生产所要求的创意化产品的生产使命的。另外，知识经济

---

① 约翰·怀特. 再论教育目的 [M]. 李永宏，等，译. 北京：教育科学出版社，1992：3.

也使产业的升级换代周期大为缩短。昨日的朝阳产业，今日就可能成为夕阳产业。产业结构的迅速调整，使劳动者的劳动岗位变换加速。为了适应迅速变化的劳动力市场的需要，劳动者必须具有广博的知识和多样化的劳动技能。

教育作为一种有目的的培养人的活动，本来应该是一种人的教育，但"我国现实的教育却更多地表现出人力教育的倾向，主要是一种功利性的实用教育"。即教育目标过分功利化，它"使教育的培养人的特殊性淹没"，使人们看不到教育的根本价值。

新人学史观认为：人的发展是社会现代化的主旋律，人的现代化在社会发展中具有战略价值。因为现代化的根本动力来自人的努力和伟大的创造，现代化的根本目的正是人类全面自由而持续的发展。的确，不关注人的本质的扩展的教育，或者忽视人性存在的教育，其所培养出的只是"并没有受到真正教育"的"服务于某些目的的专业工人"。人生来便是可能而且应该受教育的，康德认为，"人只有经过教育，才能成为人"[1]。雅斯贝尔斯认为："教育是人的灵魂的教育，而非理智知识和认识的堆积，""教育需要有信仰，没有信仰就不成其为教育，而只是教育的技术而已。"

我国职业教育的奠基人黄炎培根据其对职业教育的价值取向，曾经对职业教育提出了一个比较完备的概念，即"职业教育的定义，是为用教育方法，使人人依其个性，获得生活的供给和乐趣，同时尽其对群之义务。其目的：一为谋个性之发展；二为个人谋生之准备；三为个人服务社会之准备；四为国家及世界增进生产力之准备"[2]。从其对职业教育概念的界定及职教目的之表达来看，职业教育的目的首先是人的个性发展，其次才是能力发展。正如他所说的，"仅仅教学生职业，而于精神的陶冶全不注意"，是把一种很好的教育变成"器械的教育"，只能是改良艺徒培训，不能称之为职业教育。可是，反观我国20世纪初期，甚至

---

[1] 涂艳国. 走向自由：教育与人的发展问题研究 [M]. 武汉：华中师范大学出版社，1996：196-198.

[2] 高奇. 黄炎培职业教育思想研究与实验 [J]. 教育研究，1998（5）：98.

整个 20 世纪的职业教育，我们不难发现，由于实用主义教育目的观的深刻影响，教育的功利价值取向变得日益明显，教育与个人生计的关系，教育与经济增长和社会改造的关系，始终是教育实践者们重点关注的问题，甚至在大力提倡素质教育、主体性教育和创造性（创新）教育的今天，这些仍旧是教育的实然目的之要义。普通教育如此，职业教育由于大众的误解在这一点上更显突出。"20 世纪以来，教育的功利色彩日趋浓重，并逐渐发展到过分的程度。"① 这种教育，必然导致受教育者人格的残缺。

强调教育在促进人的发展上的价值，要求教育为人的发展服务是当今世界教育改革和发展的重要趋势。国际 21 世纪教育委员会在 1999 年发表的《教育——财富蕴藏其中》中曾有过权威论述："教育不仅仅是为了给经济提供人才，它不是把人作为经济工具，而是作为发展的目的加以对待。"② 现代文明对教育提出的第一个要求就是：提高人性，开发人的综合素质。培养人的综合素质，即面对现代经济生活对高素质技术人才的需求，高等职业教育必须倡导发展学生素质，但这种素质绝不是某种职业技能或就业能力的拓展与架构，这种素质就其内涵与外延来讲，应该体现两个基本特征：

第一，体现在目标追求上，它强调的是综合能力的培养，实质却是知识、技能和态度三位一体素质结构。这一素质结构主要由四个要素构成：一是完成职业任务所必需的基本技能或动手能力，如知识运用能力、技术应用能力；二是完成职业任务应具备的基本职业素质，即 20 世纪 80 年代德国企业界倡导的关键能力，如合作能力、公关能力、解决矛盾的能力、心理承受能力等；三是职业岗位变动的应变能力和就业弹性；四是在技术应用领域中的创新精神和开拓能力，如工艺流程的革新、加工方法的创造、管理方式的变革等。

第二，体现在人才规格上，它强调的是职业素质培养，张扬的却

---

① 扈中平，刘朝辉. 挑战与应答：20 世纪的教育目的观 [M]. 济南：山东教育出版社，1995：450.

② 联合国教科文组织. 教育——财富蕴藏其中 [M]. 北京：教育科学出版社，1996：70.

是人的全面发展，即人的体力、智力、道德精神和审美情趣得到充分自由的发展和运用，也就是马克思和恩格斯在《德意志意识形态》中所强调的"个人的独创的和自由的发展"，联合国教科文组织则将其解释为"认知""做事""共同生活"和"生存"四个要素。这一人才规格在教育实践中，可以分解为品德素质、知识素质、能力素质、审美素质和生理心理素质五个方面。在这五种素质中，能力素质虽是核心，但并不能替代或包容其他四种素质，更不能把能力素质理解为"能力"的全部。

第三，体现在培养方法上，强调通识教育与专业教育结合。怀特海在其著名的《教育的目的》一文中早已指出："我们旨在造就的应该是既有教养又有某些专门知识的人。他们的专业知识为他们提供了由此而始的基础，他们的教养将使他们达到哲学那样深邃和艺术一样高尚。""没有纯粹的技术教育，也没有纯粹的人文教育，二者缺一不可。教育不仅使学生获得知识，而且也使他们学以致用。"爱因斯坦也曾经说过："用专业知识教育人是不够的，通过专业教育，他可以成为一个有用的机器，但是不能成为一个全面发展的人。要使学生对价值有所理解并产生热烈的热情，那是最基本的。他必须获得对美和道德上的善的鲜明辨别力。否则他——连同他的专业知识——就更像一只受过很好训练的狗，而不像一个和谐发展的人。"诺曼·克森则在一篇题为《如何使人变得更小》的社论中这样说："只知道疾病的医生与既通晓病理生物体又了解人类的医生相比要略为逊色。只知道按法律条文在法庭上争辩的律师不能与联系立法现状与历史的经验并运用广泛的知识面进行辩论的律师相提并论。用艺术才能与人相处并能借以提高总体管理竞争能力的商业经理是对他所在公司的最重要的价值。对于技术人员来说，一致的工程与推动各部分的工程同样重要。"① 由以上论述我们得出结论，高等职业教育也必须改变传统的专才培养模式，改变通识教育与专业教育"两张皮"现象。通过加强通识教育，强化基础、拓宽专业，使通识教育与专

---

① 陈彬.知识经济与大学办学模式改革研究[M].武汉：华中师范大学出版社，2002：116.

业教育有机结合，才能把学生培养成为厚基础、宽口径、一专多能，并能适应社会变化的复合型人才。

综上所述，对人才的综合素质的审视与把握，不仅是高等职业教育在文化的转型与变革中的一种觉醒，而且是顺应市场经济需求的一种自然回归。正是在目标追求和价值取向上的觉醒与回归，才是高等职业教育赖以生存发展的魅力所在。

二、人性提升：高等职业教育的终极追求

未来的世界主题体现以人为本的理念，国家利益高于一切的观念被造福社会的理性思维所替代。这是不以人们意志为转移的人类文明趋势。在这种理念驱动下，21世纪高等职业教育人才培养的终极目的在于人性的提升。20世纪末期，在我国教育理论研究和教育改革实验中，教育的人性化、教育的人文意义及价值等成为人们关注的重点。正因为此，有学者提出："我国教育界正在发生一场'革命'，而'革命'的旗帜就是'人文。'"[①] 其实，通过对人文教育历史的考察便会发现，以前的人文教育家正是在批判教育史上"非人"历史的现象中形成了一个共同的主题，即强调教育应该以"人"为中心，是为了"人"的教育。从亚里士多德强调闲暇教育、珍视文雅教育，到文艺复兴时期维多里诺把学校看作"快乐之家"等，他们都看到了实利教育压抑儿童的非人性的一面，实利教育没有服务于人，只服务于实利，把人当作劳动的工具。进入现代社会以后，具有人文精神倾向的思想家们更是以批判现代教育的职业化、非人性为己任，赫钦斯是其中的杰出代表。他认为，现代教育制度以经济增长为目标，重点放在职业上，把人看作简单的生产工具，把学校看成人力加工厂，按物的生产原则来管理学校，这都是非人性的；从实际效果来看，也是低效甚至无效的。他指出：教育的目的在于培养人类的智慧，发挥人性，完善人，其目的是人，不是人力。

教育作为一种有目的地培养人的活动，原本就是一种"人"的教育。从古希腊教育家所追求的"自由人"，到19世纪马克思所预言的"全面发展的人"，再到20世纪60年代美国现代化问题专家阿列克斯·莫克尔

---

① 杜时忠.人文科学[M].武汉：华中师范大学出版社，2000：89.

斯所探索的"现代人";从先秦儒学教育家所憧憬的"伦理人",到20世纪40年代陈鹤琴所提倡的"现代中国人",再到邓小平提出的以"三个面向"为旨归的"四有新人","人"始终是教育情有独钟的关注对象。而人性是人所区别于动物的属性,它表现为人的自然属性、社会属性和精神属性。马克思早在《1844年经济学哲学手稿》中就说过:"人的全面发展的实质是表现在全面占有自己的本质。"马克思主义人性观的教育意义在于,教育必须以人的本质属性为依据,全面拓展人性,从而达到自然、社会、精神诸属性的浑然一体①。

早在两个世纪前,西方现代高等教育认识哲学的奠基者们就把大学界定为所有社会机构中唯一充满理性思考和批判精神的场所,它担负着提升人的精神境界、丰富人的思想的社会功能。在现代化的进程中,随着科技进步、经济繁荣,教育始终以其执着和顽强的生命力扮演着极为重要的角色,并朝着现代化的目标不断推进。诚然,科技的发展和理性的高扬极大地推动了社会的进步和经济的发展,为人的本质的全面发展创造了前所未有的条件,然而,随着科技化、理性化、现代化的进展,人类现实生活遭受了严重打击,陷入了困境和低谷之中。社会的发展,经济的腾飞,个人理性的高涨,本应该是以人更好地生存为目的,但事与愿违,焦虑和无聊成了现代人两种无法摆脱的心境,心无寓所,意义失落使现代人陷入了一种前所未有的盲目与困惑中。科技化和理性化氛围中的教育固然培养了千千万万优秀的"人才",但同时也伤害、扼杀了千千万万无辜的心灵,使"人"丧失了生活的信心,失落了生活的乐趣。教育是培养人的活动,可教育最终失落了"人",这不能不说是教育的一种遗憾。高等职业教育是以培养高素质技术型、实用型的人才为目的的,但究其根本仍然是培养人、发展人。马克思关于人的全面发展的学说是教育理论,特别是教育目的设定的重要理论基础。因此,只有以"现实的个人""有生命的个人"为前提和出发点来关注人,才具有现实意义,具有理论魅力。

---

① 张建.人性提升:高等职业教育人才培养目标的思考[J].职业技术教育(教科版),2003(19):9.

1. 主体人格的觉醒

教育是培养、造就人才的事业，它赋予人以生存、发展和享受的能力。从这个意义上说，教育本质上又是一种人道主义事业。然而，在当前的教育实践过程中，由于科学、理性教育理论的支撑和教育工作者受"师道尊严"传统观念的束缚，现行的教育步入了扭曲人性、压抑个性的歧途。这种教育模式铸造的是一批批饱读诗书、循规蹈矩，却缺乏灵性与创意的物化的工具人，既谈不上自由全面的发展，也谈不上健康幸福的生活，更谈不上丰富的个性。当前教育理论界教育主体性的呼声日渐高涨，而教育主体性的含义无非是两层意义：一是尊重学生个性的主体性，让学生的主动性自由地发展；二是尊重教育的自主权，尊重教育的相对独立性，打破过去那种模式化教育，用多样化教育造就富于个性的一代新人。因此，我们所强调的这种教育的主体性是与新的人道主义教育和国际范围内的民主化思潮完全一致的，也是马克思关于人的全面发展理论的具体实践和运用。

2. 创造意识的激活

几千年来，中国人一直生存在一个自在自发的充满保守与惰性的世界之中，人们的基本生存方式以重复性思想和重复性实践为基本特征。这种生活方式决定了"教育的功能只能是再现当代社会和现有的社会关系，几乎没有创造性"。随着文化的发展和社会的进步，人们渴望一种能够展现自己生命本质的生活方式，渴望能成为自己真正的主人。作为教育对象的人是一个"既阶"和"未成"的结合体，"自然把尚未完成的人放到世界之中，它没有给人作出最后的限定，在一定程度上给他留下了未确定性"。教育的意义就在于一方面唤醒人的自由意识，使之意识到自己并不是现成的存在者，而是一种必须通过自身创造性的活动，不断向未来开辟可能性并塑造自我的存在物；另一方面也是更重要的，教育要引导人们去创造。因为人的自由本质只是提供了发展的可能，没有后天的创造，人的自由本质就无法得到体现和验证。教育的最根本的意义就在于把人的自由本质引申出去从事创造，去打破已有的存在，迈向更高的未成，使人在永无止境的创造过程中，不断提升，不断创造出新的规定,不断丰富自己"人"的内涵。从某种意义上说创新是自我实现的最高表现形式,因此,创造不只是普通高等教育所培养的社会精英分子的专利,亦是高职教育培养的高素质、高技能劳动大军的基本义务和追求。

3. 生命意义的领悟

人类的一切活动都是为了生命的生存与发展,教育活动作为人类的一种社会活动,同样要关注生命、理解生命和尊重生命。对于人的精神价值的守护和对生活意义的追寻,应该是教育的意义和价值所在。然而,在实际的教育实践过程中,在科学和理性的旗帜下,在教育工作者们灌输和训导的氛围中,造就了一批批理性的、顺从的、不谙世事、不懂生活、倍感压抑的理性"人才",因而就萌生了北大研究生的自杀事件,某中学生对父母的暴力行为等让人费解和痛心的事件。诚然,理性的发展开掘了人的智慧,创造了无限丰富的人类物质财富,却满足不了人生幸福的全部需要。科学和理性的世界无法调制出人生的全部色彩,在后现代主义思潮的观照下,教育只有让学生回到感性的、生动的、丰富的生活世界,才能够满足人在理智、情感、意志等多方面发展的基本需要,才能促进学生对社会、自然、人类自身的认识和了解。在人与自然社会和睦相处的文化背景中,领略生命的意义,感悟人生的幸福,从而构筑起心灵世界的精神家园和意义网络。这种教育的追求不但应是高等教育的目标,也是时代赋予我们的责无旁贷的义务和责任。

三、全面发展:高等职业教育的价值取向

人力资源的开发,远不止是为眼前的经济发展服务,而且是为人类社会的可持续发展服务,为人与生态环境及自然的和谐发展服务。人,应该是我们一切社会活动的终极关怀所在,人力资源开发的真正目的应该是人的全面发展。所谓"全面发展",用马克思的话来说就是"个人关系和个人能力的普遍性和全面性"。丁学良在《马克思的"人的全面发展"概览》一文中指出:人的全面发展的含义有两个层次,三个方面的规定:第一个层次(第一个规定)是唤醒自然历史进程赋予人的各种潜能,使之获得充分的发展;第二个层次是人的对象性关系的全面生成

（第二个规定）和个人社会关系的高度丰富（第三个规定）。也就是说，全面发展是个人能力和社会关系的全面发展。不难看出，在教育实践中，我们更多地关注了个人能力的培养和发展，而人的社会关系的发展却一直是教育者们视而不见、不敢触及的一个空间，从而使得社会关系成为束缚人的主动性、主体性的一种外在盲目的力量。事实上，人的社会关系的丰富和发展，会让人摆脱狭隘性，以更开放的胸襟充分显示自己的聪明才智，扩展自己的社会交往，在与社会和他人的关系中，确证自己，实现自己。也只有让每个个体在社会中通过主体间的平等交往和对社会关系的高度驾驭，才能获得满足自己物质和精神需求的条件，获得个性全面的发展。毫无疑问，高等职业教育的培养目标主体是"技术型应用人才"，但这一目标结构中凸显的应该是"人的全面发展"这一主题。为职业做准备是以实用专业教育为特色的高等职业教育的社会使命和历史责任。然而，过度的专业化对受教育者个人和社会发展产生巨大危害。李曼丽指出："过分专业化的高等教育使学生的知识、能力以至各个方面局限于某一狭窄的专业领域，学生成了'新'的片面发展的人。这种片面发展不同于历史上由于体力、脑力劳动分工造成的人的片面发展，而是指以专业化教育为中介的脑力劳动分工产生的片面发展。这是近代社会产生的一种'新'的片面发展。这种片面发展指学生的知识、能力、情趣单一，从而使得人成为一种'专业化的人'，因此将不易对人和社会、人和自然、人和人之间的关系做出整体的、科学的、合乎伦理道德规范的认识、判断与选择，对学生个人作为一个社会的'人'和国家的'公民'积极有效地参与社会事务都极为不利。"① 因而，强调"人的全面发展"是现代文明对教育的呼唤与要求，也是高等职业教育的必然选择。这种发展是人的身心诸方面及其整体性结构与特征随着年龄的推移而不断变化的过程，发展不仅局限于某一特定的阶段，也贯穿人的一生。学校教育作为"人的发展"的"特定阶段"，必须从人文关怀的高度，创造学生不懈追求人生的发展空间，从而铸造以人的全

---

① 联合国教科文组织.教育——财富蕴藏其中［M］.北京：教育科学出版社，1996：111.

面发展为核心的"育人工程"。为此,我们应该在三个方面达成共识。

1. 确立以人为本的教育理念

这一理念的基本要素应体现在两个方面:一是在教育实践中贯穿合作教育的基本思想,创设和谐、平等、自由的教育情境。合作教育理论是苏联的教育家们在20世纪80年代的教育改革中提出的,它表现在师生人际关系上对权力和服从的摒弃,在教育目标上对学生个性健康发展的张扬。学生作为现实社会的个体存在,是有见解、有情感、有渴望,也有能动精神的人。因此,我们要一改"师道尊严"的传统观念,超越"传道、授业、解惑"的教育职能的局限,充分尊重学生的个性差异和人格特征,尊重学生学习过程中所有疑虑和异想天开的探寻。让学生在主动参与中成长,在独立探索中起飞,在自然发展中成熟。在具体的教育活动中,要研究学生心理,尊重学生人格,挖掘学生潜能,鼓励学生的多样化发展,只有这样,才能让学生获得全面、自由而充分的发展空间,从而在变化万千的社会生活中获得广阔的生存空间。二是从单纯的"职业能力"培养转变为"综合素质"培养,把综合素质教育作为高职教育的目标追求,用综合素质教育观取代传统的职业教育观,把发展"人"作为教育的出发点,把学生职业技能的训练和学生的个性发展与人格完善有机统一,全面提高学生的综合素质。

2. 建立能力核心的培养模式

如前所述,高等职业教育的目标定位决定了学校教育必须重视培养能力,但能力培养的目的"应该表现在善于塑造健全完善的人"。正是基于这一基本认识,我们不仅要摒弃一直徘徊在我们心灵深处的两个"幽灵",即"经世致用"的教育功利观和"教师中心"的教育主体观,而且应在重新审视的基础上,全面把握能力的内涵,并赋予它丰富的文化底蕴和人文意味。首先,这种能力培养必须建立在人性提升的基础上,即个性的全面和谐发展。其次,能力培养的归宿是素质的合成,这种素质合成既是学生对自身素质提高的认同与渴求,也是学生诸种素质在教育活动中的自然融合。所以,能力培养不仅纳入了整个素质教育的目标视野,也是素质教育在教育过程中的具体体现。第三,能力培养的着眼点不仅仅是某种职业技能的训练与提高，更重要的是社会关系与社会能力的培养与发展，让学生真正成为有见解、有情感、有追求、有生命律动的建设人才。第四，能力培养的核心是创业能力，这种能力对个人发展和社会发展都至关重要。只有涵盖上述几项内容的能力，才是真正意义上的能力。对能力定位的确认固然重要，但更重要的是这种模式怎样建立。高等职业教育几十年的探索与发展，启示我们这种模式的建立不仅仅是教育理念问题，还与能力结构的确立、教材体系的创新、评价标准的建立等一系列问题息息相关，这就需要我们在教育实践中不断探索、发展和完善。

3. 创设全面发展的人文环境

由于深刻的社会变革带来的社会价值体系多元化态势，社会生活中价值观念全面影响着人们的思想和行为。学生的全面发展离不开学校的教育环境、管理环境和人文环境，而人文环境在学生人格健全、个性发展中有不容忽视的地位。学校人文环境又与学校目标导向、价值取向、教师素质、办学氛围以及课程体系和校园环境息息相关，我们必须从学生全面成才、全面发展的高度去关注和重视高职院校的人文环境，倡导人与人、人与社会的和谐，把人与人相互包容、尊重、合作、团结、互助的群体精神，自尊、自立、自重、自强的独立精神，公平、公正、守约、诚信的道德精神，注入校园的每一个角落，让学生在洋溢着科学精神和人文精神的气息中，在能力提升和人性开掘的和谐统一中达到全面发展的目的。

通过上述分析，我们对高等职业教育的培养目标有了一个总体的概念，但具体来说，如何表达呢？一般认为，培养目标就是指学生经过一定的教育与培训的过程，最终达到的状态或标准。那么就高等职业教育来讲，广义的高等职业教育的培养目标就是培养在专业技术、经营管理、经营业务、智能操作等领域为社会主义现代化建设服务的职业型实用高级专门人才。狭义的专指高等职业学校教育，应培养既具有大专以上理论水平，又熟练掌握某一复杂职业（或某岗位群）综合素质的德、智、体、美全面发展的职业型（包括应用型、技能型、工艺型）新型人才。上述有中国特色的高等职业教育培养目标较好地体现了高等职业教育特色、职业教育的高等特色以及高等职业教育的中国特色，是高等职业教育特色、职业教育的高等特色和高等职业教育的中国特色的统一。

本章小结

高等职业教育人才培养目标制约着高等职业教育活动的方向、内容、手段和方法，是高等职业教育的出发点和归宿。因此，研究高等职业教育人才培养目标模式是认识高等职业教育人才培养模式的重要条件。

通过对美国、英国、法国、日本、德国等发达国家高等职业教育人才培养目标的比较，我们得出启示：第一，从世界范围看，高职培养目标的人才类型都是技术型人才，即将设计、规划等转化为现实产品或其他物质形态的人才，是为生产一线或工作现场服务的人才。第二，从世界范围看，高职培养目标的教育层次，可以有大学专科、大学本科和研究生三个层次。但是当前大多数国家的高职教育层次仍然是大学专科层次，就是在具有大学本科和研究生层次的国家和地区中，高职培养目标大部分也仍然是大学专科层次。第三，世界各国和地区在论及高职培养目标时，大都从人才特征、知能构成、工作范围以及职务教育层次来阐述。前三项内容基本一致，在职务教育层次上有所差异。其差异主要表现在技术员职务上。

我国高等职业教育人才培养目标与上述世界各国并无本质差别。自清朝末年的《高等农工商实业学堂章程》首次对高等职业教育人才培养目标做出规定以来，纵观我国大陆各个历史时期和台湾地区对高等职业教育培养目标的阐述，虽然人才培养目标内涵不断丰富、日益明确，但是从总体上看基本是一致的。一是人才类型是应用型、实用型和职业型；二是人才层次是高级专门人才（如比技术员高一层次的高级技术员）；三是工作场合是基层部门、生产一线和工作现场；四是工作内涵是将成熟的技术和管理规范转变为现实的生产服务。

通过国内外高等职业教育人才培养目标的分析与比较，结合教育的目的和"素质本位"理念，在尊重高等职业教育目的的"实然"境遇的同时，我们对高等职业教育的目标做出"应然"的思考。教育的目的在于培养人类的智慧，发挥人性，完善人，其目的是人，不是人力。那么，针对高等职业教育的中的"目中无人"，根据人的终身学习和社会的可持续发展理论，我们认为，高等职业教育目的之要义在于提升受教育者的人性，在实现这一目的的过程中，应着重强调学生的交往与合作，职业道德与共同生存，自我意识与价值定向以及创造性和主体性等品质的培育，使之成为有独立个性和创造精神的人。同时，为一代代的青年人提供赖以生存和个性发展的综合素质，为其未来的职业生涯提供可靠的保证。

　　什么是高等职业教育人才培养目标？本书界定为：培养素质本位的在专业技术、经营业务、智能操作等领域为社会主义现代化建设的职业型实用高级专门人才。高等职业教育人才培养目标是达成其目的的主要途径。总的来说，高等职业教育人才培养目标是，要从培养技术应用型人才，提升为培养有人文气息、有艺术气质、有通识眼光、有技术应用知识的人，不仅让学生习得一技之长，而且要让学生获得更宽广的视野、更丰富的技术内涵，以及更能适应社会变迁的竞争力，同时还要让学生具备关心他人和协同发展的精神，也即是说，培养博雅的素质型高级应用专门人才。

第五章　高等职业教育人才培养的课程

> 职业给我们的一个轴心，它把大量变化多样的细节贯穿起来，它使种种经验事实和信息的细目井井有条。
>
> ——杜　威

高等职业教育人才培养目标的具体化就是课程。课程是培养人的总体方案，是将宏观的教育理论与微观的教育实践联系起来的一座桥梁。无论什么样的教育理论、教育思想、教育观念和培养目标，最终都必须借助这座桥梁才能实现。教育层次、类型的区分，也集中反映在课程内容、层次与组合之间的区别。高等职业教育与其他高等教育的类型特征，与中等职业教育的层次区别，也集中反映在其独特的课程体系之中。因此，深入进行高等职业教育课程理论的研究与探讨，创建高等职业教育的课程模式，是高等职业教育达成其人才培养目标的重要途径。

第一节　高等职业教育课程价值

一、课程事实与课程价值之间的关系

课程事实与课程价值之间的关系是课程理论研究的基本问题。对其进行深入研究，需要将课程置于广泛的社会、政治、经济、文化的背景上来理解，且需联系人的精神世界和生活体验。

自 1918 年美国芝加哥大学博比特（Franklin Bobbitt）出版《课程》一书后，课程已由从属于教学领域的教学内容演变为一个独立的教育研

究领域——课程学,并成为整个教育领域最活跃、最引人注目的领域。

纵观近百年来课程研究的发展史,存在着两种倾向。第一种倾向是把课程研究视为学校材料,认为课程研究即探索价值中立的课程开发的理论与程序。这种倾向在20世纪70年代以前占主导地位,以泰勒原理(Tyler Rationale)为代表。第二种倾向是把课程视为符号表征,认为课程研究的目的是理解课程符号所负载的价值观。这种倾向在20世纪70年代以后,成为课程研究的"显学"。反观这两种倾向,第一种倾向是探索课程开发的规律与程序,而且认为这种规律具有普遍性,排斥或漠视课程价值观的探讨。第二种倾向与此相反,认为课程研究即理解课程的过程,认为在课程领域不存在超越价值观的课程事实,课程研究即对隐藏在课程事实背后的价值观的探讨。显然这两种倾向共同的认识根源是对课程价值观与课程事实的二元对立态度[1]。

长期以来,科学哲学研究领域始终存在着科学事实与科学价值之间的二元对立。吉林大学高清海教授倡导"自然世界"的概念,并与属人世界相对应,为我们打开了新的思路:事实是物质世界运动的现实具体状态或环节,它受自然世界的固有属性——合规律性所支配。但是,人的本质属性是自觉的目的性。在属人世界里,人的活动对象要按照目的标准接受评价和改造,由此形成了属人世界的本质关系——价值关系。属人世界里,不存在价值中立的事实,也不存在脱离事实的价值[2]。

教育以促进人的发展为首要意义和直接目的。教育事实是属人的、社会的事实,其基本构成是教育行为,是具有目的性的自为行为。它不仅要接受社会的评议,还要合于教育者的目的和受教育者的目的。故教育的价值表现为:教育事实及其变化对评价主体目的、需要的适合或满足。教育评价主体包括教育主体(教育者和受教育者)的价值的实现——促进二者的发展,也包括对社会主体的价值的实现——促进整个社会的进步与发展。教育评价主体的目的和需要是我们把握教育价值的

---

[1] 戴学咸. 高等职业教育课程观与课程开发向度研究 [J]. 职业技术教育(教科版),2003(7):42.

[2] 高清海. 哲学与主体自我意识 [M]. 北京:中国人民大学出版社,2010:208-212.

依据。

课程是教育机构为实现教育目的和培养目标而实施的一切活动及其总体规划,课程是教育的有机构成。美国著名学者艾斯纳(Elliot W. Eisner)认为,"课程领域正居于教育的核心"。因此,课程事实与课程价值之间的关系集中反映着教育事实与教育价值的关系,即课程事实是课程价值主导下的事实,课程的价值通过课程事实来实现,二者是对立统一的关系。

课程研究产生的两种倾向有其深刻的社会背景。产生于工业化的现代教育,追求科技理性,批判封建、迷信、愚昧、盲从,并推动了工业文明的产生,推动了社会的进步,在历史上曾产生过积极的作用。然而这种现代教育追求的科技理性,是一种被限制于工具而非目的的领域,具有控制本性和功利主义取向。泰勒原理所代表的正是那一时期社会主体文化的价值观。德国教育家凯兴斯泰(Ceory Kerschenstiner)作了最直白的表述。他认为:"教育的目的不在于培养全面发展的人,而是将人作为满足社会需要的工具造就。"这种"工具理性""统治意识"的价值观,在现代教育中发展到极致,其内在的缺陷也就暴露无遗。

20世纪中期以后,人类在其发展中面临着三大困惑:其一是现代文明的发展与自然环境持续恶化,严重威胁人类生存的矛盾;其二是科学技术的进步、经济的发展与人们物欲膨胀、道德沦丧之间的矛盾;其三是经济全球化与贫富差距日益加大的矛盾。这些问题引发了人类的反思,使人类重新认识了人与自然、人与社会、人与自身的伦理关系,揭示现代教育在培养科学精神、强化科学知识与能力方面的重要作用。同时,"科技理性"日益绝对化、中心化,使人的精神世界日渐萎缩,人性枯萎,加剧了人与自然的割裂、对立,使人与群体原本水乳交融的有机关系变得支离破碎,甚至引发反社会的倾向。学校变成滋生孤独和个人主义的温床,使原本完整的人格结构被破坏。于是,受人文主义心理学和各种哲学思潮的影响,形成了以重新认识课程价值为目标的各种研究流派,进而形成当代的教育思潮。

当代教育普遍重视人格的培养,重视人文社会教育,重视学习者个人的意愿与经验,重视道德、伦理的养成。当人与社会、人与自然、人与自身的关系进入健康和谐发展的本真境界时,这种新型人格被称为新主体,体现这种时代精神的教育价值观为新主体教育观①。新主体教育观的提出,是教育的社会评价主体在深刻进行历史反思的基础上,从人类社会生存、持续发展与进步的角度,对教育价值提出富有时代精神的要求,推进以课程为中心的教育改革观念,符合国际特别是发达国家高等职业教育课程改革潮流。

二、发达国家高等职业教育课程价值取向

随着经济全球化和人的可持续发展的要求,世界各国特别是发达国家加大了高等职业教育课程改革力度,在结构和内容等方面呈现出新的价值取向。仅以德国、日本和韩国为例。韩国高等职业教育主要是靠专科大学和一些技术大学实施的,其课程的设置颇具特色。在课程结构上,一般包括基础课程和专业课程。一般基础课程的学分占总学分的20%～30%,专业课程占70%～80%。专业课程的理论课和实用技术(包括实验实习)的比例为50%。在课程内容上,配合该国"世界化战略",其着眼点转入培养民主化、信息化、高度产业化、国际化的未来社会所需的新人。韩国教育改革委员会将在21世纪韩国人的新形象设计为:(1)具有很高的道德意识和集体意识的"与众共生的人";(2)创造新的知识和信息以及技术的"智慧的人";(3)主导国际化、世界化时代的"开明的人";(4)认识到劳动的价值而勤奋"劳动的人"。即教育发展战略的着眼点在于培养民主化、信息化、高度产业化、国际化的未来社会所需的新人②。在课程设置权力上,有很大的自主权,例如基础课没有法定统一科目,没有统一的教学大纲,教材由学校自定。该国明确提出高等职业教育可以根据社会各部门对不同人才的需要,设置多种多样的教育课程体系,其课程目标也可不拘一格③。

---

① 张华. 经验课程论[M]. 上海:上海教育出版社,2000:224.
② 贺国庆,华筑信. 国外高等学校课程改革的动向和趋势[M]. 石家庄:河北大学出版社,2000:253.
③ 贺国庆,华筑信. 国外高等学校课程改革的动向和趋势[M]. 石家庄:河北大学出版社,2000:253.

德国的高等职业教育主要是靠综合高等学校和高等专科学校实施的。这类学校专业性强，偏重应用技术，以培养工程技术人员为主，系科主要集中在机械工程、经济应用和社会工作三大领域。其课程设置特点主要是课程职业化和综合化，有利于培养学生广泛的职业适应力，努力避免传授狭窄的职业知识。边缘学科的跨学科研究成果急剧增多，人们对能够运用综合方法解决各种复杂的社会和自然界的问题的通才培养越来越重视。因而，强调普通高校与职业性高等学校的课程交融、文理交融的综合化课程受到重视。

日本高等职业教育课程设置，根据《短期大学设置基准》和《高等专门学校设置基准》的要求，以专业为核心，着重培养学生的实践能力为出发点。课程设置以学科为核心，分为一般教育课程和专业课程，两种课程都设有必修课和选修课，专业课程中可分基础课、专业基础课和实践课[①]。日本高等职业教育课程的基本特点：一是突出实践能力的培养，理论课程和实践课比例大约为1∶1，且一些重要的理论课程都要相应地配置实践课。二是重视学生的人格培养和文化教育。非常重视学生全面发展，通识课程总学分多于专业课程。三是理论课程为实践服务并与专攻科形成知识阶梯。四是重视计算机和外语教育。计算机和外语是当今社会的两个重要通行证，其外语必修课的总学分一般占教育课的22.1％，开设德语、英语、汉语、韩语供学生选择。

这些国家的教育改革传达着一个重要的信息：改革势在必行，我国高等职业教育也理当进行相应改革，然而现实的情况却并非如此。

三、我国高等职业教育课程价值偏差

在高等职业教育课程理论的探讨与构建高职教育的课程体系方面，我们往往不能尊重高等职业教育课程价值，出现一些倾向：注重课程开发的技术层面的工作，忽视课程价值方面的探讨；注重借用国外已有的课程模式，忽视自身经验的总结与创新；注重个案的研究探讨，缺乏综合性研究。总的来讲，构建高等职业教育课程模式存在多方面的

---

① 施雨丹．日本高等职业教育的课程设置及基本特点［J］．职业技术教育（教科版），2003（22）：67．

偏差：

第一，课程建设中存在逻辑上的偏差。首先，自高等职业院校创建以来，无论从教学管理上还是从课程设置上看，都存在着模仿和拷贝普通高等教育的现象，发展至今日，始终没有跳出普通高等教育传统框架的束缚，没能形成自己的办学特色。如果我们仔细考察各校的课程建设，就不难发现这样一种雷同现象：高职院校在设置课程时首先考虑的因素是课时及课时比例分配，然后再考虑具体课程的学时，也就是说先定课程体系，后定具体课程；总是在制订完专业教学计划后，再编写课程教学大纲，即先定课程，后定内容。这样就难以摆脱传统教学内容和课程体系的束缚，缺乏对教学内容的创新，难以开设符合高职教育要求、体现自身特色的课程，难以形成自己的课程体系。其次，实践性教学存在脱离社会要求、超越教学条件和与理论结合不够等现象，致使实践教学整体效果不佳，学生的实际操作能力不强，应用型人才的培养目标难以达到。这主要是由于存在不切实际、一厢情愿、闭门造车现象，对实践性教学内容的选择缺乏社会实际调研，实践性教学设备投入不足以及双师型教师缺乏等原因。

第二，课程建设存在方法上的偏差。从目前高等职业院校课程建设所采取的方法上看，主要可以归纳为三种：一是拷贝式。主要表现为"拿来主义"，看到其他院校（主要是上一级院校和普通专科学校）课程有变化，不加分析改造直接复制，使课程建设缺乏主动性和自主性。二是增减式。主要表现为对课程的课时\数量和内容的简单增加或减少上，缺乏本质上的变化。三是单一式。主要表现为单个学校单独进行或对某一门课程进行改革，缺乏取长补短的合作精神和多学科相互配合与融合，使课程建设缺乏系统性和综合性，难以形成具有高等职业教育特色的课程体系与培养模式。

造成这一情况的原因是多方面的：其一，工业革命以来，教育领域中受实用主义哲学影响较大，强调的是方法、原则和设想是否切实可行、是否有用。将教育的目的仅仅理解为培养为社会有效服务的人才，使之多为社会工作。在中国传统教育理论中同样奉行"经世致用"的哲学思想，也与实用主义教育观相呼应。其二，产生于大机器生产的职业技术教育，从它诞生之日起，就是以培养适应大机器生产的劳动者为目的的。正如恩格斯所说："既然资产阶级所关心的只是工人起码的生活，那么我们也不必奇怪他给工人受的教育只是合乎它本身利益的那一点点。"① 因此，职业教育比其他类型的教育有更加显性的"功利主义"传统。时至今日，许多人仍然片面强调职业技术教育的类型特征，否认素质教育的普遍性，陷入认识论的误区。

第三，课程建设存在比例上的偏差。首先，普通课程与专业课程的开设比例不合理。即专业课程偏多、普通课程偏少。长期以来，我国大学在人才的知识、素质结构上一直片面注重学生专业知识的学习与专业技能的提高，却忽视了其综合素质的培养。特别是近几年许多高校片面理解适应市场经济的需要，急功近利地争设短线专业和实用学科，致使基础学科与社会、人文学科教育进一步削弱，导致相当一部分学生文化功底薄弱，基本文化素养与伦理道德修养低下，在就业市场与工作岗位上缺乏竞争力与发展后劲。其次，普通课程内部开设比例也不尽合理。经过几次改革，就目前大学教学计划规定的各类课程看，普通教育课程占教学总学时的40%，按理并不算低。但外语、计算机、数学、物理类基础课程比较受宠，而人文社科类课程所占比例不大，且日趋紧缩②。

四、我国高等职业教育课程模式的价值取向

对课程模式的界定至今没有一致的看法，在正式的教育辞书中也未列入此条目，可见"课程模式"是一个尚不大成熟的名词。在职业教育中，经常出现诸如"双元制"课程模式、CBE课程模式、学科中心课程模式等。其实准确地讲，像"双元制"、CBE、学科中心等是几种含义不同的教育思想、教育理论或教育制度，比课程要广。从对这些所谓的课程模式的论述中，发现大家在用课程模式时，指的是课程的结构形式，如我国有学者把"双元制"课程模式概括为阶梯训练模式，指的就是各类课程之间的结构关系。因此，我们主张在目前"课程模式"这一概念

---

① 马克思恩格斯全集：第2卷[M]．北京：人民出版社，1978：395．
② 周光迅．大学教育综合化[M]．济南：山东教育出版社，1999：153．

还比较模糊的情况下，把课程模式界定为课程的结构模式。

　　课程的内涵相当丰富，因此课程的结构形式也比较复杂。职业教育的课程结构较之普通教育有许多不同，为了简明起见，将它分成两个层次：第一层是指全部教学科目不同性质的课程（通常有文化课、专业基础课和专业技术课）、不同类型的课程（分科课程、综合课程、活动课程）在纵向和横向的排列组合结构。第二层是指某一门课中具体的内容以何种方式、准则进行编排和实现的形式。每一层的结构形式又因多方面因素的影响会出现各种形态，如第一层中，有的专业操作性较强，有的专业要求有较宽广的适应面，反映在课程结构上就有差别。第二层中具体的每一门科目的结构更是多种多样，如我们通常讲的学科中心课程、综合课程、问题中心课程等。传统中的职业教育课程结构显现单一化，如我国职业教育长期实行的是单科分段，文化课、专业课、实训课之间较为机械地按顺序分段排列，结构单一且"刚性"较强；具体到每一科目，学科中心的思想更为明显，大多数科目的结构以本学科的逻辑体系为框架，力求体系的完整，造成教材结构单一。

　　由此，我们理解高等职业教育课程及高等职业教育课程模式就不难了。那么，什么是高等职业教育课程？综合起来，高职教育课程是"课程"的子概念，指高等职业教育课堂教学、课外学习以及学生自学活动的内容纲要和目标体系，是教师教学工作和学生学习活动的总体规划。这里特别需要说明的是，高等职业教育课程作为一种广义的解释，涵盖两个相关的概念，即由教学计划所规定的必须学习的课程称为显性课程，学生在教学计划以外所学习的课程称为隐性课程。隐性课程是指学校情境中以间接的、内隐的方式呈现的课程，包括物质情境，如建筑；文化情境，如教室布置；人际情境，如师生关系等。高等职业教育课程模式即高等职业教育课程开发活动和高等职业教育课程方案计划、文件中各个过程环节及组成要素等结构关系的概括性呈示方式。综合前面论述，我们认为，素质本位高等职业教育课程模式是高等职业教育培养高级技术应用型人才兼顾提升人性和发展综合能力的总体规划。

　　这个界定从最抽象的层次探讨素质本位高等职业教育课程模式，是因为高等职业教育课程模式的形成首先取决于高等职业教育的课程观[①]。高等职业教育的课程观是人们对于高等职业教育课程的基本观点或一般看法。这种观点或看法有的来自哲学、心理学、社会学、技术学、教育学等方面的原理或主张,有的则直接来自一般课程论的观点。如前所述,为了适应人和适应社会的需要,我们赞同从能力本位向素质本位迁移,因而我们主张素质本位课程观,这是认真分析、总结过去的课程和教材,不断学习借鉴国外成功课程模式,结合当前我国经济改革的实际得出的结论,也是对国外综合能力的课程本位观的发展。其主要特点如下:

第一,课程目标由知识客体转向学生主体[②]。我们主张的素质本位将课程目标,或者更确切地说,是将学习目标导向充满生机的学生个体,以及他们内部心理和外部行为所将要发生的变化,用素质指标来反映这些变化。这体现了高等职业教育领域对人的主体价值和个性解放的不懈追求,反映了时代精神的发展方向。一旦高等职业教育由工具理性向实践理性、解放理性的方向发展,其将会跃入一个新的发展境界。诚如有的学者所言:"当职业教育不再成为人的生命强索的代价的情况下,职业教育也将有条件步入满足社会需要并支持个人选择的发展境界。"[③] 在这种境界里人可以得到最大限度的解放,获得最大程度的自由。

第二,教育导向由教育专家导向转向企业专家导向[④]。高等职业教育在日本被称为"企业眼里的高等教育",在德国已成为"企业手中的高等教育",在中国也必然会成为"企业心中的高等教育"。因而,素质本位课程是一种企业家导向的课程,其课程开发应该由产业界的权威代表来作出决策,只有产业界的权威代表最能把握职业岗位现在与未来对

---

① 黄克孝. 职业和技术教育课程概论 [M]. 上海:华东师范大学出版社,2001:75.
② 谭移民,钱景舫. 论能力本位的职业教育课程改革 [J]. 教育研究,2001 (2):55.
③ 杨启亮. 适应与改造:学习化社会的职业教育 [J]. 职教通讯,2001 (8):78.
④ 杨武星. 能力本位教育思想研究 [D]. 上海:华东师范大学,1998.

于其从业者的素质要求。在这一过程中,要求有一定的教育专家参与,以便加深对各种能力的理解。

第三,教育程式由传统的"教程"逐步向"学程"转化。在素质本位的体系中,教师成为学生可以利用的学习资源的一部分,成为学习的促进者和组织者。而且在素质本位教育中,课程可以不统一学习的内容和学习的进度,而是强调适应学生的个体差异,不同学习者可有不同的课程。在建立了完善的学分制后,学生所获得的全部学习经验均能得到认可。

第二节 高等职业教育课程思想

在任何一种教育体系中,课程始终处于核心地位。同样,高等职业教育的改革与发展,最终都会归结到课程的改革与发展上,它与基础教育、高等教育和成人教育在课程方面有什么不同?在课程的基本属性方面又有哪些重要的特点?这些问题的解答都涉及树立一种什么样的高等职业教育课程思想的问题。

一、课程的专业方向不等于职业方向

职业与专业关系密切,有时甚至相互重叠,但却是不同范畴的两个概念。职业是一个社会劳动分工的概念,同劳动者的主要生活来源相联系;专业是一个学习领域划分的概念,同学习者的学习目标相联系。

科学教育课程(如自然科学教育的课程)以系统掌握某学科的科学理论为目标,主要用于培养科学型人才,一般并无明确的就业目标,所以课程内容结构以学科理论体系为主导,而且看重学科理论体系的系统性和完整性,课程中的实习实验目的主要是验证性的。

技能教育课程以就业于某种或某类职业岗位为目标,主要用于培养技能型人才,所以其课程内容结构以能胜任某一职业岗位工作的技能为主导,择取必需的基础和专业理论,看重理论的应用,而不强调其系统性、完整性。

工程教育和技术教育课程以从业于某类工程技术职务为目标,主要用于培养工程型、技术型人才,所以其课程内容以工程技术能力为主

导，择取必需的基础和专业理论，看重工程技术学科理论的系统性及其应用能力，而相对不看重基础学科理论的系统性、完整性。

相对于工程教育，技术教育课程具有更明确的就业方向，一般都有一定的技术领域限制，因为技术型人才处于生产或服务的现场，面对着更具体的生产或服务对象，要根据现实的生产或服务条件，处理更实际的生产或服务问题。这就是说，技术教育课程的专业定向更加贴近社会生产实际和职业分工，但不等于职业定向。

二、课程尽可能避免过窄的专业定向

高等职业教育的基本功能是培养生产或服务一线的技术型人才。他们的工作接触面广，工作环境复杂多变，因此必须重视拓宽学生的知识面，同时需要十分重视如下若干新的因素：

第一，全面发展和终身发展是未来时代对人才的普遍要求。由于科技的飞速进步和产业的不断升级，要求技术型人才具有较强的应变能力，以求在不断变化的环境中得以生存和发展。正如联合国教育、科学及文化组织在第二届国际技术和职业教育大会的主题工作文件中指出："全球化经济提出的基本挑战是需要有在迅速变化的环境里的调整适应和竞争能力。培养一支生产效率高和灵活的劳动力队伍乃是在 21 世纪进行竞争的最核心的一招。"[①] 不具备较宽的基础知识与能力，就不可能有较强的应变、生存和发展的能力。

第二，现代科技知识更新速度加快，变换工作岗位甚至变换职业的机遇在增加，从而对未来人才接受再培训的能力要求显著提高，这些都要求高等职业教育课程必须注意增强认知能力的培养，学会学习，以适应未来社会的需要。

第三，在技术飞速发展的今天，技术的更新往往意味着一个全新的技术领域的形成，而不是在原有基础上的局部改进。所以，高等职业教育课程的专业面要放宽，重视多技术领域的交叉渗透与融合，这一要求也正在成为世界性的改革趋势。

---

① 联合国教育、科学、文化组织. 第二届国际技术和职业教育大会主要工作文件[J]. 黄仕琦, 译. 中国职业技术教育, 1999 (10): 49.

第四,高等职业教育课程既要使学生具有一定的技术专长,又有较宽的知识和能力的覆盖面,重视全面素质培养,包括非智力因素的充分发展。技术型人才相对宽广的知识和能力,其中相当部分属于常识范畴,深度有限,但正是有了这种丰富的常识,才使得技术型人才能够适应技术工作的需要。

三、课程内容要侧重于创造性智力技能[①]

如上所述,不可把能力狭义地理解为技能,但是技能在技术教育课程中仍是非常重要的内容,并有它自己的特点。

技能,一般分为智力技能(mental skill)和动作技能(motor skill)。英国教学理论家罗米索斯基(A. J. Romisowski)从另一种角度,将技能再分为再生性技能(reproductive skill)和创造性技能(productive kill)。再生性技能的特征是在技能活动中具有重复性质,在各种情境中运用时没有较大变化,体现的是一种固定程序或运行方式,如做加减法、打字、跑步、钻孔、刨平面等。创造性技能的特征是在技能活动中,要制订计划并运用某种理论或策略作出决定,在执行任务过程时表现出相当的灵活性和变通性,如工艺流程设计、产品营销、艺术创作、球类比赛等。在具体的工作实践中,往往部分是智力性的,部分是动作性的,或者部分是再生性的,部分是创造性的。

需要特别说明的是,技术型人才同样需要创新精神和开拓能力。现代高科技引发的劳动组织与管理体制的发展变化,使相当一部分原来属于高层人才掌握的决策和管理权限正在下放到中间人才乃至基层生产操作人才层面,要求他们具有相对独立的判断和应变能力,所以,认为技术型人才"只需执行,不需创新"是不全面的。

随着自动化技术的发展,许多再生性的动作技能被机械手、自动传送带等自动机械所替代,其价值在下降。然而,电子计算机等高技术设备的出现,从总体上并没有替代人类的创造性智力技能,所以,创造性智力技能的价值在不断提高。在技术型人才的能力结构中,创造性智力

---

① 杨金土,孟广平. 对高等技术教育课程设计的若干理论认识[J]. 职教论坛,2002(19):156.

技能应占有较大比重。

四、课程知识框架由学生自主建构

教育的基本功能应该是帮助和促使自然人向社会人的转化。马克思早在《共产党宣言》中就指出:"每个人的自由发展是一切人的自由发展的条件。"联合国教科文组织1974年编制的《国际教育分类标准》将教育定义为"有组织地和持续不断地传授知识的工作"[①]。而1997年修订的《国际教育分类标准》将教育的定义修改为"导致学习的、有组织的和持续的交流"[②]。这一修改反映了世界教育界在20世纪最后的20年里,对教育本质的认识发生了革命性的改变,意味着对教育内部的人际关系要作根本性的调整。长期以来,我们受"教师中心"的传统影响很深,在课程开发中研究"教"多,而对"学"研究得少,对学习者认知发展过程的规律研究不够。

以人为本,承认学习者的主体地位和学习的自主性,其实质是对学习者的尊重,使学习者的人格尊严得到保障。只有受到尊重的人,其学习主动性和积极性才能获得充分发挥。因此要创建一种新的管理体制和运行机制,让学习者在教师的指导下,根据一定的学习规程,结合自己的发展取向,对学习内容和学习方式的选择具有充分的自主权,使学习过程不仅是对知识的接受和储存,更是对知识的建构和再建构。

鉴于高等职业教育课程对学习者侧重于技术应用能力的培养,这种能力在工作岗位上要根据不同的环境进行创造性的发挥,所以对技术教育课程更需要学生自主建构知识框架,成为自己的知识并内化为能力。因此,根据技术教育课程的特点,更需注意如下两点:一是教师为学生积极提供和创建尽可能真实、全面的、贴近生产和服务实际的学习情境和学习领域,与学生在一种新的关系中共同探索,并创造知识迁移的环境,以便学会对知识的自主掌握和灵活运用。二是对学习者能力的评价

---

① 联合国教科文组织教育统计局. 国际教育标准分类 [S]. 国家教委教育发展与政策研究中心, 译. 北京: 人民教育出版社, 1988: 9.

② 联合国教育、科学、文化组织. 第二届国际技术和职业教育大会主要工作文件 [J]. 黄仕琦, 译. 中国职业技术教育, 1999 (10): 49.

要尽可能在真实的工作环境中进行设计，多种评价内容组合，并注重学习过程的进步，以自我评价的方式为主。

总之，倡导学习者根据自己的个体特性在与知识客体不断交互作用的过程中，自我建构起新的认识，更符合技术型人才成长规律。

五、课程模式要多样和有弹性

课程模式是教育思想的具体表现，也是达到教育目标的基本规定。课程模式的影响因素较多，其中以教育思想、专业设置以及办学模式的作用最为直接，其他如教育技术应用的深度与广度等也会对课程模式产生影响，需要因不同的情况采用不同的课程模式。

第一，课程模式多样化是高等职业教育的性质与功能决定的。人们接受高等职业教育的基本目标是为从事某一领域的技术工作作准备，具体目标是多种多样的。即使在以就业为目标的情况下，同一技术领域也往往有多种职业资格的要求。所以，高等职业教育课程模式的多样化是它自身性质和功能的规律性反映。特别是高等职业教育的区域性和行业性都很强，地区差异和行业差异都很大，经济发展极不平衡，同行业内不同企业之间的生产水平千差万别，不可能企图用一种高等职业教育课程模式统揽全局。在引用某种模式时，必须结合本地区、本行业、本学校的实际，最重要的不是学习它外在的形式和做法，而是研究其可以成功的条件，只有条件基本相同，才有成功的可能。

第二，建立学历教育与资格证书教育并重和沟通的体制。在我国社会转型中，我国正由学历社会逐步过渡到学习化社会，资格与学历并重是学历社会向学习化社会过渡的一个重要环节。在未来的社会里，职业资格证书对于一个人的就业和就业后工作状况的影响将日显重要，学历文凭将不再是衡量个人知识与能力的唯一标志。非学历教育绝不是低于学历教育的低水平教育，而是人力资源开发中的重要组成部分。就学习者的规模而论，非学历教育远超过学历教育，它本身是分不同层次的，尤其在高新技术领域。从终身学习观点出发，学历教育是学习，非学历教育也是学习；学校教育是学习，工作也是学习。正是这种学历教育与非学历教育的结合，工作与学校教育的交替，才构成了终身学习体系。学历教育需更多注重通用的基础，而短期职业培训更多承担岗位能力的学习。学历教育与短期培训各有各的作用，不可偏废，也不能相互替代。为了改善职业技术教育与就业之间的联系，需要改善职业技术教育课程开发与职业资格标准开发之间的联系与沟通。在高等职业教育的课程开发中，需要把建立兼顾学历教育与非学历教育的体制和沟通办法作为改革方向。双证书（学历资格）是高等职业教育人才培养的重要途径。

第三，在多种层次与类型的课程之间，要尽可能注意课程内容的相互衔接。在学习内容和学习方式呈多样化的终身学习体系中，每个学习阶段的学习内容与其前后阶段学习内容的合理衔接，是未来高等职业教育课程改革的重要课题。在目前情况下，鉴于高等职业教育生源的多样性，其中包括中等职业技术学校的毕业生和已有一定专业实践经验的人员，在构建各种高等职业教育课程的过程中，尽可能考虑与原有的科学文化基础和专业基础相衔接，以免产生学习内容的重复或缺损，进而提高教学效益和效率。这是高等职业教育课程建设的又一个重要特点。

第四，从终身学习的观点出发，要为各种各样的学习者设计多种"入口"与"出口"。鉴于高等职业教育的多样性，同时从终身学习的观念出发，考虑到人的一生都在学习—工作的不断交替之中，因此，高等职业教育要随时准备接受各式各样的学习者，他们的年龄不同、文化基础不同、社会背景不同、学习目的不同，因此必须制订各种各样的入学标准和入学办法，设计多种学习方式、多样学习内容、多条学习途径和多种结业方式，以满足不同学习对象的不同要求。对上述不同的学习内容、学习方式和学习途径，要给学习者充分的自主选择机会和选择权利，乃至给予临时改变选择的可能性。为此，学校的课程应具有多个"入口"、多个"出口"和多条路径，并能形成网络。

第三节 高等职业教育课程结构

高等职业教育的课程结构问题是课程理论需要重视的问题。所谓课程结构是指课程质、类、形、层课程间的构成比例及相互间的纵横关系。下面就以上几个问题展开讨论。

一、课程质的结构

素质本位是对学生知识、能力和态度等综合素质的整体概括,在实际的教学中,需针对素质的不同性质采取不同的课程开发的方法。我们从高等职业教育的实际出发,根据它对具体职业活动的针对性和迁移程度,把综合素质分为一般素质、群集职业素质和岗位专项素质。

一般素质是指学生通过各种形式的学习获得的基本能力,这些基本的能力是从事各类职业活动所必备的通用的知识和技术,特别是工具类的知识和技能,它们不会因特定职业的不同而发生较大改变。一般素质的内涵随着社会发展而变化,是其他专门能力的基础,也是学生将来进一步接受教育和发展的基础。它们对具体职业活动的针对性不强,但有广泛的迁移性。

群集职业素质是为适应某一较广范围的职业领域里的工作应具备的基本能力要求,一般以职业类型或行业来划分,如教师、护理、厨师等等。群集职业素质为学生将来选择具体岗位、未来的转岗等提供一个宽阔的专业基础。群集职业素质的提出是市场经济的人才的客观要求,面对未来社会的职业变换趋向于增多,劳动者至少应在一定的职业范围内有较强的职业应变能力,传统的直线型的培养方式需要改变。群集职业能力相对具体职业而言,其针对性比一般能力要强,迁移性限于某一职业领域内。

岗位专项素质是针对某一职业领域里某一岗位的具体应用能力,学生具备这些能力就可直接上岗工作。某一职业类型或行业一般可分为若干个岗位,每一岗位都有其特殊的专门能力要求。岗位专项素质的针对性非常强,迁移性就较差。

上述三类素质构成从一般到具体的有机整体,比较适合现代高等职业教育的发展,既体现了素质本位教育的基本要求,又克服了以往三种素质观所造成的片面性。

我们把学生的素质分为三类是为了更好地有针对性地开发课程,进行教学。对一般素质的课程开发,采用加拿大的CBE模式就会有许多不适合之处,倒是需要多借鉴澳大利亚的CBET中关于一般素质的课程开发方法;群集职业素质的课程开发需要把职业基本素质与具体的职业活动结合起来,英国的整合型 CBE 模式对开发这类能力有更多的借鉴价值;岗位专项素质则适合采用加拿大的任务导向型方法,即 DACUM 的方法。总之,我们针对能力的不同类型,灵活地选择和借鉴适合的方法,以期达到理想的效果。

二、课程类的结构

资料表明,传统的高等职业教育课程类型结构划分主要有三种:第一种是公共课、专门课;第二种是基础课、基础技术课、专业课;第三种是基础理论、专业理论、专业技术。第二种课程类型结构把整个课程体系按纵向和横向两个方向分解成若干门课程,造成了多方面的不足:(1) 学科门类繁多,诸多课程内容重复交叉;(2) 层面复杂,学生在接触了专业课后,才能不断认识到前面课程在专业培养目标中的地位和作用;(3) 由于强化了课程的学科性、系统性,一方面不合理地加重了学生的学习负担,另一方面课程很难体现针对性和应用性,教学内容更难体现实用性;(4) 教学过程中的各要素、教学内容之间相互封闭,不能发挥整体功能,使学生只能看到大树,看不到森林。第三种课程类型结构忽视了两方面的因素:(1) 由于支持专业技术的基础理论、专业理论分属各个学科领域,随着技术发展,专业技术中所运用的基础理论、专业理论知识横向复合、纵向交叉,构置课程时,三类课程的知识结构必须有选择地重新整合;(2) 从课程属性上看,无论是理论教学,还是实践教学,都是以培养学生的技术应用能力为主线,这种划分很难揭示、体现实践教学的特色,实践教学体系内设置的课程属性难以表述。

根据素质本位教育思想,结合传统高等职业教育课程类型,我们认为,新的高等职业教育课程类型应该为通识教育课程、专识教育课程和特识教育课程。

由于职业变换频繁,以及许多专业知识会迅速地过时,而提出了对工作人员多功能的要求,灵活性、适应性甚至比掌握专门技能更重要。一方面,职业性学科越来越专门化;另一方面,科研转换和知识更新的周期越来越短,因而越来越需要通才。现代社会普遍对各类人员提出了通才要求,非专门化的通识教育得到普遍欣赏。所谓通识教育课程,它往往用来指向高等教育中的非专业教育部分，是非专业性的、非职业性的、非功利性的教育，旨在培养积极参与社会生活的、有社会责任感的、全面发展的社会公民，促进人的生活的、道德的、情感的、理智的和谐发展。一般来说，通识教育包括知识、见识和器识的教育①。目前，通识课程的设计与开发主要依据三种课程理论：其一，精义论。主张以经典著作作为通识教育课程的主要内容，因为人类的文明虽然与时俱进，但在变迁中有其永恒不变的价值存在，这种核心价值尤其保存在经典文献之中。通识课程要体现人类的永恒不变的核心价值，因而经典著作便自然成为课程设计的中心。其二，均衡论。认为知识是一个不可分割的整体，只有各种知识统筹兼顾，均衡发展，才能避免20世纪以来学术过于分化所导致的视野狭窄、心灵缺陷，因此，必须以通识教育课程为学生提供均衡的视野、平衡的心智。其三，进步论。强调教育必须为学生解决问题，对他们的生活有所裨益，因此，通识教育课程的内容必须与学生未来的生活相结合，为未来的生活作准备②。目前，我国通识课程的开设都受这三种理论的影响，在我国课程设置上可以看到它们的影子。但三种理论各有其缺陷与不足。精义论易流于文化中心论，何况经典著作的观点与内容未必都与时代精神相一致，其理论往往与现实生活相脱节，对现实问题的解决能力也较弱。均衡论有将通识教育视为补充教育的嫌疑，把通识教育作为弥补大学以前教育不足的手段，让学生先修不同学科门类的课程，学生对每一涉及学科都有少许了解，但什么都了解不深，学生所学的免不了片段和肤浅。这样的通识教育课程充其量只能起到认识其它学科领域的知识与方法的作用，而不能达到整合经验、架构知识、陶冶身心的通识教育目标。进步论的课程设计忽视了继承传统的深厚文化，不能正确处理过去、现在、未来的关系，教育只是为未来的生活作准备，具有强烈的功利色彩，是一种工具主义教育观。事实上，学生适应未来生活的能力，并不完全取决于他所掌握的知识与

---

① 吴靖国. 技职通识教育理论与实务 [M]. 台北：师大书苑有限公司，1999：247.

② 李玉娟. 未来教师素质的培养与我国教师教育改革 [J]. 师资培训研究，1998 (3)：56.

技能，而是依赖于学生是否具有健全的人格①。21世纪我国普通高校的课程改革之一是注重通识教育，职业教育同样必须关注人的全面发展的需要。毫无疑问，高等职业技术教育必须突出技能和技术。高等职业教育毕业生主要到生产第一线从事成熟技术，特别是成熟的高层次技术的应用和运作。因此，要强调技术性课程或课程的技术性。但在强调"科学技术是第一生产力"的观念的同时，也要积极适应社会发展及人的发展对人文精神的呼唤；强调人文精神的培养，弘扬传统文化，进一步渗透可持续发展理念。这是因为高等职业教育虽然是以技术为主的教育，但这并不否定进行人文教育的必要性和可能性。尤其在当前世界面临共同难题日益增多和棘手的时期，单纯的科技教育往往只能解决一时的问题，要想从根本上解决问题，则离不开人文教育。通过人文教育，既可以提高学生的科技伦理素质，同时也可以增强学生关心人、注重人的意识，促使他们不断考虑人生的价值与意义，着重为人的生存与发展着想。高等职业教育的通识教育的根本使命在于造就全面发展的、勇于探索、善于批判、勇于创新、乐于奉献的新人。

所谓专识教育课程是指专业基础课和专业主干课程。"专识"最早是由梅贻琦在《大学一解》一书中提出的，即"通识，一般生活之准备也，专识，特种事业之准备也，通识之用，不止润身而已，亦所以自通于人也，信如此论，则通识为本，而专识为末"②。它是学习某专业学生必备的基础理论、基本知识和基本技能课程，主要是为学生奠定一个较宽的专业基础、专业口径及较宽的知识面，其比重占28％左右。专业课内容包括专业知识、专业技术、专业能力和专业态度等③。专业基础课包括学习某专业的学生必须修学的基础理论、基础知识和基本技能的课程，是专业课体系中不易"老化"的基石；专业主干课是专业课程体系

---

① 季诚钧. 试论高师院校通识教育的课程设置［J］. 高等师范教育研究，2002（3）：58.

② 杨东平. 大学精神［M］. 沈阳：辽海出版社，2000：76.

③ 吴靖国. 技职通识教育理论与实务［M］. 台北：师大书苑有限公司，1999：456.

中的核心部分，是一个专业区别其他专业的根本，是专业特色的体现①。专识教育课程建构过程中应缜密思考并妥善处理三重关系：其一，是概念原理知识与过程法知识的关系。概念原理知识代表的是专业探索的一个暂时的结果，过程方法知识是对某一时期专业探索过程与方法的描述。高职高专的专业课程不能简单地看成是由概念原理知识组成的逻辑构造体。专业内探究的过程与方法由于它本身具有鲜明的实践性，包含了许多颇具教育价值的课程事件，相对概念原理知识而言，与实践品格的培养有着更为显性的联系。概念原理知识与过程方法知识的关系不是一种相互割裂的对立关系，高职高专专业课程内容的建构，应结合高职高专的教育特点，来寻求它们的最佳结合途径。其二，是职业定向性与非特定化之间的关系。培养职业者是专业课程最为直接的目标，职业是学生进入社会生活的先决条件，也是在社会实践中实现自身价值的前提。这样，专业课程是应指向某些特定的工作岗位，而是要具有一定的非特定化，把目标指向更广泛的工作能力与实践能力，这也是高职高专课程领域经常探讨的一个课题。非特定化可以理解为比尔·盖茨所提出的兼容性，拥有一定的兼容性的学生能够根据不同的工作环境发挥自己的功能，有效地解决不同情境下的各种问题，以适应职业世界的变化与流动性。从目前的情况看，非特定化作为高职高专专业课程的一种理念，已经越来越被人们所认可。当然，这种非特定化是以一定的职业定向性为基础的。其三，是理论理性与实践理性的关系。任何专业课程都是理论理性与实践理性的一种交汇。一般认为高职高专教育的培养目标是应用型、实践型人才，从事基础研究与理论建构的科研人员应让位给研究型大学与综合型大学去培养。正因为如此，实践性成了高职高专专业课程的重要特点，实践性教学则是高职高专的教学特性，高职高专课程改革的一种趋势，也是增加实训课程的分量，而同时减少学术性课程的分量。但是，理论素养与理性思维能力也是高职高专学生素质结构中的重要组成成分，具备一定的研究素养和知识创新能力可以大大地提高学生应对生存挑战的能力。所以，高职高专的专业课程如何在理论性与实

---

① 薛天祥. 高等教育学 [M]. 桂林：广西师范大学出版社，2001：37.

践性之间保持一种恰当的张力关系，是高职高专专业课程开发中的一个研究视点。当下较为流传的一种说法是，"理论够用，实践为主"。但任何对二者关系的简单化处理都是于高职高专专业课程开发不利的。

所谓特识教育课程亦即特色校本知识课程。这里的特色主要指办学特色。所谓办学特色，就是在办学主体的刻意追求下，学校工作的某一方面特别优于其他方面，也特别优于其他学校的独特品质①。校本课程（schoolbased curriculum）是一个舶来的概念，其实质是一种课程开发策略，指学校根据自己的育人目标自主进行的课程开发，校本课程是一种与国家课程、地方课程相对应的，在保证国家和地方课程的基本质量的前提下，通过对本校学生的需求进行科学评估，充分利用学校的课程资源开发的多样性、可供学生选择的课程。校本课程是高职院校坚持独特的办学取向，通过对自身人才培养项目建设的长期积累，丰富优于其它课程，也特别优于其它学校同类课程的独特品质的课程。校本课程充分尊重和满足学校师生以及学校教育环境的独特性和差异性，体现多样性，增强了灵活性和适应性。因此，它是最能体现学校特色的课程②。当然，要使校本知识课程为形成学校的特色服务，还必须使校本课程的开发与学校特色的建设相一致，使校本课程成为学校特色建设的重要组成部分。另外，校本课程的开发还必须适应本学校的特点，贴近学校的生活实际，切忌追求数量和作表面文章，给学生增加不必要的负担。

三、课程形的结构

高等职业教育课程形的结构主要是模块化。模块化的概念最早出现于19世纪后半叶的美国高等教育中。20世纪70年代，国际劳工组织开发出了面向发展中国家培训工人的模块式技能训练（MES）计划，MES对模块课程在职业教育中的应用与推广起了积极的作用。

---

① 刘兰明.高职教育办学特色及其本质特征［J］.职业技术教育（教科版），2003（16）：32.

② 杨佐，吴晓义.论学校的特色与柔性［J］.职业技术教育（教科版），2001（7）：11.

何为模块化？所谓模块化课程，是指按照一定的分类方法，将某一专业应开设的课程划分为若干相对独立的部分，每一部分称做一个模块，所有模块按照一定的形式组合成一个系统。模块化的课程较之以学科为体系的课程有着如下的优点：

一是灵活性。模块化课程由于模块是相对独立、完整的教学评价单元，相互的依存关系弱，而易于优化组合，易于改革创新。它可以根据社会对职业的需求合理调整和重新组合，及时地建立新的课程以适应社会需要，还可以根据科学技术的进步，增减模块以保持课程的先进性、时代性。特别是现代社会要求职业教育培养的人才既要有宽广的文化基础，又要有较强的专业应用能力的情况下，模块课程则是一种有效地满足这一要求的方法。二是开放性。学生可根据自己的实际情况选择学习时间和学习方式，达到模块课程的目标，这也意味着模块教学思想应强调开放的和自我决策的学习。同一组的学生可以处于不同的学习模块状态，或同一模块的不同阶段。学习可以在一个较大的环境或范围内通过不同的模块来完成。模块的具体学习目标有利于承认以前的学习，不管他是在哪里获得的，不管是通过正规教育还是非正规教育，工作实践所获还是生活经验，只要达到了模块规定的目标，就承认有这样的知识和技能。另外，在模块化的系统中，只要有了一致的标准体系，模块课程就可在学历教育、非学历教育中供学习者选用。

改革开放使得我国职业教育在较短的时间内学习到了许多国外职业教育的成功经验，获得了许多新的教育思想，极大地推动了职业教育的课程改革。其中在改革课程的组织结构方面积极推行模块课程，而且取得了很好的成果，"宽基础、活模块"的模式得到了各地改革者普遍的认同。但从改革的长期性和艰巨性来看，还只能说是刚刚开始，需要不断总结经验，不断发展。我们认为，我国高等职业教育要继续深化模块课程的改革，需要作好以下三方面的改进工作。

一方面，进一步科学规范课程的模块。一个模块不等于一门学科，不等于一门课程，也不等于教学计划中的一个部分。在我国一些地方进行的课程改革中，时常有把课程模块简单化的做法，从一种经验的角度来划分模块，编制模块的内容，带有较大的随意性。例如，北京市某区进行的"群集式模块课程"改革，用"活模块"的形式来解决专业的针对性与适应性的问题，可以说是颇有创造性的；但是有些模块太大了，模块的内容很多，难以操作，也难以体现出模块课程的优越性。因此，在进行模块化的过程中，有必要认真研究国外模块课程设计的成功经验，科学地确定模块，使之规范化，不然也就失去了设计模块的意义。

另一方面，建立统一的能力标准体系（一致性）。把课程设计成模块形式的目的之一，在于以此来增强课程的灵活性和弹性，横向便于沟通，纵向便于衔接，避免各级各层教育的重复学习或缺损学习，同时，也是职业教育适应个性化的学习需要，使学生在不同的地方、采用不同的方式均可完成学习。而上述目的能否实现取决于有没有一个科学的统一能力标准体系，我国目前高职得以大力发展，中高职的课程衔接问题凸显出来。高职的课程源于本科或专科的课程，学科体系的特征较为明显，学术性较浓；中职的课程经过改革，能力本位的体系初步建立。两者的出发点不同，标准也就不同，因而出现了谁衔接谁的问题。

再一方面，尽管模块化越来越被当作职业教育适应各种变化的一个有效的办法，但也受到了批评。批评主要集中在这种把学习分裂开来所造成的危害上，在模块化中，课程被分解成一些独立的单元，而且学生在不一致的模块分组中完成学习任务的可能性也受到怀疑。在职业教育模块化中，有许多策略、方法可用来避免上述一些问题的发生，如加强师资培训以改革教学方法、加大投入以更新教学设备和教学手段等等。

四、课程层的结构

高等职业教育的层次问题决定了高等职业教育课程的层次结构。进一步讲，这与高等职业教育本身在整个教育领域的定位层次问题和高等职业教育内部各类、各种人员的受教育层次及差异问题有密切联系。

从高等职业教育的定位层次看，高等职业教育是一类教育（职业教育）高等层次。这就决定了高等职业教育课程的定位层次必须是高等教育的课程，通过课程的学习，学生在毕业时应具备高等教育的相关水平。因此，高等职业教育课程不能层次过低而导致不达标，当然也不能过高而超出学生的能力范围，应是符合学生实际的高等教育的课程。

从高等职业教育内部受教育者的状况分析，高等职业教育课程应在高等教育课程的范畴内，有不同的层次和侧重。据分析，在当前和今后的很长一段时期，伴随着高等教育走向大众化的趋势，高等职业教育要以扩大公民接受高等教育机会为主题，要为每一位愿意接受高等职业教育的公民提供合适的教育及课程，这就意味着高等职业教育的学生来自多方面，且教育基础是多层次的。事实上，生源多样化是高等职业教育必须考虑的重要问题。这种基础有异（不同生源的学生的职业理论基础、技能基础及实际工作经验各不相同）、来源广泛、目标多样、需求多元、层次不同的受教育者，决定了高等职业教育的课程必须解决好层次结构问题。在课程建设上，课程要具有多种层次，必须提供不同层次、不同侧重的课程。例如，应提供继续深造的课程、职业技术培训课程、闲暇教育课程，甚至部分启蒙式教育课程等等。需要注意的是，每一层次的课程都应体现基础性，为学生的未来发展奠定基础，为终身学习、终身教育奠定基础。

第四节 高等职业教育课程模式

一、高等职业教育课程改革的思路

怎样进行高等职业教育课程模式改革，构建适应21世纪发展的课程模式，在实践中的探索比在理论上的探索更艰巨、更复杂，涉及教学体制的转换、教学计划的修订、教学资源的调配，是一项需要不断尝试、调整、完善的艰巨工程。笔者认为在探讨面向21世纪的高等职业教育课程改革时有以下几方面值得思考：

（1）在课程目标上，应着眼于人的全面发展，以素质本位为向导，以提高全面职业能力为核心，以人格的完善为目标。面对社会高科技化、理性化、学习化、竞争国际化等趋势，高等职业教育所培养的人才如果仅拘泥于岗位能力需要的层面显然是远远不够的。它必须着眼于人的全面发展，教会学生"学会认知，学会做事，学会共同生活，学会发展"。通过提高学生全面职业素质，完善其个人品格，使其成为21世纪的适应知识经济社会需要的具有综合职业素质的人。

（2）在课程内容上，应采取知识、技能、态度和价值等要素各个成分多重、多种组合的综合化策略。高等职业教育课程设置应以职业能力为基础，但它不同于中等职业教育的以能力为本位的课程观。高等职业教育是在不同程度上应用整合能力观来编制课程，强调知识、技术、态度和价值等素质的整合及其在工作环境中的综合应用，而不是将职业能力作很具体和详细的机械分割。详细的能力分析只是为整合能力观提供背景和素材，并以此来编制设置课程。

（3）在课程结构上，应采取平面结构和立体结构相结合的策略。课程的平面结构，主要指高等职业教育课程的通识教育课程（公共基础课、公共选修课）、专识教育课程（专业基础课、专业课、专业选修课）、特识教育课程三大块。立体构成是由以上三大块与时间维度上的综合、课程交叉而形成的课程结构。构建现代高等职业教育课程立体结构，应该着重培养学生的综合素质和专业技术应用能力，全面塑造学生的人格，做到坚持方向，注重实践，体现综合，面向未来。

（4）在课程线索上，可按"主线—模块"式的思路来构建。所谓主线，就是整个课程模式要体现以综合素质和专业技术应用能力培养为主线，模块是指将学生应掌握的知识、能力分解成通识教育模块、专识教育模块和特识教育模块。对于通识课，可以分为必修性通识课、限选性通识课、任选性通识课。必修的如"两课"、计算机、英语、体育等；限选的如大学语文、高等数学、中国文明史等；任选的如在全校公选课中选择。同时，重视隐性通识课程的建设，如学术讲座、课外活动和校外环境建设等。对于专识课，要进行整合。要因需设课、模块组合，对各相关课程按需取精，并按课程内容的内在逻辑和界面组成少学时、多模块的课程体系，让学生自主选择，循序渐进。同时，要注意专业课程的系统性。专业教育课程模块化，并不是让学生零碎地、孤立地、盲目地、无序地学习；相反，在课程体系优化设计中必须对各子系统模块确定一定的学习比例，以帮助学生达到或满足学习相对系统性的要求。再就是专业整合还要突出实用性和创新性。对于特识课，为办出本校特色，提高学校声誉和教学质量，高职院校开出人无我有、人弱我强、人有我新的特色课程。比如，就某一特定专业领域，以小人数，课堂讨论式教学的当场答疑课讲授较为"尖、新、精"的专业知识等。

二、常见的高等教育课程模式

在构建高等教育课程新模式之前，有必要了解和借鉴常见的研究型高等职业教育课程模式和职业型高等教育（高等职业教育）课程模式。

1. 常见的研究型高等职业教育课程结构模式

研究型高等教育的课程结构模式为活模块组成的梯形结构模式或金字塔形结构模式[①]。

第一，梯形课程结构模式（见图5-1）。

特点：基础宽厚、专业宽泛。

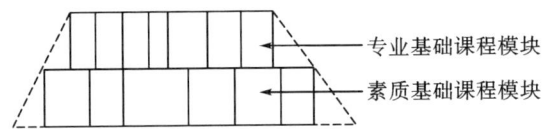

图 5-1　梯形课程结构模式

第二，金字塔形课程结构模式（见图5-2）。

特点：基础宽厚、专业淡化。

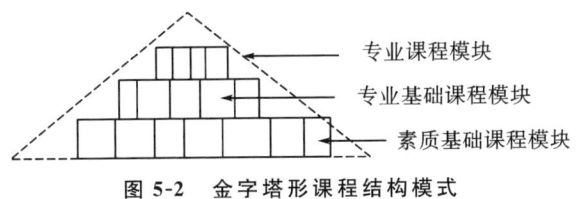

图 5-2　金字塔形课程结构模式

2. 常见的高等职业教育课程结构模式

高等职业教育是技术型、应用型的教育，其理论课程定位为"以应用为目的，以必需、够用为度"，其专业技术技能要求较高，专业具有针对性。对应此目标往往采用活模块组成的阶梯形课程结构模式、矩阵式课程结构中活模块构成的个性化课程结构模式和集群式课程结构模式。

第一，三段式模块（见图5-3）。我国高等职业教育的课程模式在相当长的一段时间基本上沿用了普通高等教育普遍应用的三段式结构，即按基础课、专业基础课和专业课的模式构成课程体系。三段式结构的课程体系对于强调理论

---

① 江小明，高林. 高职教育课程设置原则与课程结构模式探讨［J］. 职业技术教育（教科版），2003（4）：46-48.

知识教育，为未来工程设计开发和学术研究奠定宽厚基础的普通高等教育是适合的，但对高等职业教育来说，却严重影响了理论教学结合实际应用及学生实践能力的提高和技术技能的养成，不利于对高等职业技术人才的培养。

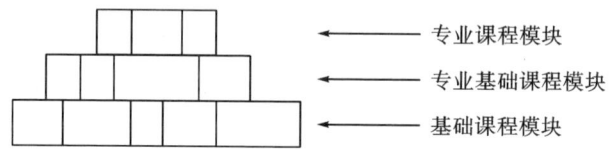

图 5-3　三段式课程结构模式

第二，集群式课程结构模式（见图 5-4）。所谓职业群集课程，是指将工作性质、职业所需的基础知识与基本技能、各职业入门技术、在社会中所起的作用和从事者所需性格也较接近的若干职业集合为一个职业群，分析该职业群的共同基础理论和基本技能，以及各职业的入门技术，加以系统组合而成。其目标就是使学生能够掌握某一职业群工作环境、工作内容、工作条件、工作水准等相类似的、共同的核心技术和知识，学生在毕业时获得某一类职业的入门技能①。群集课程模式的开发，采用的也是职业分析的方法，所不同的是它所分析的是职业群，而不是某一工作岗位；分析的是某类职业群的入门技术，而不是完全胜任的能力。在这种情况下，学生毕业后参加某种工作或转岗之前，还要接受短暂的培训。群集课程内容的安排，大致可分为职业试探、职业走向两个阶段。课程结构安排有三种形式：（1）平行式：学习期间自始至终轮流学习数种职业所需的知识和技能。（2）双层式：第一年学习数个职业，后两年专精于某个职业的学习。（3）金字塔式：先广后精，学生开始学习广泛的基础技能，之后根据自己的能力和兴趣，逐渐缩小到学习单一行业的内容②。集群是指将工作性质相通的职业集合为一个职业群。"集群模块式"课程模式是在吸收我国以学科为中心的单科分段式课程模式的长处和我国高等职业教育已经取得的成功经验的基础上，采用的一种课程模式。该模式分为三个模块，把课程分成既有相互联系，又有区别

---

① 刘春生，徐长发. 职业教育学 [M]. 北京：教育科学出版社，2002：153.
② 江山野. 简明国际教育百科全书：课程卷 [M]. 北京：教育科学出版社，1991：253.

的三个阶段来进行。第一阶段为"职业基础模块"。这一阶段强调的是宽基础，主要选择职业群通用性的共同基础和技能，课程功能集中反映在基础性和工具性上。第二阶段为"职业技术模块"。这一阶段是在职业基础教育上，分别进行不同职业的专业基础理论和专业知识的学习。第三阶段为"岗位专门技术模块"。这一阶段是以加强职业针对性而进行的专门教育，培养学生一种或两种以上专门技术和技能。

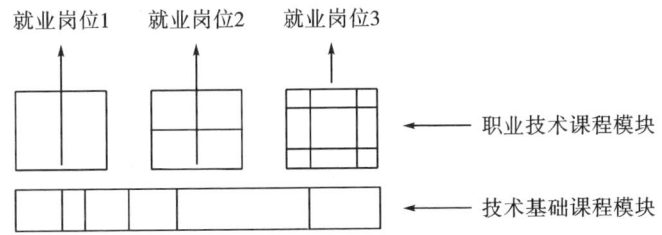

图 5-4 集群式课程结构模式

第三，"宽基础、活模块"模式（见图 5-5、图 5-6、图 5-7）。"宽基础、活模块"课程模式是依据当今我国的政治、经济、文化以及教育和个体的发展对职业教育的种种需求，借鉴了国外职教课程改革的有效成果，在一定的课程理论研究的基础上探索总结出来的高职课程新模式[①]；即把学校全部课程依据培养目标侧重点的不同，分为宽基础、活模块两个阶段。"宽基础"阶段的教学内容，重视学生全面素质的提高和综合职业能力的培养。"活模块"阶段的教学内容，在"宽基础"的基础上，使学生毕业时具有符合用人单位需要的技能和相应的知识，在就业市场上具有竞争力，重点在于提高学生的生存能力。

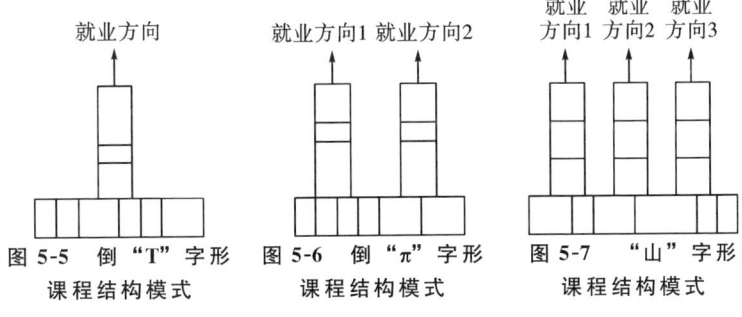

图 5-5 倒"T"字形　　图 5-6 倒"π"字形　　图 5-7 "山"字形
　　课程结构模式　　　　课程结构模式　　　　课程结构模式

---

① 蒋乃平. 课程目标与综合职业能力——对"宽基础、活模块"的再思考[J]. 教育与职业，1999（01）：1-12.

三、高等职业教育课程模式构建

随着终身教育观念的逐步建立，高等职业教育在从学科本位教育质量观过渡到能力本位教育质量观的情况下，开始引入素质本位教育质量观。考虑社会需求和人的自我完善两个目标而设置课程的矛盾开始显现，表现为：技术快速更新、市场急剧变化与教育内在规律相对稳定之间的矛盾；提高学生的综合素质、就业应变能力与强化职业针对性之间的矛盾；学生对实用技能学习的偏爱与为终身教育打好基础之间的矛盾。上述矛盾表现在课程设置上就是需要较宽的基础、较强的就业应变能力与需要岗位的针对性之间的矛盾。

综上所述，我们可以考虑构建高等职业教育的一种新模式，即"三模块、两系列、一主线"模式。

所谓"三"，即构建"横向三模块"结构课程体系。高等职业专业课程体系在保持其传统继承性的基础上，拟横向划分为三大模块，即通识教育课模块、专识教育课模块和特识教育课模块。

通识教育课模块。据调查，我国高职技术学院通识课程平均占总课时的26.5%，参照国内外相关课程的改革经验，该类课程的比重至少应提高到35%。另外，在课程门类上应注重多样化，将提高大学生的文化素养、促进个性发展所必备的哲学、自然科学、社会科学、人文科学、工具方法科学及艺术素养、体能教育、公民教育等课程作为其主要内容。

专识教育课模块。我们认为，新建的课程体系首先应将该专业基础课和专业课两类课程作为一个知识模块，组成专业课模块。据调查，我国高职技术学院专业课程平均占总课时的73.5%，为了进一步拓宽专业口径，该类课程所占比重应压缩到40%左右。其次，将专业课分为工具与技术基础类课子模块、实践与技术理论类课子模块、电教媒体与计算应用类课子模块，进行局部优化。最后，对各子模块内全部课程内容逐一进行个别优化，以实现课程体系从宏观到微观、从整体到个别的优化。

特识教育课模块。在课程体系中单独构建特色课模块，是打破大一统课程模式、满足社会对高技能人才规格多样化需求的一条有效途径。特色课模块应包括以拓展专业广度和深度的专业后续课程为主的专业特色课程；以专业技术理论向技术实践转换为主的应用特色课程和以地方人才特殊需求为主的地方特色课程等。该模块课程所占比重应以25%为宜。

所谓"两",即"纵向两系列"。从课程体系来看,可以按必修与选修纵向分成两个不同的系列。在必修与选修课的处理上,应压缩必修课,增加选修课,提高学生选课的自主权和自由度。将选修课分为限选课、任选课和备选课,限选课应体现分流培养的原则,任选课和备选课应在注重学生个性发展的同时,全方位地向其他邻近学科扩散。必修课应控制在1.5～2年内学完,后续的1～1.5年应主要以开设选修课为主,必修课、限选课、任选课的比例应以7∶2∶1为宜。

所谓"一",即"整体—主线"。课程模式体现综合素质和专业技术应用能力培养主线。

表5-1 改革后的课程设置

系列\类型	通识教育课程（占35%）	专识教育课程（占41%）	特识教育课程（占24%）
必修	马哲、毛概、邓论、思想道德、法律基础、高等数学、大学语文、大学英语、计算机基础等（形成通识素质）	专业基础课 专业主干课（形成专业素质）	本校品牌特色课（形成特色素质）
选修	现代哲学、专业英语、政策与法规等（拓展通识素质）	专识选修课（拓展专业素质）	特识选修课（拓展特色素质）

本章小结

高等职业教育课程模式取决于高等职业教育的课程观。当前,我们主张从能力本位课程观向素质本位课程观迁移。素质本位课程观的主要特点:课程目标由知识客体转向学生主体;教育导向由教育专家导向转向企业专家导向;教育程式由传统的"教程"逐步向"学程"转化。目前，高等职业教育课程存在三方面偏差：一是逻辑顺序上的偏差，二是建设方法上的偏差，三是比例上的偏差。

素质本位高等职业教育课程模式是高等职业教育培养高级技术应用型人才兼顾提升人性和发展综合能力的总体规划。高等职业教育课程思想为：①高等职业教育课程的专业方向不等于职业方向；②高等职业教育课程尽可能避免过窄的专业定向；③高等职业教育课程内容要侧重于创造性智力技能；④高等职业教育课程知识框架由学生自主建构；⑤高等职业教育课程模式要多样和有弹性。

高等职业教育课程模式为：一是在课程质的结构方面，强调学生综合能力的开发。我们从高等职业教育实际出发，根据它对具体职业活动的针对性和迁移程度，把综合能力分为一般能力、群集职业能力和岗位专项能力。一般能力是指学生通过各种形式的学习获得的基本能力，是从事各类职业活动必备的、通用的知识和技术；群集职业能力是为适应某一较广范围的职业领域里的工作应具备的基本能力要求，一般以职业类型或行业来划分；岗位专项能力是针对某一职业领域里某一岗位的具体应用能力，学生具备这些能力就可直接上岗工作。二是在课程类的结构方面，传统的高等职业教育课程结构类型主要有三种：第一种是公共课、专门课；第二种是基础课、基础技术课、专业课；第三种是基础理论、专业理论、专业技术。根据素质本位教育思想，结合传统高等职业教育课程类型，我们认为，新的高等职业教育课程类型应该为通识教育课程、专识教育课程和特识教育课程。三是在课程形的结构方面，高等职业教育课程形的结构主要是模块化，模块化课程的特点是灵活性和开放性。四是在课程层的结构方面，高等职业教育课程应有不同的层次和侧重。

基于上述认识，高等职业教育课程改革的思路为：第一，在课程目标上应着重于人的全面发展；第二，在课程内容上，应采取知识、技能、态度的价值等要素各个成分多重、多种组合的综合化策略；第三，在课程结构上，应采取平面结构和立体结构相结合策略；第四，在课程线索上，可按"主线—模块"式的思路来构建。常见的研究型高等教育课程结构模式包括梯形课程结构模式和金字塔形课程结构模式。常见的高等职业教育课程结构模式包括三段式模块、集群式课程结构模式、"宽基础、活模块"模式。综上所述，我们可以构建高等职业教育的一种新模式，即"三模块、两系列、一主线"模式。"三模块"为通识教育课程模块、专识教育课程模块和特识教育课程模块。"两系列"为按必修和选修分成两个不同系列。"一主线"为课程模式体现综合素质和专业技术应用能力培养主线。

从课程论和教学论的角度考虑，建立高等职业教育的课程模式，必须正确处理几个关系：①职业发展规律与高等职业教育发展规律的关系：主要指根据经济及社会发展的需求进行的职业分析与职业划分如何向专业设置、课程设置转换，实际的职业能力又如何向课程的教学目标、教学内容转换；②教学普遍性与高等职业教育特殊性的关系：主要指如何紧密围绕高等职业教育的培养目标即应用型职业人才的培养来设计符合高等职业教育特点的具体的课程体系（包括课程的组织与结构），在这一过程中又如何遵循教育学、教育心理学的普遍规律；③实践技能与理论知识的关系：主要指如何确定和优化技能课程与知识课程（包括普通文化课程）的比例关系，如何针对不同的职业在设计课程类型时综合考虑技能与知识、动作技能与心智技能的因果关系及其联系。

第六章　高等职业教育人才培养的教学

> 生产劳动同智育和体育的结合，它不仅是提高社会生产的一种方法，而且是造就全面发展人的唯一方法。
>
> ——马克思

实践证明，高等职业教育课程既是人才培养目标的具体化，也是高等职业院校教学的主要依据。反过来，高等职业院校的教学是贯彻其课程理念和落实知识、能力和素质要求的主要手段和路径。因而，在借鉴国内外高等职业教育教学模式的基础上，提出我国未来高等职业教育教学模式，将是下面探讨的重点。

第一节　国外高等职业教育教学模式及启示

国外高等职业教育历史较长，在教学模式研究方面，已取得了各具特色的成就。研究和学习国外高等职业教育教学模式，对促进我国高等职业教育办出自己的特色具有启示作用，值得借鉴[①]。

一、主要教学模式

1. 德国：双元制

德国双元制职业教学模式，被誉为第二次世界大战后德国经济腾飞

---

① 赵有生. 国外高职教育教学模式给我们的启示［J］. 吉林省经济管理干部学院学报，2001（8）：54.

的秘密武器，受到世界各国的普遍关注，成为世界各国争相学习的楷模。"双元制"的德文词为 Dualsystem，其含义是指青少年既在企业里接受职业技能方面的培训，又在学校里接受专业理论和普通文化知识的教育。双元制中的一元是职业学校，另一元是培训企业。企业和学校既是两个学习地点，同时又是两个施教单位，两地教学方式相互交叉、相辅相成，企业是实训主体，学校教育服务企业实训，企业培训时数占总学时数的 2/3，学校教学占 3/1。双元制的精髓就是：学校和企业合作，突出企业培训；理论和实践结合，突出技能培训。双元制职业教育模式在教学领域突出了职业性原则，一是专业设置以职业分析为基础；二是培训目标以职业能力为本位；三是课程设计以职业活动为核心；四是教学方法以受训者为中心；五是考试考核以职业资格为标准。

2. 英国：模块教学

英国提出实施国家职业资格计划，国家职业资格包括国家专业证书（NVQ）和普通国家专业证书（GNVQ）。国家专业证书以实际工作为基础，按具体行业工程（岗位）制定技能标准，共分五个等级。NVQ 培训以技能训练为主，理论学习为辅。普通国家专业证书是一种专业面放宽的理论知识和专业技能培训体系，分初、中、高三级，高级的 GNVQ 和 NVQ 三级等价。主要以全日制形式在学校进行，理论教学和技能培训的时间各占一半左右。为了保证教育质量，英国政府建立了延续教育委员会（FEFC），对职业技术学院进行宏观调控，学院的每年资金来源中，国家 FEFC 的投资在 75% 以上。在教学过程中，普遍实行模块教学，学校根据 NVQ 和 GNVQ 的要求，对所有专业资格设计相应的教学模块，一般来说每个专业资格都有 10 个以上的教学模块。每个模块课程的教学量为 40 学时，目前分解设置有六千多个教学模块，学生根据需要自由选择。完成一定数量模块的学习，经评估合格，就可获得相应级别的 GNVQ 或 NVQ 专业证书，不管其采用什么学习方式和学习多长时间。实行模块教学，学生的学习形式很灵活，考试的内容和方式也有较大的改革。主要以通过评估"证据"来确定学生的能力水平，即学生必须拿出能证明自己具有某种技能的实际"证据"来，主要是工作中的业绩材料、完成作业和阅读资料，以及实际操作技能演示等等。这样就把考试内容和方式、学生的实际能力训练和就业要求密切联系起来,深受学生和雇主的欢迎。为了搞好模块教学,英国所有的职业技术学院都非常重视实验室和实习工场的建设。

3. 美国：合作教学模式

所谓合作教学,是指在培训合格劳动者这个目标下,开展学校与工商企业、服务部门等校外机构之间的合作,把学生的理论学习、实际操作或训练有机地联系起来,使其在接受学校基础知识和技能教育的同时,还到企事业部门进行相应的生产实践。美国实施高职教育的主体是多元的,但最具影响的是美国社区学院。美国职业技术课程的开发是以职业为导向,职业技术课程目标确定的主要依据是以职业需求为导向,也就是以职业在不同时期的不同需求作为设置职业技术课程目标的主要依据。职业技术课程内容选择的主要方法是职业分析。职业分析是对一个工种或专业深入进行调查研究,并将该工种或专业所要求的操作技能、技术知识、操作频率、操作顺序、工作态度等内容一一开列出来,编成任务目录,这些工作的总过程便是职业分析,它为职业技术课程的内容及其顺序与时间分配提供依据。职业技术课程组织的主要依据是职业活动顺序、职业技术课程目标。职业技术课程组织的内容是课程内部的排序及组织结构的选择等问题。它强调以职业的自然活动顺序为课程内容排序的主要依据。职业技术课程评价的主要标准是职业目标是否实现。在教学中,注重对学生运用现代化仪器设备、电子计算机在各种生产部门和岗位上的劳动技能的培养,专业设置是在充分的社会调查基础上确定的,多数专业都开设有计算机服务技术课程。在教学模式上,美国社区学院的职业教育强调教学与生产相结合,各专业系科的实践课程学时占总学时的50%或更多,实践课由学院和企业派专人指导,学生必须到实际岗位上参加生产劳动,而且要求学生在实习期间定期返校,汇报实习情况,与教师、同学共同探讨实习中的问题,并总结经验和教训。灵活性和个性化是美国职业教育合作教学方法的特点。

4. 新加坡：教学工厂

80年代初,新加坡在学习和借鉴德国双元制精神实质的基础上,提出了职业和工艺教育的新的教学模式概念——教学工厂。这种教学模式在新加坡各理工学院和工艺教育学院广泛采用,推动了新加坡职教事业的发展。教学工厂是一种教学模式,一种教学思想,并不是在学校之下,教学之外,再办一个附属工厂、教学实习工厂,或在社会上划定某一个工厂作为学校定点实习厂,让学生在学校学完理论课后再到工厂学操作,而是要把教学和工厂紧密结合起来,把学校按工厂模式办,把工厂按学校模式办,给学生一个工厂的生产环境,让学生通过生产学到实际知识和技能。教学工厂的基本做法:理工学院一、二年级学生,在工艺教育学院的一年级学生学习基本专业理论课程和进行基础技能训练;理工学院三年级、工艺教育学院二年级即最后一年,学生依自选专业方向进入有关"工业项目组"进行实际生产操作。这种工业项目组实际上就是由某个社会上的生产厂家与学校联合办的以教学和技能训练为目的的生产车间。学校从生产厂家承担工业项目,生产厂家以提供或借用的方式在学校装备一个完全和实际工厂一样的生产车间,学生在教师和师傅或技术人员的指导和训练下,进行实际生产操作。教学工厂所确定的学生培养目标是培养多元技巧之人力资源,培养目标切合国家经济的发展和人力发展战略的实施。教学计划的制订是根据工业发展的需要,强调实用性,专业的设置具有敏感性和超前意识。

5. 加拿大:能力本位教育(CBE)

能力本位教育强调以职业技术能力为基础,按职业分析和工作分析得来的职业能力本身的结构方式组织教学,重视职业技能的获得,对科学知识强调相关与必需、够用即可,不强调系统获得。因此,能力本位教育是一种强调综合能力的培养、训练的教育。CBE课程大纲是通过学校邀集企业的代表,组成委员会,按照企业的需要,用层层分解的方式,确定出明确、具体、详细、可操作的培养目标,再由学校组织相关教学人员,按照教学规律,用归纳的方法制订出来。具体步骤分两步:第一步,制订课程开发(DACUM)表;第二步,制订课程大纲。DACUM表的制订首先由校方邀请有代表性的8~12名企业代表作为职业分析人员,再加上一名课程设计专家和一名秘书组成DACUM委员会。其次,DACUM委员会通过分析、分解和归纳确定从事这一职业所应具备的综合能力,每一项综合能力后面要列出其所包括的专项能力。然后把各专项能力按从简单到复杂,从识记、理解到应用进行排序,列出DACUM表。再次,对每一项专项能力进行分析,写出最终绩效和分步能力目标。最后,委员会对专项能力确定四级评分标准。课程大纲的编制。DACUM表制订时学校的教学人员不参加,编制课程大纲是由学校组织相关的教学人员对DACUM委员会编制的表和按顺序排列的各项能力,进行教学分析,确定课程大纲和培训途径。CBE的突出特点是为学生服务:学校组织教学人员,根据拟定的课程大纲给出的教学计划图,写出每一教学单元(模块)的教学目的。学校组织有关教师制订课堂教学计划,编写教材和学习指导手册。学校按教学计划图和学生计划提供教学场地、实验室、实习车间等。学生成绩考核是按学习单元(模块)考核,及格者进入下一段继续学习,不及格者重新学习直至掌握,毕业、结业的标准以DACUM表所列专项能力所获得的分数为标准,学生各项能力所达到的水平一目了然,为学生求职提供方便。

6. 澳大利亚:能力本位培训(CBT)

能力本位培训简称CBT,作为一种职业培训方式,它突出强调了培训结果——学生受训后实际具有的操作能力。这种培训所关注的是学生能否达到行业中具体的能力标准,而不是个人相对于同组中其他人的成绩水平。澳大利亚成立了国家培训部(NTB),由其指导开发国家能力标准,在此基础上建立起能力本位的培训体系。国家能力标准是按照就业中要求的操作标准,就其所涉及的知识、技能及其知识和技能的应用所做的明确说明。根据培训认可的国家准则(NFROT),澳大利亚培训课程委员会(ACTRAC)在1992年9月制订了关于开发合格的培训课程的方案,澳大利亚能力本位课程的开发是由澳大利亚培训课程委员会资助有关的部门来完成的。该部门首先成立培训课程开发课题组,课题组成员由雇主、工会、技术和继续教育机构(TAFE)等多方面的代表组成,调查澳大利亚科技工业的现状,准备一份现场工作技工的任务和技能清单。然后对某一领域职业群逐个开发出技工所需的能力标准,开发设计学习程序和课程框架,最后开发出能力本位课程的样板。为了便于澳大利亚全国使用这种能力本位课程,开发了相应的课程模块和评价材料。一个模块就是一项具体的学习内容,一种相对独立、可以单独测试的技能。尽管在确定课程计划时总体上有一个大致的时间安排,但每一个模块的学习是没有固定时间限制的。

二、国外高等职业教育教学模式的启示

以上发达国家高等职业教育教学模式,在长期的实践中已形成了自己的特色,对我国高等职业教育教学改革提供了许多启示。

一是以职业需求为导向,选择专业方向和培养目标。高等职业教育专业设置打破了学科本位的思想,根据科技和经济发展状况,社会对各种人才需求情况,以及岗位职业的调整变动情况,经过科学的分析论证,设置专业,确定培养目标。无论是德国的双元制、美国的合作教学模式,还是加拿大的能力本位教育、澳大利亚的能力本位培训,都无一例外地强调专业设置和培养目标的确定要符合经济的发展和社会对各种人才的需要。由政府或教育部门组织相关人员,在对社会经济发展调查研究的基础上,经过科学的分析论证,选择专业方向和培养目标。同时在专业设置上更加注重具有超前性,以适应科技和经济发展对职业岗位提出的新要求,满足市场经济对各种类型人才的动态需要,促进本国经济发展。

二是按职业分析构建课程体系和教学内容。根据高职教育的职业性和实用性特点,高职教育各专业课程体系和教学内容的构建,应以职业分析为基础,它不强调学科的系统性和完整性,而是突出所学知识的针对性和实用性。通过对职业的深入调查研究,确定某职业岗位或岗位群所要求的综合职业能力和科学技术知识,以此构建课程体系,确定相应的教学内容,使教学满足职业岗位的需求。学生所学的知识、技能与职业岗位的需求相一致,毕业后能很快适应就业岗位的需要。最具典型的是加拿大的能力本位教育。CBE不仅为我们提供了新的教育思想和教学模式,更重要的是它为我们提供了一套课程开发的方法——DACUM方法,从而突出体现了高职教育的鲜明特色。德国双元制的按职业活动体系设计课程,美国的以职业为导向来开发职业技术课程体系等方法,对我们构建课程体系和选择教学内容都有学习和

借鉴的意义。

三是强调以综合职业能力的培养为重点。综合职业能力不仅仅是操作技能或动手能力，也不单是心理学的能力概念——顺利完成学习或其他活动任务的心理特征，而是指综合的称职的就业能力，它包括知识、技能、经验、态度等为完成职业任务所需的全部内容。德国双元制职业教育突出了对学生专业能力、方法能力、社会能力，以及关键能力的培养。英国模块教学强调了对学生专业技能的训练。新加坡的教学工厂、加拿大的CBE、澳大利亚的CBT等都强调了以职业技术能力或实际操作能力为基础，培养学生的综合职业能力。综合职业能力的培养是在职业分析的基础上，明确职业所应具备的综合能力，通过对能力的进一步分析和分解，形成职业能力体系，构建知识能力模块，组织教学活动。

四是理论与实践相结合，突出实践性教学。以培养综合职业能力为重点的高等职业教育，必然注重理论与实践相结合，重视实践性教学环节。首先是理论教学围绕培养能力开展，配合技术训练进行。理论教学是为综合职业能力培养服务的，应以"够用、实用"为原则，理论知识传授不仅是为了解、掌握，更主要的是让学生会运用，能在实际工作中应用所学知识，解决实际问题。其次是技能训练。能力培养要结合工作实际来进行，通过顶岗实践锻炼、模拟实验等，增加学生的动手机会，培养学生实际工作能力。最后是增加实践性教学环节的比重，让学生有更多的时间接触实际，参加实践，接受训练。德国的"双元制"职业教育，企业培训时数占总学时的2/3，而学校教学仅占1/3。美国社区学院各专业的实践课程学时占总学时的50%或更多，而且实践课由学院和企业派专人指导，学生必须到实际岗位上参加劳动。

五是注重实习、实训基地的建设。加强实习、实训基地建设，是实现高职教育培养目标，办出特色高职教育的重要条件。其一，根据各专业的教学需要，增加教学投入，购置先进的教学仪器和实验、实训设置，加强校内实验、实训基地建设。新加坡的教学工厂，把教学和工厂紧密地结合起来，而且采用目前最先进的器材装备实验室。英国职业技术学院的学生，其技能训练主要是在校内设备先进齐全的实验室和实习工场完成的。其二，建立稳定的校外实习、实训基地。学校应大力开展与企事业单位的合作，建立稳定的实习、实训基地，充分利用合作单位的资源优势，完成教学任务，实现高职教育的培养目标。

六是采取灵活多样的教学组织形式和教学方法。在教学过程中，突出了学生的中心地位，强调为学生服务，注重调动学生学习的积极性和主动性，培养学生自我学习的能力、动手操作的能力、独立思考和独立工作的能力，教学组织形式灵活多样，对考试的内容和方式进行了重大改革，不仅注重理论知识考试，更加突出职业技能的考核。在教学方式上，注意运用现代教育技术和教学手段，不断提高教学质量。在教学方法的运用上，强调针对教学对象和教学内容的不同，灵活运用各种教学方法，要以问题、案例、实物为中心，努力做到教、学、做的统一。

七是强化了产学结合的人才培养途径。高职教育与经济建设紧密相连，仅依靠学校的条件很难办好高职，实现培养高级应用型人才的目标。因此，借鉴国外的高职办学经验，应大力加强学校与企事业单位的合作。通过合作，使企事业单位参与到专业的设置、课程的开发中来，企业还可以为学校提供实习、实训基地，提供兼职专业教师。同时企事业单位在合作中为自己选拔合适的人才，还可以利用学校的科研力量为自身发展服务。产学结合是办好高职教育的重要保证。

第二节　国内高等职业教育教学模式及其障碍

自20世纪80年代我国第一批职业大学诞生以来，目前实施高职教育的学校共有五类。第一类是高等职业技术学院和高等技术专科学校；第二类是具有职业性、地方性、实用性的短期职业大学；第三类是普通中等专业学校举办五年制的高等职业教育学校；第四类是在部分普通高等学校和成人高等学校中举办的高等职业教育；第五类是对普通专科学校进行改革，强调为生产第一线培养实用型人才，即培养高等职业技术人才[1]。这些院校在开展高等职业教育过程中，对高职教育的教学模式、课程体系及教学内容体系等诸方面都进行了有益的探索。

一、主要教学模式

1. 理论实践一体化教学模式

理论实践一体化教学模式是指在特定的技术实训中心，通过师生双方边教、边学、边做来完成某一教学目标和教学任务。实训中心使教学更接近企业技术发展的水平，并与企业实际技术同步滚动；营造浓郁的职业氛围，达到能力与素质同步培养的目的；以先进的生产设备和教学装备，融理论教学、实践教学、技术服务与生产为一体，以其应用性、综合性、先进性、仿真性推动高职教学改革的深化，同时这也是培养"双师型"师资队伍的重要途径。如，无锡机械制造学校从1995年起投资600万元筹建了数控技术中心、现代电气中心和汽车检测中心；南京机电学校建成了具有世界先进水平的MPS系统（模块式自动加工、生产、装配生产线）和电气及控制技术中心，该校的典型课控制系统实训就是这种教学模式的集中表现，它集理论传授、现场观摩、实践操作技能训练为一体，集多媒体、磁性活动教具、计算机网络、CJO软件、动态仿真软件、电子气动的综合运用于一体，集教师与学生之间的双向交流、小组讲座为一体，取得了良好的教学效果。

2. 工学交替教学模式

为了实现高职教育的培养目标，满足社会对高级实用人才的需求，工学交替教学模式依据"实践—理论—再实践"的认识规律，抓住了理论和实践的紧密结合，通过"实践—理论"的多次循环反复，逐步深入，不断提高学生对知识掌握的程度和将知识运用于实际的能力。工学交替教学模式是以企业为依托，充分体现了学校与企业共同育人

---

[1] 赵有生. 国外高职教育教学模式给我们的启示[J]. 吉林省经济管理干部学院学报，2001（8）：54.

的宗旨，学生实习相对集中，便于管理。工学交替教学模式的特点：一是技能训练贯穿整个人才培养过程，做到技能训练几年连续不断线；二是理论教学和实践教学环节间隔安排，重视理论和实践相互促进，相互协调；三是教学内容重视新知识的吸收和不同学科间的相互渗透；四是教学过程吸收工厂积极参与，做到厂校联合、产学结合。在实践中，应用工学交替教学模式的学校比较多，也比较灵活。如，常州工业技术学院实行了"3＋1"工学交替教学模式。在学制不变的情况下，把学生毕业后的一年见习期纳入教学计划，按照理论教学和实践训练互相交替、逐步深入的要求，全面安排教学的各个环节。三年学制，四年完成，学生毕业后直接上岗，不再有见习期。

3．两段式预分配教学模式

两段式预分配教学模式是将学制分成两段：第一阶段进行公共课程、职业理论课程、职业技能课程的教学，加强理论和实践的结合，突出实验、实习、实训等实践性教学环节；第二阶段是预分配阶段教学，针对职业岗位进行顶岗专业训练，学校和企业双方分别派出指导教师进行指导帮助。应用两段式预分配教学模式的院校比较多，形式也是多样化的。如武汉理工大学"预分配、两段式"合作教学模式的做法是：学生入学参加一个月军训后即转入基础理论、专业基础理论和主要专业课的学习（其中包括实习、实验及课程设计等教学环节），这一阶段有三年零两个月时间。第二阶段是预分配，即按厂方要求，联系实际上岗实习劳动、操作，后期进行毕业设计。这一阶段有一年零十个月时间。在此期间，预分配的学生除要参加生产运动和上岗实习外，还要按所在专业厂的要求，在厂、校双方教师的共同指导下，选修1～2门专业课程，并需要翻译一定数量的专业英语资料。在学生预分配期间共考核三次，每次都按工作、学习态度、工作技能、专业英语阅读与翻译、出勤等来评定考核成绩，以促使学生按预分配期内的要求完成学习任务。又如南京机械专科学校对三年制专科实行了"2＋1"两段模式柔性制结构，把双向选择预分配和两段式教学模式有机结合起来。这种教学模式是前两年按系设课，让同类不同专业的学生接受相同的基础课和专业基础课教育，拓宽知识面，增强学生的适应能力和自学能力，并以培养工艺技术为主，通过较多的课程设计和大型作业培养其实际工作能力，达到两年制专科水平；后一年，在预分配的基础上，针对职业岗位进行专业训练，并到分配单位进行毕业设计，学校聘请有丰富实践经验和学术造诣的工程技术人员做兼职教师，产学双方共同指导。

4. 能力本位的教学模式

以能力为中心的教学模式是在学习借鉴国外高职教育有益经验的基础上形成的，它针对职业岗位或岗位群所需要的知识和能力实施教学，学生的实践能力强，岗位适应期短。

如深圳职业技术学院建立了以能力为中心的教学模式。在专业设置上，加强关于经济和社会对人才的具体需求和详细的就业环境的调查分析，使专业设置和职业岗位工作相一致，同时注意设置复合性专业。在教学设计中，加强了职业岗位或岗位群上的技术人员和管理人员胜任工作所需要的职业岗位能力的分析。学院各个专业以社会有关单位的高级技术人员和管理人员为主，各专业负责人参加组建了专业委员会，研究各专业的培养目标，分析职业岗位技术人员和管理人员所需的各项职业能力，并以模块形式表达出来。学校教学管理专家和课程设计人员把职业岗位能力、专项能力与教学联系起来，根据职业能力模块和专项能力设置课程和确定教学大纲，编写出知识、技能和态度的具体目标和考核的标准。根据技能特征的分析，把教学设计中的技能训练课程设计得科学、充分，以利于学生职业能力的形成和发展。

5. 五阶段教学模式

五阶段模式的理论基础：以能力本位思想为指导，紧密结合我国高职教育的培养目标，从实际出发，运用教育学、心理学、教育技术学、课程设计理论和一般系统理论、营销学、技术经济学、质量管理学等现代科学理论。该模式的具体内涵是：一是市场调查分析。主要研究本地区的有关政策，调查人才市场需求，正确作出专业设置的决定；同时根据人才需求，决定培养方式、学制等，并进行经济分析，决定是否开设此专业。二是职业分析。经过市场调查分析，确定了开设的专业，就需要研究专业培养目标。根据职业教育能力本位原则，应用职业能力和素质分析方法，进行培养目标专项职业技能和素质的分析。各个专业从现场聘请优秀第一线人员对职业和岗位进行分析，确定某职业和岗位所需的能力领域（area of competencies）和技能（skills），并最终形成一份职业能力图表。三是教学环境开发。由教学环境开发专家、行业专家和教师组成教学环境开发小组，内容包括软环境和硬环境。在软环境方面，包括列出技能操作步骤与活动内容、制订课程教学大纲、排列课程及技能教学计划和开发学习指导书。在硬环境方面，包括教室、实训实验场所、资料室、实习基地的设计和建立等。四是教学实施与管理。教学实施过程包括入学水平测试、制订学习计划、实施学习计划、成绩的考核与评定等。五是教学评价与改进。教学评价是职教模式周期中承上启下的一个重要环节。因此，教学评价必须标准化、规范化和制度化，以保证模式的顺利运行。教学评价包括学生培训目标评价、教学环境评价、教学过程评价、教师评价和教学评价等。

二、高等职业教育教学模式的观念障碍

发展高职教育有着广阔的前景，目前尚有一些观念上的障碍是搞好高职教学的制约因素，归纳起来主要有五个方面：

一是长期以来我国高等教育只有以学科教育为本位的普通高等教育一种类型，人们形成了一种思维定式，认为学科知识学得越系统、越完整就越正规，质量就越高；认为实行能力教育体系的高职教育所学的知识不成系统、不完整，教学不正规，培养出来的人才质量差。持有这种观念的人在教学中往往自觉或不自觉地沿用学科本位的教学方式方法从事高职教学，结果达不到教学要求。各地高职教育成功的实践已经证明：高职教育的本质是技术教育，必须走出旧的三个中心（以教师为中心，以教材为中心，以课堂为中心），树立开放式教学观念，即把社会、生产现场和实训基地作为大的课堂，采取在做中学、在学中做的教学方式，依托社会完成其教学任务。

二是对高职教育质的规定性缺少必要的理论认识，把高职看作教育层次之分而不是类型之分，在教学运作中偏离了走内涵发展深化改革的道路，走进了"本科压缩型"和"普通专科型"的误区。我们必须认识

到：从中职教育类型转变为高职教育类型绝非通常意义上的教育改革，而是教育转型的改革。高职学院同本科和专科学校在类型上不是一回事，不能把后者的教学模式和方法套用于前者。

三是长期从事中专教学的惯性一时难以克服，试图用"中专拓展型"的方式进行高职教学。高职教育是中职教育延伸和发展的高级阶段，现代的高新技术和复合型岗位势必要求专业理论的广度和深度都要加大，即使是技能操作，其科技含量、熟练程度、现代化程度、复杂化程度和管理难度都是中等职教无法相比的，"中专拓展型"的教学方式与高职教学的要求是不吻合的。

四是对高职教学实训性缺少认识，把传授知识与培养能力对立起来，把握不住理论"必需"和"够用"的尺度。高等职业教育能力本位的教学模式，其核心是以能力培养为目的，以技术传授为主要内容，以实践教学为主线，以实训为载体，但是，这并不否认必要的理论教学在人才培养中的作用，知识理论仍属整个目标体系的基本支撑点。忽视知识理论的传授而去追求能力培养，结果只能是既无知识又无能力。

五是不适应高职教材的实训特性，走不出一本教材讲多年的旧习。高职教育公共课有两个目的，一是为专业课奠定必要的基础；二是把学生由自然人培养成"社会人"，并配合专业课教学最终把受教育者培养成"职业人"，在此目的之下其教材从内容到编排形式，从教学要求到教学形式都突出实训性。高职教育专业课讲授的是生产、流通、服务领域成熟的技术和管理规范，现代科技飞速发展与教材滞后性的矛盾比以往任何时候都突出，教材只是一些最基本的东西，留下很大的余地让教师通过实践去补充。为体现高职特色，教师要把已被社会和企业广泛引入的最新应用技术编入自己的教案，作为讲义印发给学生，形成教案与讲义合二为一的自编教材，以达到求新、求异、求变的要求和跟踪科技发展的新水平，体现时代特征。专门课课程适当综合化是培养复合型人才的需要，是高职教学改革的突破口，通过设立综合课程可以优化课程结构，消除多门课程中不必要的重复内容。

第三节　基于素质本位的高等职业教育教学模式

对国内外高等职业教育教学模式的经验与教训的反思，其目的在于深化对高等职业教育教学模式的理性认识。国外对教学模式概念的理解并不一致，甚至对立①。教学模式作为教学论独立研究对象，是近二三十年的事②。美国师范教育专家乔伊斯和韦尔的《教学模式》于1972年在美国最初出版，对英、美诸国的教学研究和师范教育起了很大的促进作用。20世纪80年代，两位作者对《教学模式》的内容做了修改和扩充，再版问世，已有多种文字的译本，影响深远。我国在80年代初开始有介绍教学模式的文章见诸报刊③。近年来教学模式已成为我国教学研究的一个重要课题。国内外对教学模式概念的理解并不一致。在国外较有影响的是美国乔伊斯（B. Joyce）和威尔（M. Weil）所下的定义，他们认为，教学模式是构成课程（长时间的学习课程）、选择教材、指导在教室和其他环境中教学活动的一种计划或范型④。对教学模式的解释国内学者大体有四种观点：一是认为"教学模式是在教学实践中形成的一种设计和组织教学的理论，这种教学理论是以简化的形式表达出来的"⑤，简称为"理论说"；二是认为在"一定教学思想或理论指导下建

---

① 在近代教育史上，有过两种对立的教学模式。一种是"传统派"的授受式的教学模式，即系统传授和学习书本知识的模式。这种教学模式是从夸美纽斯开始，到赫尔巴特的"四段教学法"（明了、联想、系统和方法），直到苏联提出的综合课的"五个环节"（组织教学—导入新课—讲授新课—巩固新课—布置作业）。另一种是"进步派"的活动式教学模式，即学生在活动中自己学习的模式。杜威提出的活动式教学模式是对传授和学习书本知识的授受式教学模式的超越性否定。杜威的活动教学模式结构分为情境、问题、假设、推断、验证五个阶段或步骤。很显然，这两种教学模式都有其片面性。

② 袁金华. 课堂教学论 [M]. 南京：江苏教育出版社，1995：112.

③ 丁证霖，等，编译. 当代西方教学模式 [M]. 太原：山西教育出版社，1991.

④ JOYCE B, WEIL M. Models of teaching [M]. Englewood：Prentice Hall，1980.

⑤ 张武升. 关于教学模式的探讨 [J]，教育研究，1988（5）：89.

立起来的各种类型教学活动的基本结构或框架"①,简称为"结构说";三是认为"在一定教学思想或理论指导下建立起来的完成所提出教学任务的比较稳固的教学程序及其实施方法的策略体系"②,简称为"程序说";四是认为"常规教学方法俗称小方法,教学模式俗称大方法。它不仅是一种教学手段,而且是从教学原理、教学内容、教学目标和任务、教学过程直至教学组织形式的整体、系统的操作样式是加以理论化的"③,简称为"方法说"。在高等职业教育教学实践中我们把握教学模式有三个要点:一是教学模式不同于教学方法,二者有联系,但主要是区别;二是教学模式不是教学计划,教学计划是突出外在表现,而模式侧重于揭示教学思想或意向;三是教学模式绝非纯理论内容,它主要是教学程序、结构、方法、策略,更侧重于教学实践内容的理论概括。教学模式应是理论与实践之间承上启下的"中介",一方面它可以对教学活动进行指导;另一方面,它又为教学实践提供操作程序和策略,方便教学。因此,我们把教学模式理解为教学理论和教学实践的中介,是在一定教育思想或教育理论指导下建立起来的,较为稳定的教学活动结构框架和活动程序。

关于教学模式的构成,国内有"七要素""五要素"和"四要素"之分。所谓"七要素"包括教学理论基础、教学目标、教学程序、实现条件、师生角色、教学策略、教学评价;所谓"五要素"包括理论基础教学目标、操作过程、实现条件和评价等;所谓"四要素"包括教学目标、教学内容、操作过程、教学评价。

教学有法,但无定法,贵在得法。这个说法用在高等职业教育教学模式的构成上是再合适不过的。很难说"以一法定全法,以一说盖全说",根据教学模式理论和各地高等职业教育教学实践,我们认为"五要素框架"较为适合,即教学目标、教学内容、教学方法、实现条件和教学评价。一般来说,具备了上述五个方面,算是严格意义上的高等职

---

① 吴也显.我国中小学常用教学模式[M].昆明:云南教育出版社,1993:2.
② 甄德山.教学模式及其管理浅论[J].天津师范大学学报,1984(5):89.
③ 叶澜.新编教育学教程[M].上海:华东师范大学出版社,1991:332.

业教育特色的教学模式。

一、高等职业教育的教学重心

当前,我国高等职业教育的教学重心正在逐步转变,出现如下趋势[①]:

1. 从传统教育思想向现代教育思想转变

(1) 转变过窄的专业教育思想,树立全面的素质教育思想。传统的教育思想过分强调按专业对口培养人才,忽视思想道德素质、人文素质、心理素质和身体素质的培养,因而培养的人才道德、心理素质普遍不高,文化功底浅、艺术品位低和艺术修养差。因此,必须转变过去比较狭隘的专业教育思想,树立全面的素质教育思想。

(2) 以能力为中心,树立培养学生创造能力、创新精神的现代教育思想。由于高等职业教育人才培养定位在技术应用型人才,所以在高等职业教育中,必须以能力为中心,树立培养学生创造能力、创新精神的现代教育思想。

2. 从注重理论教学向注重实践教学转变

高等职业教育确立应用型人才的培养目标,使得它所培养的人才在就业去向上与现行的本科教育有着明显的不同。高等教育具有很强的职业定向性,即明显地体现出直接为产品生产和社会的职业特征,着眼于培养企业第一线操作型和应用型的职业人才。所以,加强实践教学,大力培养学生的实际动手操作能力对于高职教育就显得尤为重要。

3. 从学科的单一化向学科的综合化、模块化转变

高等职业教育按职业岗位群设置专业,不同于普通高校"学科群"设置专业。因此,在高等职业教育中,再不能只局限于一门学科、一个专业的圈内,而要从学科专业、学校与社会、社会各行业的联系上思考问题,从单一的学科教育向综合化、整体化教育转变,以培养具有良好、全面素质和创新能力的专门人才。

---

① 王前新,伊季东. 论高等职业教育教学重心的转变 [J]. 云南师范大学学报(哲学社会科学版),2001 (2):1-5.

4. 从单一专业教育向与人文教育相融合转变

从单一专业教育向与人文教育相融合转变，就是要彻底克服专业教育中的不良倾向：过强的功利主义、过窄的专业设置、过弱的文化底蕴。在实践中，要通过向综合性学科的转变，大力重视人文教育，开设大量的人文教育课程，以陶冶学生情操，扩大学生知识面，提高学生综合素质。

5. 从单一的教学中心向技术传播中心转变

对社会而言，单一的教学中心是远远不够的，社会主义市场经济体制的建立、社会经济的飞速发展，迫切需要大量的实用型、应用型、技术型人才，所以高等职业教育技术教育不仅应成为教学中心，还应成为技术传播中心，对社会，特别是对地方企业而言应有强大的技术辐射力。

二、高等职业教育的教学内容

今天，由单一的不同学科的科学家制订不同学科的教育内容的时代已成为过去，牵涉方方面面的教学内容需要更多、更广泛的人来共同关心，它要求集体的努力与决策。因此教学内容新体系的最终定型需要一个漫长而艰巨的过程，下面仅是目前在确定教学内容方面表现出的趋势：

1. 重视价值观念、态度及创造能力的培养

对教育内容的认识促使人们进一步看到了进行价值观念、态度教育的重要性与必要性。正如西方著名教育家兰德希尔所说："价值的观念若不占据中心地位，价值哲学若不构成整个教学演化为现代教育的新三层了。"[1] 关于价值观、态度的教育目前在高职院校中至少可以在两个层面做些工作：其一是知识价值教育。科学研究显示，人对知识的渴求与人对知识价值的认识成正比。因此在教育中首先让学生了解知识的用途、价值大有益处，这可以刺激学生的学习热情，培养自我约束力和内在学习动机。其二是认识过程的价值教育。比如：实事求是的科学方法、辨别真伪、追求真理、慎于判断等。

---

[1] 张卓玉，王维平，马兆兴，等. 现代教育思想[M]. 北京：北京师范大学出版社，1998：119.

在学生应掌握的能力中，批判性思维能力和创造能力的培养格外引人注目。所谓批判性思维能力，有人把它称为淘金式思维能力。所谓批判性思维，简单地说，就是指有分析、有批判地吸收别人思想的思维过程。著名科学幻想作家伊萨克·阿西莫夫写道："21世纪可能创造的伟大时代。那时机器将最终取代人去完成所有单调的任务，电子计算机将保障世界的运转。而人类则最终得以自由地做非他莫属的事情——创造。"① 看来今天在课堂内培养学生的创造力就是为明天做最好的准备。因此课堂教学不能仅仅作用于学生的认知层面，更重要的是作用于学生的情绪、意识层面，刺激想象、鼓励情感投入，大胆让学生假设，忽视小错误，积极向学生提问，甚至可以让学生自己提出问题，自行解决。

2. 教育中科技教育内容含量增大

科学技术是当代文化的重要组成部分，同时它们又是人们用来认识世界、改造世界的基本工具。科技的发展离不开热心和熟悉它的公众的支持，因此增强人们对科技的兴趣和理解是教育的首要任务。在科技教育过程中，以下内容不可忽视：培养学生的科学素养、科学精神；虽然科学的最新成果不能对学校教育的课程产生即时的影响，但一般教育内容应反映科学的继续发展；科技教育应该同时说明自然科学成果所带来的影响；科技教育应更重视实验工作、实际工作和在实际生活中的应用；应培养把某种学科的概念与方法转移到另一种学科之中的能力等等。

3. 教学内容走向跨学科化和综合化

知识来源和新教育内容的增多，使人们担心学校会变成一种"过剩的、浮夸的，像电视增加节目一样增加教育材料"的机构。因此，既为了避免知识超载、混乱、分散，又能按照教育目的更好地组织合理的教育内容，同时还要了解和掌握不同学科领域的规律、特点，跨学科化与一体化是一种很好的选择。联合国教科文组织在"第二个中期规划"中也有类似的强调："面对复杂的需要，为了避免课程超前，解决的办法不是在现行内容中增添新的因素，而应考虑到有关各学科的补充性和计

---

① 张卓玉，王维平，马兆兴，等. 现代教育思想[M]. 北京：北京师范大学出版社，1998：119.

划中的教育目的，把所有因素有机地整合成一个新的、复合的整体。"包括我国在内的许多国家的学校都做了这方面的探索，跨学科化的优点已经开始显现。当然，跨学科并不等于取消学科的特殊性，而是要消除各学科之间的隔膜。这样的实践有待于进一步完善。对这一发展趋势应给予鼓励与支持。

从上述教学内容变化趋势来看，高等职业教育的教学内容是由知识、技能和态度三要素所组成，基于素质本位的培养目标，对于三者的选择和组合就有了新的价值取向。

首先，在知识领域。在处理好理论知识和经验知识的关系上，那种认为"高职只需强化理论知识"的观点是不确切的。必须在知识的价值取向上将理论知识与经验知识并重。高职教育中应防止轻视经验知识的绝对价值；当然，也不能产生相反的倾向。在知识的选择上，要适当加强基础知识，根据培养目标要求，适当加强文化基础知识和技术基础知识（理论的与经验的）是有必要的，有利于提高高职人才的适应性。在知识更新上，既要扩大知识面，又要融入最新的知识点。

其次，在技能领域。由于社会和生产技术的发展，各类教育对技能都有新的要求，只是在性质和水平上不一致。技能不仅有水平（熟练程度）的差别，还有类别的区分。因而，对不同类型的教育，各类技能的价值是不同的。技能可分为：再造性技能（应用程序或算法：对一个已知的"问题"类型应用某种已知的程序或算法，如减法、造句）；创造性技能（应用理论和策略：解决"新问题"，"发现"一种新程序，如证明定理、写作）；动作技能（身体动作与感知等：感知动作技能、重复性或自动化的动作，如打字、跑步）；智力技能（决策、问题解决等："策略"技能或"计划"技能，如文件页面设计、踢足球）。

对于高层次的应用型和技术型人才来说，智力技能的价值显然要高于动作技能，在高技术、高服务、高管理的环境中，其"价值化"更会不断提高。因而，在高职教学模式中，对于技能的选择，必须从正常的方向加以创新。在智力技能方面，高职应提高创造性智力技能的比重，而削减再造性智力技能的训练时间，以突出应用型、技术型人才培养的特点。应更多地从事"如何解决问题"的创造性技能的训练，使高职的实践教学有正确的方向；课程设计与毕业设计要改变只需按固定程式完成的模式，宜选择需要创造性思维的设计课程。

在动作技能方面，高职人才应有一定动作技能的基础，但不宜片面追求熟练的再造性技能训练，如果是在技能型人才基础上培养技术型人才，更要重视创造性动作技能的培养，让学生在教学实习和生产实习中更多地获得解决问题的直接经验。

最后，在态度领域。真正完善的高等职业教育的技能，是把人的职业生活方式作为一个整体来对待。在这种情况下，最为重要的是使人对职业有个正确的态度，明确人对职业究竟要求什么。在逐步解决温饱之后，人们不再把职业仅仅看成养家糊口、求得温饱的手段，而是期望通过职业劳动，充分发挥个人的职业才能，使社会得到更好的服务。要教育学生懂得：怀着理想和希望而劳动，去就业，会感受到生活的美好以及人生的意义，进而会为了实现自己的理想和希望而不断进步，克服在职业生涯中的艰难与挫折，以自己的意志、自己的责任心顽强地生活。职业将标志一个人的价值、尊严、成就和快乐。

三、高等职业教育的教学方法

高等职业教育教学要体现"以学为主"的教学思想，改变传统灌输式的课堂教学，加大学生自主学习的力度，变"以教为主"为"以学为主"，充分运用案例教学法、模拟现场教学、观摩教学法、讨论法、多媒体仿真教学法等教学形式，发挥学生在学习过程中的主体作用。近几年，全国高职院校在教学实践中创造了一些富有特色的教学模式。

1. 现代师徒模式

在高等职业教育教学中应大力提倡现代师徒模式，这种模式是适应学生学习直接经验，尤其是获得隐性经验的个别化教学模式。师徒模式最重要的特点，是它除了具有常规个别教学所具有的优点外，特别适合于以学习技能技巧为主的活动性较强的课程的教学。隐性经验通常体现为不能言表的认知与操作技能技巧，属于不具备公共性的经验，它的学习只能通过实践来进行。向谁学习呢？只能向具备相应隐性经验的人学习，因此，隐性经验的学习过程实质上是隐性经验从行家手中向学习者传递的过程,这一过程就是师徒模式。正因如此,现代职业教育起源于现代学徒制,即使是现代职业教育相当发达的今天,职业学校尚未成为唯一的学习职业知识、技能技巧和态度的场所。在技能技巧学习过程中,波拉尼认为,"好的学习就是服从权威。你听从自己导师的指导,因为你相信他做事的方式,尽管你并不能分析和解释其实际效果。通过观察自己的导师,通过与他竞争,科研新手就能不知不觉掌握科研技巧,包括那些连导师也不是非常清楚的技巧"。波拉尼在此虽然是指科研中新手向导师的观察、模仿学习,掌握科研必需的隐性经验,但是,它和学徒在企业中学习的道理是一致的,因为二者采取的都是师徒制学习模式。"名师出高徒"肯定了师徒制课程模式在学习非语言传递的隐性经验中不可替代的重要作用。以师徒制为基本特征的德国双元制职业教育模式成为德国经济腾飞的"秘密武器"。师徒制使我国传统医学事业得以发展,出色的中医大夫一般都是通过师徒模式培养出来的。美国进行的对1972年以前诺贝尔奖获得者的研究发现,其中有半数以上的获奖者有师徒关系,最典型的是汤姆生和卢瑟福及其弟子的师徒培训成效,汤姆生和卢瑟福是师徒关系,他们二人共培养出17位诺贝尔奖获得者。无论从职业教育、传统医学还是从科学发现来看,师徒模式都是培养人才的重要途径[①]。

2. 活动导向模式

所谓活动导向就是由师生共同确定的活动产品来引导教学组织过程,学生通过主动、全面的学习,达到脑力劳动和体力劳动的统一。这种方法既是杜威"从做中学"理念的实现,又是以人为本的理念的体现。高等职业教育教学所要解决的一个核心问题,就是让学生形成与其所学专业相关的个人经验,这要求高等职业教育课程体现出强烈的实践性。现代职业教育可选择的模式不外乎三种:以企业为主的培训模式、双元制模式和学校模式。现阶段我国高等职业教育基本上是学校模式,从世界各国情况看,学校模式目前还是发展职业教育的主导型模式,但是,学

---

① 肖凤翔.隐性经验的习得与高等职业教育课程改革[J].教育研究,2002(5):69.

校模式的职业教育对学生学习与职业生涯直接相关的隐性经验不太有利。我国发展高等职业教育要妥善解决这个问题,就"应采取学校与企业合作的形式……使学校与企业建立密切的关系,让企业参与教学计划的制订,企业承担义务为学生提供实训与实践的机会。学校应在精选教育与培训内容的基础上,适当延长实训时间"。对于这一点,许多高职院校已有所认识,在课程计划中保证了较长的实训与实践时间。然而,问题不在于延长实训与实践时间本身,而在于让学生能有效地学到与专业方向相关的隐性职业经验。德国的高等专业学院和企业联手,共同推动高等职业教育的发展,把专业理论教学与企业的实践培训结合起来,实行分段教学、阶梯训练型课程模式,值得我们借鉴。无论是专业理论学习还是企业的实践课程的实施都应有相应的指导教师,使学习始终在较为密切的师徒关系中进行。在我国高职院校"双师型"教师较为缺乏的情况下,应充分发挥企业科技人员的积极性,聘请他们来校担任专业课程教学。同时,当学生在实习和实践时,企业科技人员应成为学生较为固定的老师,我们也可以称他们为实习生的师傅或导师。这样的师徒关系,一则有助于学生隐性经验的增长,二则有助于指导学生的毕业实习或设计选准有价值的实践课题。

3. 特长生导师制模式

这种模式就是高职学院聘任学科(学术)带头人和科研、教研骨干教师担任导师,在入校一年以上的高职生中,选拔有一定专业特长及培养潜力的学生,通过参与导师承担的技术开发、技术服务项目、实训室建设、实训项目研发等工作,以培养学生的自主学习和实际工作能力,增加学生的学习途径培养创新精神和一技之长的教学模式。如济南铁道职业技术学院在这方面取得了一定经验。其教学方式主要是学习方式。理论学习主要采用研究性学习方式,即导师根据本课题涉及的理论知识和学生的实际水平,制订出整体学习计划和周学习安排,指定参考资料,每周进行不少于三次的辅导,解答学生在学习中遇到的疑难问题,引导学生在掌握理论知识的同时学会自主学习。学生根据导师布置的学习任务,主动去图书馆、资料室查阅资料,利用计算机应用软件到相应的机房进行图纸、电路图的设计与绘制。实践技能的培养,主要是指学生跟随导师在实验室参与技术服务项目、实训设备设计图纸的绘制、安装、调试、维护,与导师一起参与部分实训设备的设计、工艺流程的编制、元器件的采购、设备的制作等工作。

4. 研究性学习模式

研究性学习是指学生在教师指导下,从自然、社会和实际生活中自主选择和确定专题进行研究,并在研究过程中主动获取知识、应用知识和解决问题的学习活动。它是仿照科学研究过程来学习科学内容,在掌握科学内容的同时体验、理解和应用科学研究方法,形成科学研究能力的一种学习方式。其核心是要改变学生单纯、被动地接受教师知识传授的学习方式,构建开放、民主的学习环境,倡导积极主动的探究式学习,培养学生的创新精神和实践能力。

研究性学习切合高等职业院校学生的认知风格。美国教育心理学家卢森费尔德（Rosenfeld）在1998年所做的实验研究表明,具有应用性学习和工作倾向的学生,在传统的学习方式中表现平平,而在研究性学习中却常常取得"令人惊奇"的优异成绩①。这说明,研究性学习更适合应用倾向的学生,而高等职业院校的学生大多数属于这类学生。

高等职业院校研究性学习方式较多,常见的有"小组讨论式"和"项目作业设计"。前者一般以两张课桌为单位,每四人一组,便于在课堂上讨论交流和分工合作②。后者是在某一课程的教学过程中,根据教学进度的内容和学生掌握的知识水平,设计能涵盖相关知识点并结合现实生活实际的综合性作业,也就是将作业项目化③。

四、高等职业教育的教学条件

高等职业教育的基本教学条件包括师资条件、培养途径和实训基地

---

① 籍长国. 职业技术院校开展研究性学习的需求与动力 [J]. 职业技术教育（教科版）, 2002 (1): 20.

② 陈晓山. 关于职业学校开展研究性学习的思考与尝试 [J]. 职业技术教育, 2002 (1): 22.

③ 韩洁. 项目作业设计——研究性学习的一种有效形式 [J]. 职业技术教育, 2002 (1): 25.

等方面。

1. 高等职业教育的师资条件——"三师型"教师

师资是实现高职教学的关键，高素质的师资队伍是高职教育质量的重要保证。目前，从总体上看，高等职业教育的师资状况难以满足培养21世纪高素质创新型应用人才的需要。一方面，从事高等职业教育的师资对职业教育本身缺乏应有的认识，职业教育观念淡薄，常常用普通高等教育的眼光看待高等职业教育。表现在教学中，学生学习内容与实践相脱离，教学偏重于知识的传授，"认知"教学模式仍占主导地位，这一点在普通高校举办的高等职业教育中更为明显。另一方面，从事高等职业教育的教师职业技能状况也差强人意，有的教师缺乏一定的实际操作技能，不能有效地指导高职学生的学习与实践，实际教学也往往具有一定程度的普教化倾向。这样，高等职业教育培养目标的实现必将大打折扣。凡此种种表明，加强高等职业教育的师资队伍建设，积极培养大量的高素质特色师资，已成为促进高等职业教育健康发展的重要内容。

关于高等职业教育教师形态，目前有两种划分。一种认为要具备"双师型"素质，一种认为要具备"三师型"素质。

其一，"双师型"素质。"双师型"是我国职业教育界对职教师资（特别是专业教师）普遍提出的基本素质要求，但由于职业教育的情况非常复杂，对"双师型"的解释也有分歧，主要的观点有三种[①]。第一种看法是，具有工程师、工艺师、技师、医师等技术职称的人员，取得教师资格从事职业教育、教学工作的，即可视为"双师型"教师，持这种观点者认为，"双师型"教师应来自社会招聘，高等学校不可能培养出"双师型"教师。第二种看法是，"双师型"教师没有一个统一的、具体的标准，从教学实际出发，只要既能胜任理论教学，又能指导学生实践教学的教师，就可看作"双师型"教师，这也是职业学校中的实际情况。第三种观点是，"双师型"教师反映了对职业学校教师的基本要求和职业教育教学的本质特征，可以通过一定的培养和培训来实现，天津职业技术师范学院"实行双证书制，培养一体化职教师资"的教学成

---

① 周明星，等. 职业教育学通论[M]，天津：天津人民出版社，2002：218.

果,获国家普通高校教学成果一等奖,而且其"双证书"毕业生得到了职业学校的充分认可,为第三种观点提供了依据。从实际情况来看,以上三种观点都有一定的现实意义。首先,职业学校必须积极从社会的生产、建设、服务等第一线引进或聘任大量的专兼职教师,充实职教师资队伍。第二,职业学校必须按照社会主义市场经济对职业教育的需求,通过培训、在职学习和实际工作锻炼等多种形式,努力地提高现有的师资队伍的素质。通过打破或模糊学科教学界限开设综合职业课程,以职业岗位(岗位群)能力培养为核心组织教学,设立"双师型"教学岗位等措施,鼓励广大教师特别是年轻教师岗位成材。第三,培养具有"双师型"素质的一代新型的职教师资符合我国国情和发展职业教育的要求,他们是职业学校专职教师队伍中的骨干力量,是我国高等职业技术教育的发展方向,是职业学校教师的基本特征。需要指出,"双师型"教师依然属于职业学校理想的专业教师,目前也没有统一的标准。为了使职业教育能与经济发展同步,北美、澳大利亚等国强调职业学校的专业教师要求是来自工作一线的优秀的工作人员,由于职业教育在专业设置和教师聘任方面的灵活性,保证了职业教育与社会需要结合的紧密性和培养人才的实用性。

其二,"三师型"素质。随着职业教育的内涵不断地丰富和发展,"双师型"教师已不满足教学需要,于是"三师型"教师应运而生。"三师型"教师是近两年刚提出的概念,其内涵是指不仅要当好教师,还要成为工程师、培训师。我们认为,"三师型"教师的内涵为既要是教师又要是工程师,还应是职业指导师。在联合国教科文组织召开的面向21世纪国际教育研讨会上,学者们预计,平均50%的职业可能在一代人的时间内发生变化,每3~5年就有50%的技能需要更新。更有学者指出:由于科技的进步,现存的职业大约每过15年就将更换20%,而50年后,现存的大部分职业都将不存在,取而代之的是尚不为我们所知的产业和职业。也就是说,随着时代的发展,每一个人都不可能终生从事一种职业。因而,高等职业院校教师必须针对职业的这种变化加强对高等职业院校学生的职业指导,成为高等职业教育的职业指导师。高等职业院校"三师型"教师建设途径:一是采取从企业中选聘工程师、技师、管理人员到学校经过教学业务培训后任职;二是有计划地选派教师到企业实践、考察,鼓励教师参加职业技能培训并获得有关技能考核等级证书。

2. 高等职业教育教学途径条件——产学合作教育

高等学校与产业部门结合,共同培养人才的产学合作教育是当今国际和我国高等教育改革与发展的一个重要趋势,尤其是高等职业教育。产学合作教育作为高等教育人才培养的模式,它不是一般意义上的经验概括,而是在一定理论指导下的实践过程。因此,我们只有先弄清构成这一教育模式的理论基础,才能真正把握产学合作教育的精神实质。

辩证唯物主义的认识论理论告诉我们,人的认识始于经验,人的正确认识的形成,往往需要经过实践与认识的多次反复才能实现。从另一个角度讲,实践是人的认识产生的源泉、发展的动力和检验的标准。人通过实践使自己的主观见于客观,变革客观事物,获得对事物的认识,通过实践验证认识的正确与否,再通过实践来修正、发展已有的认识。正如马克思所言:"人的思想是否具有客观的真理性,这并不是一个理论问题,而是一个实践的问题。人应该在实践中证明自己思维的真理性,即自己思维的现实性和力量。"[①] 高等职业教育的教学过程同样是一个认识过程,亦应遵循一般认识规律,但是教育过程又是一个特殊的认识过程,它是以传承人类文明史中间接经验为主的认识过程,为此更需要我们积极创造条件,强化教学实践,为学生正确认识客观世界提供保证。因为从根本上说,一切知识来源于学习主体的实践活动,学生是在与环境的相互作用中,积极主动地作用于外界,从而使智力获得发展。

现代产学合作教育始于美国。1903 年,现代合作教育的开创者、美国俄亥俄州辛辛那提工程学院的教务长赫尔曼·施奈德(Herman Sclmeider)明确地提出了合作教育的思想。他根据本人的经历认为,每一个专业都有许多内容是在课堂上学不到的,尤其是对工程师的培养来说,光有大学的教学和实验室的工作是不够的。很多工程领域的知识,只有亲临现场同专业人员一起工作才能学到手。同时,他发现,有相当

---

① 马克思恩格斯选集:第 1 卷 [M]. 北京:人民出版社,1972:16.

多的大学生为了维持学业，利用课余时间在校外参加各种工作，而这些工作往往与他们所学的专业并没有什么联系。因此，他主张，学生不仅应在校内学习，而且应到校外去工作；学生在校外的工作也不仅仅是为了获得经济收入，还要有助于人才的培养。1906年，施奈德提出了第一个校内学习与校外工作轮换进行的辛辛那提大学的合作教育计划。这是一种新的教育模式，即学校在制订教学日历时，向每两名学生提供一名雇主，这两名学生相互轮换地一面学习，一面工作。学校的责任是为学生联系与其专业课程相关的工作职位，学生在工作期间取得工资。1906年，辛辛那提大学实施了施奈德提出的课程计划并取得了成效。之后，在美国国会和联邦政府的支持和资助下，美国产学合作教育的范围逐步扩大，二战后获得迅速发展。截至1983年，美国全国大约900万大学生中2%的学生，工科大学生中8.2%的学生参加了合作教育，即参加合作教育的学生数量从60年代末的8万增至22万，参加合作教育的院校占总数的1/3。

综合多年来一些理论和实践工作者的研究，我们认为，产学合作教育的基本内涵可以概括为：它是一种以培养学生的全面素质、综合能力和就业竞争力为重点，利用学校和企业两种不同的教育环境和教育资源，采取课堂教学与学生参加实际工作有机结合，培养适合不同用人单位需要的，具有全面素质和创新能力人才的教育模式。它的基本原则是产学合作、双向参与，实施的途径和方法是工学结合、定岗实践，要达到的目标是全面提高学生综合素质，适应市场经济发展对人才的需要。

世界经济合作暨发展组织（Organization for Economic Cooperation and Development，OECD）将产学合作方式与形态归纳为七类[1]：一般来说，产学合作教育的范围、内容和方式是十分广泛的，包括专业的设置，培养目标、培养计划的制订，教学环节、教学内容的安排，教师的培养和聘任，教学设施的建设，教育资源的互相利用，教学的组织和管理，学生的培养和分配等等。就高等职业教育培养技术应用型人才而言，产学

---

[1] 林辉亮.加强产学合作提升技职教育品质[J].职业技术教育（教科版），2002（4）：33.

结合工作重点是培养计划的制订，主要是按照专业所对应的职业岗位（群）或技术领域的需要确定学生的知识、能力、素质结构，教学资源的利用，实践能力的培养和职业素质的提高。产学结合教学模式主要包括三层意思：一是学生参与生产或服务，在实践中获得职业经验；二是学生在专业理论学习中获得职业经验；三是师生参与技术创新，在研究中探索职业经验。

3. 高等职业教育实践教学条件——实训基地

实训是高等职业教育实践教学三大环节之一[1]，它是职业技能实际训练的简称，是指在学校能控状态下，按照人才培养规律与目标，对学生进行职业技术应用能力训练的教学过程。它不等同于实验，也有别于实习，它包含实验中学校能控和实习中职业技术性的两个长处，并形成自己最闪光的特色。

实训基地是实训教学过程实施的实践训练场所，其基本功能为：完成实训教学与职业素质训导、职业技能训练与鉴定的任务，并逐步发展为培养高等职业教育人才的实践教学、职业技能培训、鉴定和高新技术推广应用的重要基地。实训基地包括两个方面：校内实训基地和校外实训基地。校内实训基地有别于实验室、实习车间，是介于两者之间的一种人才培养空间，主要功能是实现课堂无法完成的技能操作，有目的、有计划、有组织地进行系统、规范、模拟实际岗位群的基本技能操作训练。校外实训基地的建立主要通过专业教师联系校企双方达成一致后签订协议。所联系企业应考虑实训方便并具有实力和特色，在联系、实训、交往的过程中，循序渐进地与企业建立感情，并逐步开展各项合作，最后挂牌成为校外实训基地。

随着高等职业教育的大众化和社会化，其实训基地建设呈多样化趋势。

从管理上来说，要改变实训基地建在高校的单一模式。对于适合建

---

[1] 郭静. 高等职业教育人才培养模式[M]. 北京：高等教育出版社，2000：143.

在学校中的实训基地，继续加强建设。对于行业、专业性比较强的实践基地，可利用企业在职工培训方面的现有条件，根据高等职业教育学生培养和职工培训的共同需要进行建设，成为高校的校外实训基地。如同济大学高等技术学院就与上海柴油机股份有限公司共建机电一体化实训基地。对一些通用性很强的基地，可以在政府与行业、企业的支持下，建立面向地区的实训中心以及中外合作培训基地等。如同济大学高等职业教育实训基地与美国希比公司共建SIEBE楼宇自控系统培训中心，充分发挥资源共享的优势。

从投资主体来说，开辟政府、学校、企业多元化的投资渠道，充分发挥政府、高校与企业三方面的优势，多种渠道、多种方式筹集资金，资源共享，共同投资和建设高等职业教育实训基地。高等职业教育实训基地应创新建设理念，改革以往由政府拨款的单一模式，探索学校自筹和企业赞助等多渠道筹集资金、共同投资的方式。高校应充分认识实训基地在人才培养中的重要性，加大对实训基地建设的经费投入，还应充分发挥社会各界对人才培养的积极性，努力争取社会及企业赞助。学校可通过企业形象宣传、培训权益共享，以及其他合作形式等予以回报。如同济大学与教育部、上海市教委和国内外大企业、跨国集团公司等协作共建上海市城市建设与管理实训中心，总投资近3000万元，其中社会及企业赞助逾千万元。

从运行机制来说，建立生产、教学、科研三结合的运行机制，加强教学与生产、科研的联系，以生产和科研促进教学，将教学融入科技发展和经济建设，是知识经济时代和信息技术社会高校教学实践基地可持续发展的重要保障。高职院校应与产业部门和科研单位协作共建培训基地和专项实验室，优势互补、资源共享。充分利用实训基地的先进技术与设备，为高职院校学生实训和行业、企业员工培训以及科研单位产品试验等创造有利条件。要积极开展应用项目研究、科技成果推广、生产技术服务、科技咨询和开发等科技工作及社会服务活动，形成教学、科研、生产和发展的良性循环。如同济大学高等职业教育实训基地与瑞士希利得公司共建HILTI紧固技术研究中心，积极探索产学研三结合的运行机制及教学、培训模式。

从服务功能来说，开拓实训、培训、咨询全方位的服务功能，融职业技术教育、职业技能培训、科技与社会服务于一体，实现教学、培训、服务一条龙，是我国加入WTO后进一步发挥高校教学实践基地规模效益的新举措。市场竞争归根结底是人才及技术的竞争，要将科技成果迅速转化为生产力，提高工艺的智能成分和产品的技术含量，就必须提高员工素质和技术水平。高职教育应进一步强化实践训练，提高学生对新技术的掌握与应用能力，以增强其就业竞争力与市场适应力。

五、高等职业教育的教学评价

高等职业教育培养适应知识经济时代要求，适应21世纪社会发展需求的素质本位的高等应用技术人才，这就要求必须改革传统的教学质量监控评价体系，改革教学导向系统，构建全新的教学质量监控评价体系。而构建的首要前提是转变高等职业教育评价观念。我们认为，面向21世纪的高等职业教育、教学评价观念的转变，应该包含以下几个方面：从学科本位的评价观念转向能力本位的评价观念；从单纯对学习的评价观念转向素质本位的评价观念；从单纯对教学过程的评价观念转向教育全过程的评价观念；从知识传授型评价观念转向知识传授与创新能力结合的评价观念；从单纯对学生智力因素评价的观念转向智力因素与非智力因素结合、智商与情商结合的评价观念；从对学校的封闭型自我评价的观念转向开放型学校与社会结合的评价观念；从单纯对教师的监控评价观念转向对学校全员的监控评价观念；从定性评价观念转向定性与定量相结合的评价观念；从对教育教学质量的静态评价观念转向静态和动态结合的评价观念；从精英教育的评价观念转向大众化教育的评价观念[1]。上述高等职业教育教学观念转变的核心是凸显高等职业教育主体性价值。也就是说，教学评价活动是一种主体性的活动。因而，我们从高等职业教育教学评价主体角度，设计出五种高等职业教育教学评价模式[2]。

---

[1] 赵居礼，赵绥生. 论高职高专教育教学评价观念的转变[J]. 职教论坛，2002 (7)：56.

[2] 肖良松，佘爱民. 中等职业教育教学质量评价的模式研究[J]. 常州技术师范学院学报，2002 (1)：8.

1. 自我评价模式：以学生为评价主体

教学质量的最终落脚点是学生素质的发展。作为学习活动的主体，学生有必要在教师的指导下学会自我关注学习情况，自我评价学习，自我改善学习，做学习的真正主人。对中等职教而言，一方面，学生的世界观、人生观、价值观开始形成，已具备一定的思辨能力，能对自己的学习、生活等各方面做出自我评价，并据此做出改善的决策；另一方面，随着中等职教教学改革力度的加大，越来越对学生提出自主学习、自主评价学习的要求，如无分数录取、学分制的推行、网络技术的开发、现代远程教育技术的使用等等，使学生的学习基础、学习条件的差异越来越大，其学习计划、学习要求、学习进度越来越取决于学生自己的决策，学校和教师越来越难以对学生提出整齐划一的学习要求。在这种背景下，以学生为评价主体的自我目标评价模式也就自然产生。

自我模式借鉴泰勒的行为目标评价模式，以目标达到为评价取向，以自我评价为手段。模式中的自我指学生自己，即学生是评价自身学习及与学习有关情况（当然以评价自身学习为主）的主体。这里的目标，可分为整体目标、阶段目标、近期目标，这是学生根据学校的总体培养计划、教学质量标准及自身实际做出的，经过自身努力可以实现的目标。把目标划分为不同层次，有利于学生完成真正意义上的自主学习、自主评价。当然，学生的自我目标评价，是在教师指导下的评价活动，不可能是学生自由的评价活动。

自我目标评价模式有如下操作要领：评价主体在教师指导下学习评价基本理论、方法，掌握自我评价技术；评价主体对照教学质量标准自我诊断，参考他人的意见，确立自主发展目标并自我评价该目标；评价主体参与教学活动，并随时或定期开展自我目标评价，努力使活动不断逼近发展目标；评价主体适时根据评价意见调整学习决策，逐步实现近期目标；阶段学习结束，评价主体对该阶段学习开展评价，做出评价结论；评价主体进一步总结评价实践经验，学习新的评价技术，开始新一阶段的自我目标评价。具体用图 6-1 表示。

采用自我目标评价模式进行高等职业教育教学质量评价，有助于发

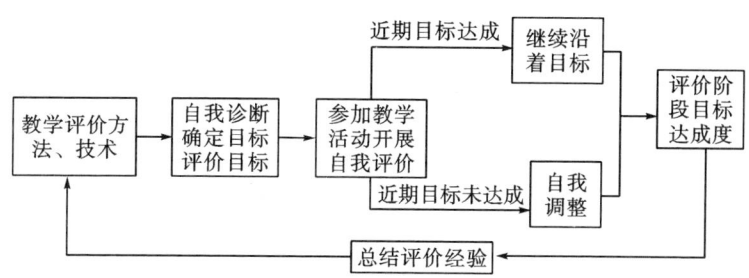

图 6-1 自我目标评价模式操作步骤

挥学生在教学质量形成中的积极作用，并且不受时间、场合限制，省时、省力、省财，可以在较长时间内连续操作，有助于分阶段教学质量标准的达成。但是该评价模式的结论客观性不强，如果评价主体的自我发展意识薄弱，自我评价能力欠缺，那么很容易导致评价主体在教学评价中自我封闭，不利于教学质量的提高，因此教师有必要不断加强评价指导。

2. 合同评价模式：以教师为评价主体

教学活动在某种意义上可以看作根据一定的教学质量标准，并且受制于教学质量标准的有目的的行为。教师是教学活动的主导，教师的教学活动更是理性的、规范的活动。对高等职业教育教师而言，教学活动必须符合党和国家的教育方针政策、高等职业教育教学规律、高等职业教育教学质量标准，这些可以看作高等职业教育教师在教学中必须遵守的"合同"。教师依"合同"实施教学，评价教学质量，调整教学决策，学校依"合同"管理教学，评价教学，调整管理决策，学生依"合同"参与教学，评价教学，调整学习决策。在教师、学生、学校三者中，教师处于承上启下的中枢位置，无论是党和国家的方针政策，还是高等职业教育教学规律，抑或是高等职业教育教学质量标准，最终都要靠教师在教学中引导、指导、辅导方能落实。因此，我们有必要以教师为评价主体建立合同评价模式。

随着我国教师聘用制的推行，特别是在逐渐兴起的民办高等职业教育及借鉴德国双元制的高等职业学校中，教师与学校签订教学"合同"，依据"合同"实施教学，评价教学，获取工作报酬的关系越来越明朗，我们更有必要以教师为评价主体建立合同评价模式。

合同评价模式中建立的"合同"应该具有法律效力，应该是教师与学校之间的法律契约。它必须对教师实施教学的各环节予以明确界定，必须有利于高等职业教育教学质量的提高。这种模式更主要的是对教师的教学实践起引导、规范作用。"合同"各方，尤其是教师和学校必须履行"合同"规定的义务，享受"合同"规定的权利。这种"合同"以学年或学期为阶段订立。

高等职业教育教学质量的合同评价模式，简单地说就是教师依教学质量"合同"评价教学质量。具体地有以下几个环节：其一，教师评价学校提供的"合同"样本，修改并签订共同认可的教学质量"合同"，明确权利和义务；其二，教学评价各方履行"合同"的权利和义务，通过适时评价纠正偏离"合同"的教学行为；其三，学期评价教学质量，教师依据评价结构兑现"合同"；其四，教学评价各方续签或停签新的教学质量"合同"，如图6-2所示。

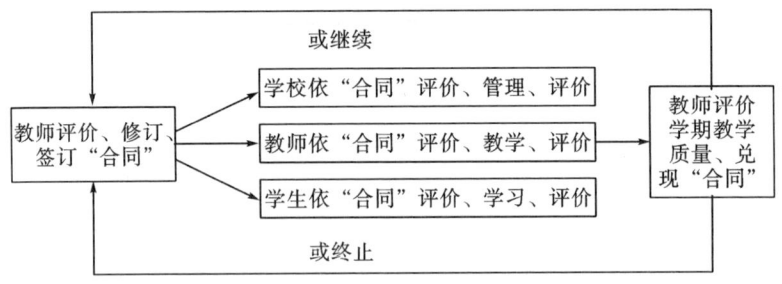

图 6-2　"合同"评价模式操作步骤

高等职业教育教学质量评价采用"合同"评价模式，其优势是明确评价各方权利和义务，评价方向和标准清晰，有利于提高评价活动的规范程度和达到度，其不足是在评价过程中容易忽视评价各方的主观性情感因素。要弥补这些不足，我们只有在评价过程中加强师德、师风建设，增加感情的投入，以情激情，以心换心。

3. 量化评价模式：以学校为评价主体

教学活动是双向的主观能动性的活动。其活动过程是一个"黑箱"，往往很难量化，但在高等职业学校教学管理和评价实践中，我们常常倾向于以数量来考核、评价教学，而且也有大量的实践经验值得总结、借鉴。因此，我们有必要建立量化考核评价模式，为今后更好地开展高等职业教育教学质量评价活动提供有益参考。

量化考核评价模式，首先是将考核和评价结合起来，评价促考核，考核助评价；其次是将考核评价指标予以量化，便于评价主客体在日常教学中参照。

量化考核评价模式操作：在学期开学前，学校管理层根据不同评价对象提供量化考核评价方案；对各种评价对象进行讨论、修订量化考核评价方案；开学时学校即执行量化考核评价方案，在日常管理中采集量化评价数据，与此同时，各评价对象依方案实施教学和管理；学期结束学校汇集量化考核数据，形成量化考核等级及评价结论；学校使用量化考核评价的结论、结果（见图6-3）。

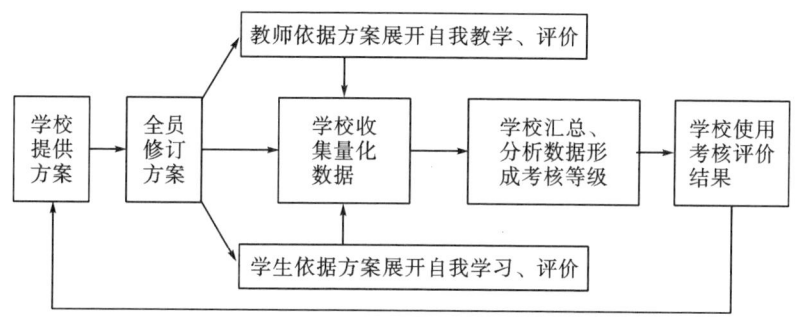

图 6-3　量化考核评价模式操作步骤

量化考核评价模式将教学质量指标量化，便于管理者直接对照评分，操作简便，评价结果明确，而且因为该模式可供学校管理层评价教师、学生、教学设施、教学管理等各个被评价对象，有着较广泛的适应性。但要真正发挥量化考核评价模式的效果，要注意几点：第一，评价指标要尽量选择有代表性的指标，减少无效指标；第二，评价指标要尽量选择使之量化的指标，减少模棱两可的指标；第三，量化考核评价方案须经全体被评价对象的讨论修订，以使他们更主动地接受评价，并能对照指标自主评价，使评价成为日常管理的有效手段。

4. 增值评价模式：以专家为评价主体

开展教学质量评价的目的，是不断改进教学，提高教学质量。这种"改进"和"提高"是相对的，是在原有基础上的发展。我们无论是评价教师、评价学生，还是评价教学管理，只有在其原有基础上评价其发展的程度，评价结论才会更贴近实际，更令人信服。因此，在以学校为主体的教学质量评价模式中，我们可以依据普遍联系和发展的观点，借鉴教育评价CIPP模式，建立起以相对增值为评价取向的增值评价模式。

增值评价模式的特点：一是承认评价对象在起点的差异，注重背景评价；二是鼓励评价对象的每一个个体在教与学过程中不断努力，注重过程中努力程度评价；三是突出将教学实际效果与起点及过程努力程度联系起来，注重评价结论的相对性。

增值评价模式有如下操作要领：第一，对评价对象的背景进行评价，评价出起点状况；第二，对评价对象的阶段发展目标进行评价，评价出努力目标；第三，对评价对象在教学过程中围绕目标的实践活动进行评价，评价出努力程度；第四，对评价对象阶段教学的实际效果进行评价；第五，将第四环节的实际效果与第一、第二、第三环节的结果进行比较评价；第六，得出相对程度的增值评价结论，并予以描述；第七，反馈增值评价结论，开始新一轮的增值评价。见图6-4。

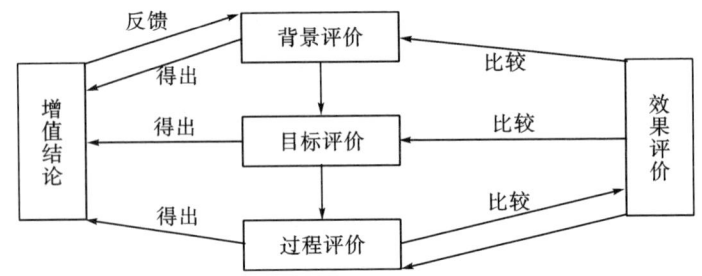

图6-4 增值评价模式操作步骤

增值评价模式的结论是相对的，因此在反馈评价结论时，我们十分有必要跟每一个被评价对象点明，使其在看到成绩的同时，更能清醒地看到自身的不足，激起其进一步努力的信心。

5．合作评价模式：以社会为评价主体

评价与社会、经济发展密切相关的高等职业教育教学质量，除了要依照已经确立的高等职业教育教学质量标准，对学校内教、学、管理各层次予以评价外，还要接受社会、用人单位根据社会、经济发展的需要予以的评价。社会、用人单位满意度越高，毕业生在社会上就业适应能力、创业发展能力越强,高等职业教育的教学质量就越高,反之则相反。因此,建立以社会、用人单位为评价主体的高等职业教育教学质量合作评价模式也就势在必行。

合作评价模式虽然说是以社会、用人单位为评价主体,但因为评价结果还需要反馈到高等职业教育教学中来,高等职业学校也需要主动消化,吸收以社会、用人单位为评价主体提出的建议。

合作评价模式操作要领,第一,学校主动向社会、用人单位征询对教学质量的意见;第二,社会、用人单位建立评价组织,确定评价指标、方案、方法;第三,社会、用人单位会同学校展开教学质量评价活动,收集第一手信息;第四,社会、用人单位整合评价信息,形成评价结论,反馈评价意见;第五,学校根据反馈意见调整教学质量标准,改进教学与评价。见图6-5。

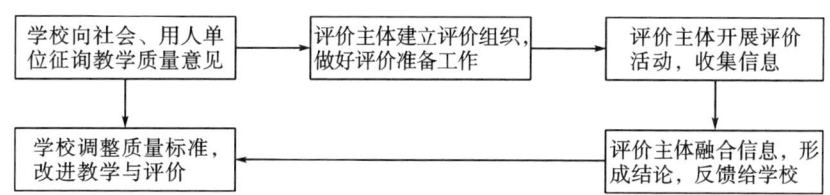

图 6-5 合作评价模式操作步骤

合作评价模式打破了学校单一、封闭的教学质量评价系统,使得高等职业教育教学活动、教学质量评价活动更加开放,更加有利于提高满足学生个人成长需要和社会发展的教学质量,提高高等职业教育的育人效益、社会效益。但是,社会、用人单位的评价指标如果定得过高,则容易挫伤高等职校的积极性,反之,又不易形成高水平的教学质量,因而采用评价模式评价教学质量,确定评价指标很重要。

上述五种高等职业教育常用的教学质量评价模式仅仅是提供了一个相对简单的标准样式。虽然彼此间有一定的区别,但相互之间并不排斥,而是相互补充的。从高等职业教育教学质量评价的整体角度看,以学生和教师为评价主体的评价模式更多地运用于日常性的教学质量评价中,以学校为评价主体的评价模式更多地运用于阶段性的教学质量评价中,而以社会、用人单位为评价主体的教学质量评价模式则更多地运用于高等职业教育最终的教学质量评价中。

本章小结

构建独特的高等职业教育教学模式是实现高等教育人才培养目标的重要途径。当前,高等职业教育教学模式改革的趋势是:强调教学对象的主体性,强调教学方式的多样性,强调教学内容的丰富性和教学评价的多元性。

在构建高等教育教学模式过程中,发达国家比较成熟的教学模式值得借鉴。发达国家高等职业教育模式主要有:以能力培养为中心的 CBE 模式,以校企合作为主体的双元制模式。这几种典型的高等职业教育教学模式给我们如下启示:①以职业需求为导向,选择专业方向和培养目标;②强调以综合职业能力的培养为重点;③按职业分析构建课程体系和教学内容;④理论与实践相结合,突出实践性教学。

受国际高等职业教育教学模式的影响,我国也逐步探索了中国特色的高等职业教育模式:①理论实践一体化教学模式;②工学交替教学模式;③两段式预分配教学模式;④能力本位教学模式;⑤分阶段教学模式。上述高等职业教育教学模式有效地推动了高等职业教育人才培养工作,但在进一步发展过程中尚存在诸多文化障碍:一是以学科教育为本位的思维定式,影响了人们对高等职业教育质量的认识;二是对高等职业教育质量的规定性缺少必要的理论知识,把高等职业教育看成教育层次之分而不是类型之分,在教学运作中偏离了走内涵发展之路,走进了本科压缩型和普通专科型的误区;三是长期从事中专教学的惯性一时难以克服,试图用中专拓展型的方式进行教学;四是把传授知识和培养能力对立起来,把握不住理论"必须"和"够用"的尺度;五是不适应高等职业教育实训特性,走不出一本教材讲多年的旧习;六是把素质教育同知识传授割裂开,狭义、简单地理解职业能力,在不自觉中降低了教学要求。

构建新的高等职业教育教学模式要从以下几个方面入手:在教学内容上,强化价值观和创造力培养,以及跨学科、综合化科技知识;在教学条件方面,教师素质由"双师型"向"三师型"过渡,加强产学合作教育和加强实训基地建设；在教学评价方面，构建多元主体评价模式——以学生为评价主体的自我评价模式，以教师为主体的合同评价模式，以学校为主体的量化评价模式，以专家为主体的增值评价模式和以社会为主体的合作评价模式。

第七章　高等职业教育人才培养的制度

不以规矩，不能成方圆。

——《孟子·离娄上》

制度是要求大家共同遵守的办事规程和行动准则，是在一定历史条件下形成的政治、经济、文化等方面的体系。教育制度作为上层建筑的一部分，是社会发展到一定历史阶段的产物，它的发展受社会生产力发展水平和社会政治、经济制度的制约。教育制度是知识、技能传授的保障，亦称国民教育体制，是指一个国家依据其教育方针、教育目的所设置的实施机构及其运行的各种规章规范的总称。职业教育制度是关于职业教育的一种稳定的行为方式和结构状态，这种稳定的行为方式和结构状态是建立在有关职业教育的共识和规范之上的，并由一定的强制性或权威性的规则加以调整和约束。制度作为一种规则、程序的体现，是完善高职人才培养模式创新的基础所在。对此，实现高职教育人才培养模式的创新，以适应高职教育转型升级的需要，必须建构良好的制度环境。笔者认为高职人才培养制度就是学校与行业企业如何合作育人的制度，产教融合是高职人才培养的核心制度，是职业教育与产业界为了推动技能养成与发展而进行的资源优势互补的合作活动、关系及保障制度，体现高职人才培养的根本特征。

2017年12月19日，国务院办公厅印发《关于深化产教融合的若干意见》，明确提出"构建教育和产业统筹融合发展格局"。文件强调指出："深化产教融合的主要目标是，逐步提高行业企业参与办学程度，健全多元化办学体制，全面推行校企协同育人，用10年左右的时间，教育和产业统筹融合、良性互动的发展格局总体形成,需求导向的人才培养模式健全完善,人才教育供给与产业需求重大结构性矛盾基本解决,职业教育、高等教育对经济发展和产业升级的贡献显著增强。"这是由国家发改委主导、教育部等部委参与制定的十分重要的文件,标志着我国教育思想的重要突破,对高等教育、基础教育特别是职业教育未来发展将产生深远的影响。产教融合,从字面上来看,"产"不单纯指企业,而是指带动社会经济提升的、相对独立的相关单位从事的生产活动;"教"不单纯指学校,是指教育相关部门以及各级各类学校的教育教学属性,在这里主要指职业教育所从事以培养人才为目的的所有活动;杨善江认为"产教"不仅包括企业与学校教育的结合,更加涵盖生产过程与教学活动的融合。"融合"指原本不同的事物相互重组构成一种不同于旧事物属性的新事物;"产教融合"指学校与企业两种不同的产业形态形成以学生校内学习、发展个体到走向工作岗位的组织活动。其内涵不仅仅局限于人才培养模式与合作关系,更是一种融合了教育制度与产业制度的职业教育的国家基本制度。"融合"二字意在打破过去产业和教育单独的发展模式,从产业发展方式上来说,打破主要靠产量和劳动力数量促进经济增长的方式,而把人力资本的投资和科技进步放到增长的环节中;从教育发展方式上来说,打破教育相对封闭的发展方式,把职业教育放到经济增长的过程中,内化到产业链发展的过程中。它的提出打破了企业与学校的隔阂,培养人才不再是企业的一种负担,更像是一种责任。不同于校企合作的责权分配制度,在产教融合当中,双方以人才培养为目标共同从事所有教育教学活动。产教融合的职责是教育要与地方产业协同发展、企业与学校整合双方资源为培养人才所用、双方达到深层次的紧密合作。

产教融合是国际职业教育研究的共同问题,也是许多国家职业教育发展的共同追求,由于各国的历史文化、政治经济体制、所处的历史阶段不同,所强调的重点不同,其表述也各异,中文表述包括:合作教育、产教结合、产教合作、产学合作、校企合作、工学结合、学徒制等。产教融合内涵的发展经历了从一种人才培养模式到一种教育与生产交叉的制度演变。本章从产教融合制度的内容、形式、机制、评价四个方面解析高职教育人才培养制度。

第一节　高职教育产教融合制度的内容

为适应当前经济发展，提高企业核心竞争力，亟须培养一流的高技能人才。高技能人才队伍建设是当今社会赋予高等职业教育的重要使命。高等职业教育培养的学生在具备一定理论知识的基础上，更加强调岗位操作技能，使其既能适应当前职位需求，又能可持续发展。因此，在实际教学中，构建符合高等职业教育特色的产教融合教学模式，即以学校与产业部门为主体，以平等互利、优势互补为原则，以培养高素质技能型人才为目的的教学模式。在产教融合教学模式下，学校充分利用产业部门的教育资源和教育环境，把以课堂获取的理论知识付诸实践，将教学活动与生产活动深度融合。具体表现在生产过程与教学过程相接、生产环境与教学环境相融、生产资源与教学资源相合、生产工时与课程学分相通等四个方面。

一、生产过程与教学过程相接

生产过程是指围绕完成产品生产的一系列有组织的生产活动的运行过程[1]。生产过程的特性包括：第一，不间断性。指在空间和时间上都是连续的过程。第二，平行性。指在生产过程中对加工对象实行平行交叉作业。第三，比例性。即生产能力与生产任务相配。第四，协调性。第五，适应性。教学过程是教育者以社会发展需求及受教育者身心发展规律为依据、以教学资源为载体、以师生双边良性互动为基本形态，指导受教育者系统掌握科学文化知识和操作技能，实现学生认知、技能、情感协调发展从而达到预期教学目标的活动进程[2]。其主要分为感知、悟知、行知三大阶段。其特征体现在双边性与周期性、认知性与个性化、实践性与社会性。

---

[1] 孙春华. CAD/CAPP/CAM技术基础及应用[M]. 北京：清华大学出版社，2004：200-260.

[2] 曲振国. 当代教育学[M]. 北京：清华大学出版社，2006：161.

生产过程与教学过程相接是产教融合教学模式实施的有效手段。两者相接主要体现在：其一，生产流程与教学计划相接。每学期初学校教务科、技能开发科根据生产经营科的企业生产流程与生产周期制订并实施教学计划，随生产过程中不同阶段开展相应的理论和实践教学。其二，生产任务与教学内容相接。即按照企业生产任务设计相应的教学内容，通过学习和运用理论知识及技能完成生产任务，从而了解企业的生产管理过程，体会生产中的劳动组织关系。具体来说，以企业真实生产任务设计各层次实践教学内容，将企业产品件（零件、模块、单元）作为学生技能训练课题，学生全程参与企业生产过程，独立完成作业信息、计划、决策、实施、检查、评价六个模块，培养学生动手能力、工艺能力和可持续发展能力，增强学生的责任意识、团队意识和安全意识。

在借鉴传统工学交替教学模式的基础上，依托现有生产实训资源，深化校企合作、工学结合的"产教融合"的人才培养模式，通过加大生产过程和教学过程交替的频次及教学内容覆盖面，提高两者契合度。以模具专业为例，根据"产品开发—模具设计—图纸审核—工艺制订—模具加工—模具装配—试模—修模"的生产过程，分别制订相应的教学计划，为每套模具落实相应的负责人、成员和完成周期，协调好学校的教学与企业的生产之间的安排，做到生产过程与教学过程和谐相应，既不耽误企业正常生产又不影响教师的教学工作。在高等职业教育的教学模式中，它的整个教学过程不再是老师讲、学生听，也不是单纯的老师演练、学生示范，而是让学生走进工厂，在真实的生产过程中汲取知识和养分，这种"让学生在生产实践中学到所要学习的内容，相应在学习过程中又完成了生产任务"的教学方法取得了双赢，在一定程度上提高了学生学习的积极性和效率。再具体到每一个单元的工作过程亦是如此，例如在某个零部件生产过程中，首先由技术部设计零件加工工艺，其次车间主任根据产品精度、难度安排产品，最后实习指导老师根据产品加工要求安排学生加工。与此相应的教学过程是实习指导教师根据教学进度、学生特点、产品精度、产品难易度、设备性能等情况，安排学生进行加工。具体来说，首先，分析产品精度、生产周期、产品难易度等，从而选择设备与学生；其次，教师进行入门指导或授课，明确任务要求，学生分析任务和写加工工序并由教师审核工序后签名确认；再次，学生领取并使用生产工具进行首件加工，由班质检、教师、车间质检对首件产品进行检测，并签名确认，学生根据首检合格产品为样件，加工完成产品；最后，由教师进行总结。

二、生产环境与教学环境相融

生产环境指产品生产的现场，是影响零件或产品制造和质量的重要条件。教学环境是指影响教学活动的各种外部条件[①]。广义的教学环境指影响整个教学活动的诸因素的集合，包含科学技术、社会制度、家庭条件等。教学环境具有场域性、互动性和结构性。

生产环境与教学环境相融是产教融合教学模式实施的有效途径。两者的融合主要有三种形式：第一，学校工厂型。即学校基于计划组织，依据学生的所学专业和发展方向、企业的需求和实训条件，开展和企业的合作。第二，工厂学校型。即由工厂开办技校，并享有技校的产权。在这种形式下，工厂能根据自身需求，有针对性地培养人才。第三，工厂学校联合型。即技工院校与企业联合办学，双方共同协商培养目标、专业设置、教学计划、人才规格等。生产环境与教学环境相融的过程中，充分利用学校和企业两个教学场所，在硬环境和软环境上都力求做到相互交融。硬环境的融合主要体现在学生进行生产性的实训时，可以共享学校和工厂的场地及设备。而软环境的融合则表现为学生进入工厂，着力将企业文化、企业精神作为指引实训的总体方向，将企业规范及用人标准作为实训的基本要求，让学生的实训过程零距离对接企业生产，从而有效培养学生的职业通用能力，形成职业感知，增强岗位自信。

以培养高技能人才的江门技师学院为例，该校生产环境与实训环境相融在一起，在模拟课堂的基础上，将课堂搬到工厂中，在生产中开展实训教学。比如：在硬环境上，2011年学校修建了新校区，同时建立了综合性实训基地，在学院领导的宏观管理、统筹规划、综合协调下，在实习教师及相关教学单位的支持下，一方面保证实习教学任务顺利完成，完成专业学生实习实训、专业技能考证培训，另一方面还接纳江门

---

① 顾明远. 教育大辞典[M]. 上海：上海教育出版社，1992：356.

市第一机床厂等相关企业的生产型实训任务，年累计生产任务达到17 100工时。在软环境上，学校将校内实训室打造成校内模拟企业，以企业具有的核心文化、工作氛围、制度标准等规范管理校内实训室。具体实施表现在：其一，提炼企业文化。学校根据现代企业要求，提炼出符合高等职业教育特色的企业文化，即"高起点、严要求、抓质量、争一流"。其二，营造企业氛围。学校将校内实训室按企业布局予以设计，将实训要求、产品标准、工作态度、行为规范等内容以文字或图片的形式上墙，让实训学生深刻感受到浓厚的企业氛围。其三，提出企业愿景。学校将"争做一流员工、共造一流产品、同创一流企业"作为企业愿景，为学生指明奋斗方向。如江门市化工仪表厂的生产环境：①行为观念上，每天上班前班检，下班后集队报到，相当于企业打卡上下班，生产过程以安全第一，保证质量为主；②实施江门市化工仪表厂车间管理规范；③生产现场有企业各种管理规范、质量管理、安全口号等企业文化。相应地，学生的实训环境也是与此相融：①行为观念上，每天晨检与生产班检合一，班前授课、入门指导，班后对生产实习中出现的问题进行分析总结；②学生在实习过程以生产工人行为准则为标准；③现场学习体验企业文化。

三、生产资源与教学资源相合

生产资源是指确保生产过程顺利进行所需要的各种人力、设备、材料等。教学资源是指教学过程中被教学者利用的一切条件。生产资源与教学资源相合是产教融合教学模式实施的有效措施。如何将企业生产设备的"工件"变成学生实习、学习的"学具"是重要环节。目前高职院校主要是通过以下两种方式实现生产资源与教学资源的结合：其一是仿真性结合。由于高职院校受到资金的限制，对于更新换代频率快的仪器设备，学校没有条件也没必要长期引进。学生可以通过仿真企业生产的设备软件，全面了解生产流程和设备调试的过程，从而加强对真实生产过程的感知与体验。尽管这种形式产出的作品并非实际产品，但这种方法不仅能够解除学校资金不足的困境，同时也能保障学生的实训质量。其二是实践性结合。这种结合方式主要适用于有校办工厂的学校，学生在校办工厂真实的生产过程中进行实训，体验实训过程的"全真性"，技能训练的"职业性",运行管理的"企业性"。在校内生产性实训中,生产任务即为实训内容,生产过程即为实训过程,生产产品即为实训结果。实训结束后,学生实训中产出的合格产品直接作为工厂的产品对外销售,学生便成为企业的员工。如果学校没有校办工厂,可以加强建设顶岗实习基地,让学生在企业实习岗位上体验真实的工作环境、工作过程和工作情景,为将来的就业奠定坚实的基础。

江门技师学院坚持深度融合生产资源与教学资源。学校的专业建设和教材建设由学校、企业、社会等多方主体共同参与。到目前为止,学校通过数字化平台,为4个重点专业实现了教材、教辅、教具、学具、课件和网站等多介质的立体融合。比如针对数控专业而言,其生产资源主要有三类:①学校内生产资源,包括江门市化工仪表厂、江门市第一机床厂、江门市宇宝电子厂,主要有C6132A车床、C6132A1车床、摇臂钻床、水分仪、定量仪、扫描架、雕铣机等产品的零配件;②外协加工资源,主要由学校生产经营科、技能大师工作室及其他教职员工承接校外企业产品资源;③校内各部门维修件及杂件,主要有后勤维修的风扇蜗杆转轴、水龙头阀芯、水管接头、学生床、铁门,产品生产附件的包装、门胶、钻模、特殊螺钉。这些生产资源在教学中都将被转化成教学资源,成为实训教学中的关键资源。通过生产部门和技术部设计产品零配件的加工工艺,车间主任根据加工工艺,分析每年级教学进度要求,把产品分为入门、粗、半精、精等工序安排到每个实训模块中进行加工生产。这其中摇臂钻床、水分仪、定量仪、扫描架、雕铣机等生产资源都会被应用到教学中;实习指导教师根据生产图纸和毛坯料设计产品粗车、半精车、精车的尺寸形状,合理安排学生进行逐级加工,学生通过此系统工作流程,能学习到关键职业技能与能力。

四、生产工时与课程学分相通

生产工时是工业上计算工人劳动量的时间单位。课程学分是用于计算学生学习量的计量单位,是学校基于专业教学计划对课程进行考核评价的标准。现代技工教育培养的是应用型、实用型人才,强调学生的就业能力和岗位适应性。产教融合教学模式下赋予学生双重身份,既是学校学生又是企业员工,因而,高等职业教育教学应探索和完善适合技能培养和产教融合的学分与工时互换模式,生产工时与课程学分的相通是产教融合教学模式得以实施的重要保障。两者的相通主要有三种形式:一是双证制度,理论课和实训课都占据一定比例的学分,实训课的学分由工时兑换,学生修完课程并达到标准后即可获得学分,累积学分达到教学计划标准后可向学校申请职业鉴定,并获取毕业证书;二是学分互认机制,即学生获取的技能证书和技能奖项可兑换成相应学分;三是工学交替,充分考虑职业教育工学结合的特点,允许学生学习时间的间断,对于学生就业或创业过程的学习经历也可以折合成学分,如同零存整取的"学分银行",充分注意生产工时与课程学分的互换。

如长沙航空职业技术学院在产教融合的交替教学模式中,坚持生产工时和课程学分相通的评价方式。即对学生技能实训的工作量有明确的要求,按生产工时来计算,对学生课程学习也有学分要求,两者可以相互置换,共同计入学生总的学业成绩,建立以能力为核心的综合型评价模式。这种模式涵盖了学生学业能力考评和素质能力考评,具体而言,学业能力考评的内容包括生产工时量、产品质量、技能竞赛成绩等,素质能力考评包括道德品质、工作态度和实训表现等。如数控加工专业学生在学习零件的数控车削加工时,多零件加工包括多个工时,占了这门课程成绩的70%,其中安全文明生产20%,出勤作业课堂10%。并且还根据学生所在年级不同设有不同的工时标准:学生第一个学期不算工时,第二个学期学生完成一个工时折算成一个熟练工人的20%,以此类推,第三个学期为35%,第四个学期为50%,第五个学期为75%,第六个学期为100%。这种产教融合教学模式将教学内容变抽象为具体,教学环境变静态为动态,教学资源变单一为多元,并将理论知识、岗位技能和素质教育培养相融合,促进了高等职业教育的健康发展。

第二节 高职教育产教融合制度的形式

一、基于资源依赖的合作式融合

合作式融合是通过职业学校选择现代化程度较高且与自己所设专业相关的行业企业,获取实训设备及顶岗实习机会,学生接受企业师傅指导；同时职业院校通过为企业培养输送高技能人才、培训企业员工等行为，实现两者资源互换的一种双向沟通、相互依赖的融合方式。其理论基础是 20 世纪产生于美国的合作教育（cooperative education）。1946 年，美国职业协会发表的《合作教育宣言》（Cooperative Education：A Manifesto, Freund Others）认为：合作教育是一种将理论学习与真实的工作经历结合起来，从而使课堂教学更加有效的教育模式。2001 年，世界合作教育协会（World Association for Cooperative Education）在它的宣传资料中解释：合作教育将课堂上的学习与工作中的学习结合起来，常能在获取报酬的工作实际中将工作中遇到的挑战和增长的见识带回课堂，帮助他们在学习中进一步分析与思考。我们认为，合作教育是一种将课堂上的学习与职业上的学习相结合的教育模式，学生参加工作是整个教育过程的重要组成部分，是有领导、有组织、有计划、有步骤的教育行为。学生将理论知识应用于与之相关的、为真实的雇主效力且通过校企合作中的校与企是具有不同社会功能和特点的组织，两者合作能否实现彼此预期的目标，基于资源依赖。资源依赖是指组织在一个开放的社会系统内，不可能拥有赖以生存和发展的所有资源，而不得不依赖外部环境，从外部环境中引进、吸收、转换各种资源，进而形成组织间的资源相互依赖的关系网络。职业院校与企业的合作即是资源依赖的一种具体表现。基于职业学校与企业的资源依赖，合作式融合的原则是两者之间的行为是平等的，彼此在享受权利的同时必须履行相应的义务，这是合作的前提，也是长期依赖关系得以建立的基础。合作式融合的内容主要是行业企业为职业学校提供的设备仪器、顶岗机会及指导与职业学校为企业提供的技能人才、员工培训及技术合作。

在实践中，合作式融合作为职业教育参与企业生产最为普遍的一种形式，基于职业学校高技能人才培养需要，即加强理论素养的养成，更注重实际操作能力的训练，涌现出很多典型案例。概括起来有两类：一类是职业学校根据自身的优势专业结合行业企业开展合作，如湖南铁道职业技术学院结合电力牵引与传动控制专业与几个车辆工厂合作办学；一类是职业学校的人才培养结合区域经济发展需要展开的合作，如浙江永康职业技术学校结合地方产业发展特点及人才需求，培养大批中初级技术人才，服务区域经济发展，发挥职业教育社会服务功能。

二、基于资源共生的嵌入式融合

嵌入式融合是指为完善实践教学条件，提高人才培养质量，学校通过与企业共建生产性实训基地，或将企业生产等相关资源引入职业学校，借助真实的岗位环境，为高技能人才培养创设生产情境的一种融合方式。嵌入式融合的载体是校内实训基地，目标是培养高技能人才，核心是深度产教融合，理论基础是资源共生。共生是个体或组织为了获得生存，按照一定的模式彼此依赖、互相依存，形成共同生存、协同发展的关系。共生的形式主要包括单元、模式和环境三类基本要素发生稳定和谐的结构关系。嵌入式融合是职业学校主动选择的一种共生行为，它以校内实训基地的生产线为共生单元，以协同培养高技能人才为共生模式，以校企互利共赢为共生环境，形成学校与企业之间相互促进、互利互惠、共同发展的共生关系。基于此，嵌入式融合的原则应以产业布局为导向，坚持将岗位环境引入学校，岗位需求引入教学，岗位标准引入学习，实现产教深度融合，校企深度合作。嵌入式融合的内容是学校把企业文化、岗位标准、职业要求引入教学中来，这样才能在实践中培养学生的操作技能，在管理中养成学生的品质理念，探索"做中学，学中做"的实践教学，实现产业、行业等要素与教学的融合，逐步建立稳定的长效机制。

在实践中，由于历史、现实及观念等诸因素的影响，在很长时间里职业教育普教化的问题严重影响了高技能人才培养的路径选择。随着人们对职业教育人才规律认识的不断加深，逐步认识到职业教育高技能需要将企业相关资源嵌入到职业学校高技能人才培养中来。嵌入式融合的方式是多样的，以高技能人才培养为纽带的校企合作提供了多种融合的可能，在实践中有全面合作、订单培养、共同研发、股份合作、共建实训基地等方式。在具体实践中主要有项目式嵌入融合和整体式嵌入融合两种方式，项目式嵌入融合是指职业学校根据人才培养的客观需要将相关企业的某个生产项目引入到学校实践教学的一种合作方式；整体式嵌入融合是指职业学校根据人才培养和专业发展的需要将个别微小企业入驻到学校的一种合作方式，如云南玉溪农业职业学院根据兽医专业的需要将一所宠物医院引入，学生有了实践的平台，医院有了发展的空间，实现了学校和企业的资源共享和协同发展的局面。

三、基于资源整合的关联式融合

关联式融合是通过对各类职业教育资源的重组与整合，实现多元主体的协同与合作，特别是行业企业的有效参与，使职业学校的教学链、经济的产业链和社会的利益链互相对接，构成系统的人才培养、输出、聘用、培训体系的融合方式。关联式融合是参与各主体在平衡权、责、利的前提下，发挥自身优势，获得发展的一种自我选择。利益相关者是指影响目标实现的个人或组织，职业教育利益相关者是指与职业教育存在具有合法性的直接或间接利益关系的个人或组织，主要包括政府、企业、职业院校、学生、教师等。不同的利益相关者由于自身性质的不同决定了其利益诉求的差异，借助利益相关者理论的综合平衡、高效集约、互利共赢等原则，厘清职业教育利益相关者之间权利与责任，为培养高技能人才提供良好的对接环境。关联式融合的原则是采取一定的组织方式集中财政经费投入，整合职业教育办学资源，实现集中优势力量对接与集合，使学校与政府、学校与学校、学校与企业、教育与培训、就业与创业等对接，扬长补短，优势互补，形成合力，推进职业教育高技能人才培养的实现。关联式融合的内容是利用一定的组织形式将职业教育的利益相关者联系起来，消除长期以来职业学校学生的工作与学习空间相对封闭，无法得到融通，关联式融合可以消除学校与企业之间的障碍，解决企业与职业院校信息不对称及人才培养目标与企业需求脱节等问题。

在实践中，关联式融合的典型例子是职业教育集团的组建。为了克服职业教育人才培养过程中产业与职业、企业与学校、工作与学校、岗位与教学等的脱节，职业教育集团通过一定的组织使多个利益主体参与，实现人才培养过程中各个部分的对接。职业教育集团化办学在实践中变革传统人才培养模式，通过职业教育集团主体共同参与和制订人才培养的方案，实现职业教育高技能人才培养在专业设置、课程开发、技能鉴定等方面能够广泛征求行业企业意见，发挥行业企业的能动性，培养社会急需人才，实现政校企共同参与、协同发展的有效运行机制。其中，一些职业教育集团结合实际探索集团成员学校间中高职课程，打造集团内的"直通车",允许职业学校学分互认,打通彼此间的壁垒,构建集团内的"立交桥"。职业教育集团参与的主体是职业院校和企业,从1992年国内首个职业教育集团建立至今,我国已建职业教育集团约700个,20年间集团化办学成效显著,其中有一半以上的中等职业学校和90%以上的高等职业院校参与,覆盖行业部门一百多个、企业近两万家、科研机构七百多个,取得了良好的社会效益,得到了社会的认可。

四、基于资源集约的共享式融合

共享式融合是为培养社会经济发展所需的高技能人才,政府借助教育公共基础建设的契机,整体规划,合理布局,综合开发,完善基础设施建设,为职业学校发展创造有利的条件,通过投入共享资源在空间上或组织上的有序有效集聚,使多个主体共同使用的一种融合方式。共享式融合是职业教育集约发展、集中建设、共同利用的一种方式。聚集经济是交易活动在市场力量作用下,资源或生产要素的空间集聚及配置,实现成本节约的一种经济形态。职业教育资源聚集有助于内部成员之间资源共享,提高资源利用效率,发挥组织功能。共享式融合的原则是提高资源的利用效率,发挥资源集聚的协同优势,通过资源共享实现职业引领与教育教学的融洽,校企合作促成现代企业与现代教育融合,工学结合推动工作规律与学习规律融通。共享式融合的内容是,为跨越学校与企业之间的沟壑,消除空间障碍,提高职教资源的使用效率。随着产教融合发展成为普遍共识,"抓经济必须抓职教,抓职教就是抓经济"的观念深入人心。为提高人才培养质量,服务区域经济的能力,各地方政府为推进职业教育进行公共投资,建设公共资源,成为产业和学校的"磁石",在资源共享过程中提高经济效益,促进产教融合。

社会组织在不断分工的过程中促进了社会各项事务的精细化发展,同时也导致很多公共资源的分散,社会利用率降低。为了提高资源利用率,就需要我们运用理论联系实践、经济结合效率来尝试解决此类问题。在实践中,职业教育园区作为对共享式融合的一种有益探索,是以职业学校为主体,以实现资源共享、优势互补和产学研一体化为主要目标,以专业建设、人才培养、科技研发或某种资产为主要联结纽带与共同行为规范,基于地域,立足行业,依托校企合作平台,推动区域产业结构升级，实现区域可持续发展的一种集教育、科研、开发、生产、服务等功能为一体的综合性职业教育实践模式。职业教育园区与其他组织形式相比最大的特点是通过空间的集聚来实现收益的最大化，有利于实现规模效应，促进相关信息的外溢，实现主体的多样性和互补性。近几年，各地职教园区蓬勃发展，根据已经公布的数据，截至2013年末，除西藏、海南外，全国已经有29个省（自治区、直辖市）已建或在建职教园区173个，比较成熟和典型的如江苏常州职教园区、重庆永川职教园区、天津生态职教园区、广西柳州城等。

五、基于资源开发的一体式融合

一体式融合是职业学校在具备一定实力或政策资金支持下，学校为培养高技能人才和长远发展而创建公司或工厂的一种行为，是集教学、培训、生产、科研等多位一体，兼顾学生实训与教师培训的一种特殊的融合方式，其典型特征是企业或工厂隶属学校。一体式融合是产教融合的高级阶段，校办企业或工厂有很强的市场性，这就需要遵循市场中企业经营的一般准则，其核心是产权，而产权交易理论是其学理基础。产权交易是指在市场经济条件下，为推动社会经济转型的规范化发展，经济主体间发生的生产要素及附着在生产要素上的产权有偿转让的经济行为。生产要素的流动是产权的转移与让渡，运用市场机制，保证校办企业产权交易的有序进行。校办企业的产权是指学校对资源所能行使的权利，以财产所有权为基础及派生的占有权、经营权、处置权、收益权等权利组成的权利集合。一体式融合的原则是，校办企业在进行正常产品生产的同时，还需要进行实践教学，两者需要兼顾，不可偏废。在发展过程中科学管理，妥善经营，力争取得良好收益，实现学校资源不断累积。一体式融合的内容是从教学角度出发，工厂依据学校人才培养计划的要求，负责学生的实习、实训和专业教师技术培训与工程实践等与教学有关的活动；从生产角度出发，进行产品生产，获得收益是其存在和发展的关键，校办企业的规模、设备条件、经营水平必须适应市场环境，获得市场生存能力，这就要求明确校办工厂的功能定位，使其功能结构更加科学合理、高效实用。

在实践过程中，职业教育工作者及研究者逐步认识到"校企合作，工学结合"是培养职业技能人才的根本路径和制胜法宝，但是校企合作的成效却不尽如人意，在很大程度上是由企业和学校的性质、产权、利益等关键要素决定的，其中企业的营利性和学校的公益性（即非营利性）是一对难以调和的矛盾，为了探索有效的校企合作方式，学校办企业或工厂是一种大胆尝试，在一定程度上消解了学校和企业之间存在的鸿沟，这也是许多学校积极创办企业或工厂的重要原因。校办工厂作为职业学校内部良好的实训基地，能够形成新的互动机制，推进产教融合，最终形成以"职业关键能力培养为核心、企业关键岗位技能深化为目标、综合知识水平提高和文化融合为宗旨"的培训方案，形成深度融合的校企一体的高技能人才培养机制。如：天津现代职业技术学院长期推行"产教融合"，即产品、产业、产销和产能与训育、训技、训体和训形结合，系主任兼车间主任，充分利用有利条件，开办工厂，可以有效地提高职业学校学生的素质，促进人才培养水平的提高。

六、基于资源衍生的内生式融合

内生式融合是行业企业结合自身产业类型，配套性地开办职业学校，有针对性地设置专业，相对独立地培养人才的一种融合方式。行业企业举办职业教育不是本质规定的社会功能，而是在拥有较丰富的教育资源和需求驱动下的一种资源衍生功能，是基于企业人力资本投资理论的一种实践。所谓人力资本是指凝结在个体中的能够迅速增值的知识和技能的总和。企业人力资本投资是以企业为投资主体的一种人力资本投资行为，它的投资主体是特定的企业，投资客体主要是企业内的员工，投资目的是提高企业现有的人力资本存量从而增强企业实力。内生式融合的原则是通过行业企业举办职业学校或开展员工培训，推动企业生产、技术进步，保证产品质量和提升科技含量，进而提升企业资产运营的能力和产品的竞争力。内生式融合的内容是行业企业了解自身现状和发展趋势，通过教学计划的制订、实施和协调。其中企业参与教育管理部门，并对教学过程中的产教融合明确规定和严格要求，确保培养、培训的质量和效果。

基于资源衍生的内生式融合在实践中主要有企业和行业办职业教育两类。一类是企业办职业教育。企业凭借自身力量，独立办学，该类型适用于处于成长和变革趋势的大型企业，因其经济实力雄厚、员工数量众多、专业素质要求高和员工培训任务重的特点，客观上需要这种企业建立独立的职业教育机构和教学体系，因为只有这样才能满足企业各类技术人员的职业教育与岗位技能培训的实际需求。例如中国一汽教育培训中心，就是由一汽职工大学、一汽党校、一汽汽车中等和高等职业院校整合而成的教育集团，其教学过程具有鲜明的产教融合特点。另一类是行业办职业教育。由于企业的情况不同，不能要求企业都以相同的方式办职业教育，应加强和发挥行业组织的职业教育协会的调控和服务作用，某一行业或同一行业的企业采取共同出资、平等互利方式，联合组建和发展。通过整合行业培训与教育的师资、财力等资源，组建行业性的企业教育培训实体，发挥行业培养及培训的教育功能，解决企业员工专业知识更新和促进职业技能素质提高等问题。

第三节　高职教育产教融合制度的机制

一、产教融合办学模式的运行机制

运行机制，是指影响人类社会规律性运动的各种因素的结构、功能及其相互关系，以及这些因素产生影响、发挥功能的作用过程和运行方式。运行机制引导和制约着决策的制订，是与人力、财力、物力相关的各项活动的基本准则和相应制度。要保证系统内各项工作目标和任务顺利实现，就必须建立一套协调、灵活、高效的运行机制。

受自身办学条件和社会认可度的影响，学校要确保实现预期的产教融合办学模式成果和实效，就必须高度重视运行机制的建立。湖南铁道职业技术学院结合自身及合作企业的实际情况，从建立不同阶段产教融合办学模式运行的子机制着手，在子机制逐渐完善的基础上，逐步探索建立推进产教融合办学模式的整体运行机制。应当高度重视产教融合办学模式过程的规范和管理，避免产教融合办学模式虎头蛇尾、零散重复，甚至形式大于内容、有名无实或无果而终的现象。

二、产教融合办学模式的动力机制

建立有效的动力机制，是推动和促进产教融合办学模式过程中各方积极参与技能型人才培养的重要保证。动力机制的功能在于激发系统内部各利益主体的利益动机,并将这种动机转化为合作培养人才的强大推动力。产教融合办学模式育人的动力机制的实质,就是通过一定的经济利益机制,充分调动和发挥系统内部各参与要素的积极性、主动性和创造性。

高职院校通过产教融合办学模式,可以有效地利用企业的各种教育资源,很大程度上缓解办学资金不足、实践教学资源短缺的问题。产教融合办学模式培养技能型人才,能打破学校以往的封闭办学模式,密切学校与经济社会之间的联系,有利于学校紧密结合区域产业结构的优化调整,特别是行业、企业的实际需求开展教育教学改革,切实提高所培养人才的社会适应性和岗位适用度;通过吸引行业、企业参与本行业急需人才培养的全过程,加快教学内容和教学方法的改革,提高职业院校的办学水平和人才培养质量。

对于行业、企业来说,通过参与人才培养的全过程,能大大缩短人才从引进到适应岗位的过渡期,有助于行业、企业量身打造符合自身需要、认同企业文化的人才。同时,这也能提高企业用人的主动性,有利于企业降低自身的人力资源成本。企业利用合作院校在场地、人才、智力等方面的资源开展技术革新、产品研发和员工培训,有助于解决自身在技术、经营、管理等方面的难题,有效地提高企业的市场竞争力。此外,积极参与产教融合办学模式,有利于企业在社会上树立良好的品牌形象,为自身发展营造良好的社会舆论环境。

三、产教融合办学模式的分配机制

企业作为经济法人实体,其最终目标是追求利润的最大化。而职业院校作为教育机构,其主要目标是培养人才和发挥社会效益。产教融合办学模式的过程,应将企业追求经济利益极大化和学校追求社会效益最大化两者紧密地结合在一起,使校企形成紧密型的利益共同体,最终实现互利共赢、各取所需、利益共享的过程。

湖南工业职业技术学院根据不同产业集群、专业类群特点及不同类型人才培养途径的差异,与不同的企业进行协作,根据企业提出的数量、质量和企业文化等要求,量身定制,安排教学计划,培养高素质的职业适应型人才,缩短职业院校毕业生职业能力与企业岗位能力要求之间的距离,满足企业对不同职业岗位的人才需求。同时可以利用企业的资源、资金和平台,缓解学校办学资金不足以及基础设施、实训条件、师资储备薄弱等问题。

通过产教融合办学模式，企业可以优先录取职业院校的优秀毕业生，同时可以利用学校的科研力量和资源，为企业提供业务咨询、技术服务、员工培训及科研成果转让等服务。企业还可以借助双方文化互相渗透，通过学校提炼核心文化，丰富文化内涵，提升企业知名度和美誉度。

四、产教融合办学模式的激励机制

构建产教融合办学模式的激励机制，是指通过利益驱动、优势互补、政策推进等因素，激励校企产生协同的意愿，提高协作的积极性，进而实现协同发展的有关政策、制度和运作方式。建立、健全产教融合办学模式的激励机制，可以有效地保证校企合作各主体的地位和职能的实现，是实现产教融合办学模式利益互惠的根本保障。激励机制具体包括以下几方面。

实施财政激励机制。政府运用财税政策手段对行业、企业进行激励和引导，是促进校企协同发展的行之有效的方法。发达国家职业教育的快速发展，在很大程度上得益于政府为企业提供的税收优惠政策。借鉴发达国家的经验，我国的财力发展状况已经具备了给予企业税收优惠政策的可能性。在政府层面，可以给予参与产教融合办学模式的企业更多的税收减免政策，包括允许企业加计扣除培训职业院校师生产生的费用、允许企业对顶岗实习学生使用的固定资产加速折旧、允许企业因借给职业院校款项产生的利息收入减税、允许企业设立的符合条件的实习基地收入免税等。通过政府的税收激励政策，可以有效地解决企业的利益驱动问题，大大提高企业参与高等职业教育的积极性。

实施权利激励机制。产教融合办学模式既要强调企业的义务，更要保障企业的权利，这是建立产教融合办学模式长效机制的有效保障。只有不断加强、完善和改进相关法律、法规，从法律上切实保障企业在校企合作过程中的地位和权利，切实维护企业的权益，才能保证企业参与产教融合办学模式的积极性。政府要通过立法的形式，明确规定企业在产教融合办学模式过程中享有的权利。参与产教融合办学模式的企业享有的权利应包括以下几个方面：享有优先获得毕业生的挑选权；利用学校资源实现职工继续教育的权利；享受税收优惠、科技优先制度的权利；在产品开发、银行贷款等方面享受优惠政策的权利；要求高等职业教育院校确保企业正常生产秩序的权利；要求实习学生尽量为企业节约成本并创造利润的权利；在学校的培养目标、课程设置、专业建设、教学方法、实训实习以及师资队伍建设等方面具有充分的话语权等。

实施荣誉激励机制。荣誉激励，就是通过授予荣誉称号的形式，承认企业在产教融合办学模式过程中做出的贡献，从而提高企业的社会责任感。对企业实施荣誉激励，可以从以下几个方面着手：一是对积极参与产教融合办学模式并取得良好效果的企业授予荣誉，认定其为技能型人才培养示范基地，对企业负责人给予物质奖励；二是通过开展产教融合办学模式为社会做出贡献的企业授予社会贡献奖，并在企业人才培养创新、技术创新立项上给予政策倾斜；三是在企业信用等级评定、企业综合实力评估和人力资源开发战略实施上给予倾斜或奖励。

第四节 高职教育产教融合制度评价

为了进一步完善产教融合办学模式，提高学生自主学习、自我教育、自我管理、自我服务、自我完善的自觉性和实效性，全面提高学生的综合素质、提高学校教育教学质量，根据调研情况我们设计了高等职业教育学生知行一体的评价模式，结构图如下：

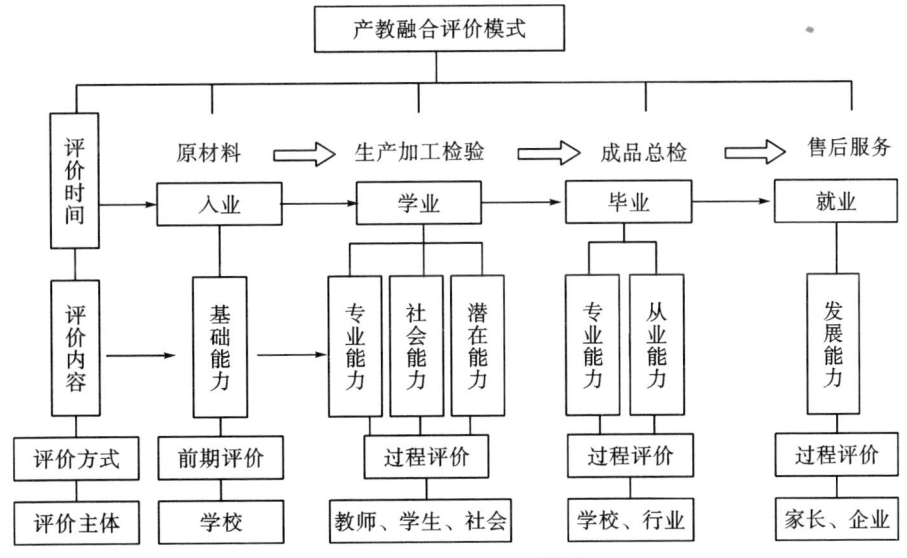

图 7-1 产教融合评价模式图

一、评价理念

以科学发展观为指导，充分发挥产教融合评价模式对提高学生知行一体的能力和对全面提高学校教育教学质量的重要作用。充分发挥产教融合评价模式对改进学生管理工作、日常教育教学实践的功能，优化学生管理的工作制度，转变教育教学观念，改善教育教学方式，不断提高教育教学工作的效率和效果。逐步完善产教融合评价模式结果的应用，使之与学生评优、奖励、扶助、实习（就业）推荐、参军、毕业资格审核等结合起来，充分发挥产教融合评价模式的激励作用和导向作用。

二、评价原则

（1）发展性原则：评价制度不是面向过去，而是面向未来，以发展为目的，其最终目标是充分调动学生的积极性。

（2）导向性原则：树立正确的学习观、实践观、人生观、世界观。

（3）多元性原则：评价的内容和方法要表现出动态、发展、多元化。

（4）人本性原则：体现以人为本的评价理念，重视个体的差异性，突出评价过程中的学生主体地位。

（5）过程性原则：要在动态过程中，把形成性评价与终结性评价结合起来，使发展变化的过程成为评价的组成部分。

（6）全面性原则：内容和标准必须有利于学生的全面发展，既要体现群体的互助协作，又要尊重学生的个体差异，促进学生个性发展。

三、评价主体

（1）学校产教融合评定工作领导小组。其由学校行政领导、教学处干事及学生处干事等人员组成。

其主要职责是：

①确定全校学生的产教融合考评方案。

②指导、督促开展相关工作。

③组织全校学生的产教融合评定结果的统计分析，形成反馈意见，指导改进教育教学。

④对评定中出现的分歧予以仲裁。

(2) 师生评定工作小组。每个班级成立评定小组，由班主任、任课教师、学生代表组成，人数为5~7人。具体人员由班主任确定，并报学生处备案。

其主要职责是：

①制订并适时调整班级考评的评价方案和标准。

②组织本班开展包括评价、记录、打分、汇总等工作。

③反馈评价过程中出现的问题，上报考评结果。

工作小组中的教师必须是任课教师，对学生应有充分了解，同时具备较强的责任心和较高的诚信素质。小组中的学生不参与教师评分，但应参加实证材料审核、评价细则讨论等决策过程。小组名单要在考评工作正式开展前向被评班级所有学生公布。

(3) 家长评定。每个学生的产教融合评价都需要家长的参与。

其主要职责是：

①协助学校开展产教融合评价工作。

②参与学生进行评价工作，反馈学生各方面的表现。

(4) 行业企业评定。

其主要职责是：

①对实习生的实习情况评定，包括记录、打分、汇总等工作。

②反馈实习过程中出现的问题，上报考评结果。

四、评价内容

总体内容包括基础能力、专业能力、社会能力、潜在能力、发展能力。

(一) 学生基础能力评价

学生基础能力评价的目的是让学校对刚入学的学生有一些了解，同时让学生对自己也有所了解。

(1) 时间安排：新生入学后一个星期。

(2) 评价内容：公共基础课程测评、职业生涯规划以及心理健康测评。

(3) 评价方法：

①公共基础课程测评。主要内容包括语文、数学、英语、计算机应

用课程，前三者采取笔试，计算机应用课程采取机试。学校应该根据每个专业对公共基础课程要求的不同和中高级部的不同来命制试卷的难易程度，比如计算机广告制作专业对计算机应用的要求就相对高一些，测评难度就需要相对增加。针对测评结果分析，用作教学调整的参考依据。

②职业生涯规划。每个新生入学后一个星期需要填写自己的职业生涯规划书，一式两份，一份交给班主任，另一份学生保留。职业生涯规划首先需要学生进行自我评估，结合专业性的生涯规划机构，借助于潜能、人格、兴趣测验，判断自己的发展方向，确定自己未来的发展目标，进行正确的生涯设计，然后制订出恰当的行动计划，认真执行，并且不断做出评估与反馈。学生在刚入学期间制订职业生涯规划有助于学生树立目标，同时有助于学生时刻对自己进行测评，在不断的学习过程中更加深入地明晰自己的职业方向，并且在校期间进行不间断完善和补充，使自己与社会发展，所学知识与专业进步，自身潜力与将来发展能够同频共振。

③心理健康测评。目前国内以专门测定心理卫生的90项症状自评量表SCL-90为测量工具，操作方法及测试结果分析参照《心理健康症状自评量表操作手册》。如果是团体测评，所得数据用SPSS19.0统计软件进行处理和分析。

症状自评量表SCL-90

指导语：以下表格中列出了有些人可能有的症状或问题，请仔细阅读每一条，然后根据该句话与您自己的实际情况相符合的程度（最近一个星期或现在），选择一个适当的数字填写在后面的选项框中：

1—从无　2—很轻　3—中等　4—偏重　5—严重

序号	问　题	选项
1	头痛	
2	神经过敏，心中不踏实	
3	头脑中有不必要的想法或字句盘旋	
4	头晕或晕倒	
5	对异性的兴趣减退	
6	对旁人责备求全	

续表

序号	问题	选项
7	感到别人能控制您的思想	
8	责怪别人制造麻烦	
9	忘性大	
10	担心自己的衣饰是否整齐及仪态是否端正	
11	容易烦恼和激动	
12	胸痛	
13	害怕空旷的场所或街道	
14	感到自己的精力下降，活动减慢	
15	想结束自己的生命	
16	能听到旁人听不到的声音	
17	发抖	
18	感到大多数人都不可信任	
19	胃口不好	
20	容易哭泣	
21	同异性相处时感到害羞、不自在	
22	感到受骗、中了圈套或有人想抓住您	
23	无缘无故地突然感到害怕	
24	自己不能控制地大发脾气	
25	怕单独出门	
26	经常责怪自己	
27	腰痛	
28	感到难以完成任务	
29	感到孤独	
30	感到苦闷	
31	过分担忧	
32	对事物不感兴趣	
33	感到害怕	

续表

序号	问题	选项
34	您的感情容易受到伤害	
35	旁人能知道您的私下想法	
36	感到别人不理解您、不同情您	
37	感到人们对您不友好,不喜欢您	
38	做事必须做得很慢以保证做得正确	
39	心跳得很厉害	
40	恶心或胃部不舒服	
41	感到比不上他人	
42	肌肉酸痛	
43	感到有人在监视您、谈论您	
44	难以入睡	
45	做事必须反复检查	
46	难以做出决定	
47	怕乘电车、公共汽车、地铁或火车	
48	呼吸有困难	
49	一阵阵发冷或发热	
50	因为感到害怕而避开某些东西、场合或活动	
51	脑子变空了	
52	身体发麻或刺痛	
53	喉咙有梗塞感	
54	感到前途没有希望	
55	不能集中注意力	
56	感到身体的某一部分软弱无力	
57	感到紧张或容易紧张	
58	感到手或脚发重	
59	想到死亡的事	
60	吃得太多	

续表

序号	问　　题	选项
61	当别人看着您或谈论您时感到不自在	
62	有一些不属于您自己的想法	
63	有想打人或伤害他人的冲动	
64	醒得太早	
65	必须反复洗手、点数	
66	睡得不稳不深	
67	有想摔坏或破坏东西的想法	
68	有一些别人没有的想法	
69	感到对别人神经过敏	
70	在商店或电影院等人多的地方感到不自在	
71	感到任何事情都很困难	
72	一阵阵恐惧或惊恐	
73	感到公共场合吃东西很不舒服	
74	经常与人争论	
75	单独一人时神经很紧张	
76	别人对您的成绩没有做出恰当的评价	
77	即使和别人在一起也感到孤单	
78	感到坐立不安、心神不宁	
79	感到自己没有什么价值	
80	感到熟悉的东西变成陌生或不像是真的	
81	大叫或摔东西	
82	害怕会在公共场合晕倒	
83	感到别人想占您的便宜	
84	为一些有关性的想法而很苦恼	
85	您认为应该因为自己的过错而受到惩罚	
86	感到要很快把事情做完	
87	感到自己的身体有严重问题	

续表

序号	问题	选项
88	从未感到和其他人很亲近	
89	感到自己有罪	
90	感到自己的脑子有毛病	

（二）学生专业能力评价

学生专业能力要素包括专业态度、专业知识和专业技能三个方面。具体方法如下：

1. 专业态度水平学期评价方法

（1）评定工作以一个学期为一个循环，每学期统计一次。

（2）学生专业态度评价分由平时表现、同学互评、老师评议、社会（包括家长、企业）评议四项之和组成，四项总分100分。

①平时表现记分根据学生平时表现进行打分，满分50分，根据学生平时违纪情况按扣分标准进行扣分。期末计入学生该学期专业态度分。

②同学互评由同学进行民主评议，满分10分，根据评议分数直接计入该学生学期专业态度分。

③老师评议由该班班主任和各科任教师进行评议，满分30分，期末计入该学生学期专业态度分。

④家长根据学生平时在家的表现情况、企业根据学生实习的情况等对学生进行评议，满分10分，期末综合起来计入该学生学期专业态度分。

（3）学校根据学生平时表现按扣分标准进行扣分，对违纪扣分的学生采取帮助、批评、教育、处分等措施督促学生摒弃不良习惯，改正错误。具体处理措施如下：

表7-1 学生平时表现扣分表

平时表现扣分	处理办法	处分结果
>6分	班主任处理、联系家长	批评教育
>12分	班主任处理、约见家长	严重警告
>20分	可以提交学校处理、约见家长	记过
>25分	可以提交学校处理、约见家长	记大过

续表

平时表现扣分	处理办法	处分结果
>30分	学校处理、约见家长、签协议	留校察看
>45分	学校处理、约见家长	转学或劝退

对被记大过及以上处分的同学,根据国家助学金管理办法,给予扣发1~2个月助学金的处罚,留校察看的学生需要家长到校签试读协议。

(4) 评价等次分为优秀、良好、合格、不合格四个等次。原则上,优秀等次不要超过20%,良好等次约为60%,不合格等次要慎重给出。

①学生学期专业态度评价分84分以上为优秀,75~84分为良好,60~74分为合格,60分以下为不合格。

②有记大过及以上处分的学生,评价等次不能评优秀、良好;有留校察看及以上处分的学生,评价等次为不合格。

③平时表现分低于50分,评价等次不能评优秀;平时表现分低于40分,评价等次不能评良好;平时表现分低于30分,评价等次为不合格。

2. 专业知识水平学期评价办法

(1) 成绩评价方式:文化水平采用平时学习过程考核与测试、考试、考查结果相结合的办法进行评价。

①期评成绩=平时成绩×30%+期中成绩×30%+期末成绩×40%。

②平时成绩:包括上课、作业、小测试及课堂出勤考核。

③此评定方式适用于文化知识、专业知识理论等科目的成绩评定。

(2) 学期文化成绩评价:

①优秀:下面条件同时符合者评定为优秀。

第一,文化理论科目期评成绩单科60分以上,平均80分以上。

第二,专业理论科目单科60分以上,平均80分以上。

②合格:下面条件同时符合者评定为合格。

第一,文化理论科目期评成绩单科合格或未被通知补考,或文化理论科目经补考合格。

第二，专业理论科目抽考单科60分以上。

③不合格：下面条件有一条符合者评定为不合格。

第一，文化理论科目被通知补考后仍不合格者，该科本学期成绩评定为不合格。

第二，专业理论科目抽考单科和专业技能科目抽考不及格。

3. 专业技能水平学期评价办法

为提高学生技能水平，学生除参加市技能抽考外，学校每学期在全校范围内进行技能抽考，当期不参加学校组织的该科目的技能抽考，但需参加其它科目技能抽考。学校根据技能抽考情况对学生进行技能水平评价。

（1）成绩评定方式：技能水平采用平时学习过程考核与测试、考试、考查结果相结合的办法进行评定。

①期评成绩＝平时成绩×30％＋期中成绩×30％＋期末成绩×40％。

②平时成绩：包括上课、作业、小测试及课堂出勤考核。

（2）学期成绩评定：

①优秀：技能考核成绩优秀者。

②合格：专业技能科目抽考及格，或经补考后合格者。

③不合格：专业技能科目抽考经补考后仍不及格者。

（三）学生社会能力评价

1. 学生社会能力要素

社会能力主要是指适应社会以及在社会中生存的能力，可以分为适应能力和生存能力。

（1）适应能力：独立能力、体格发展、言语表达及学习能力。

独立能力包括责任意识、独立能力、自觉行为。

体格发展包括身体和心理健康状况。

言语表达包括口头语言（说话、演讲、作报告）及书面语言（回答申论问题、写文章）的过程中运用字、词、句、段的能力。

学习能力一般是指人们在正式学习或非正式学习环境下，自我求知、做事、发展的能力,主要是指学习的方法与技巧。

(2)生存能力,生存能力包括以下几方面:

人际交往能力,如接受权威、谈话技巧、合作行为。

情绪控制能力,如情感表达、道德行为、对自我的积极态度。

自我认知能力,为认识自我的能力。

社会认知能力,为了解自我与他人之间关系、他人与他人之间关系的能力,提高社会认知能力可得以与别人更好地交流。

团队合作能力,为学会与别人合作的能力。

执行任务能力,如参与行为、任务的完成,遵循指导。

完成任务能力,为能灵活运用自己会的技能去完成自己要做的事等。

2. 学生社会能力评价方法

(1)学生适应能力评价方法。学生适应能力评价主要分为学生自评、家长评议与老师评议、企业评议四个方面,四项总分100分。学生适应能力评价量表如下:

表 7-2 学生适应能力评价量表

班级:			学生姓名:	总成绩:			
一级指标	二级指标	序号	主要观测点	学生自评	家长评议	老师评议	企业评议
独立能力	责任意识	1	无故旷课扣1分/节,迟到、早退扣0.5分/次;请事假每次0.5分/节,病假(县以上医院证明)不扣分;损坏公物,隐瞒不报,或借用公物或他人财物未按时归还,经查实的,每次扣1分;拾金不昧者加1分/次;隐瞒、包庇他人违反学校纪律的,每次扣0.5分。				
	守纪能力	2	工作有未完成一次扣1分;抄袭作业,或代(请)人完成技能学习任务或项目,经查实的每次扣1分;考试(考查)作弊或协同作弊,经查实每次扣1分;编造理由请假,经查实的,每次扣1分。				

续表

班级：			学生姓名：		总成绩：			
一级指标	二级指标	序号	主要观测点	学生自评	家长评议	老师评议	企业评议
独立能力	自觉行为	3	校园内乱吐、乱扔、乱丢、乱倒等每次扣0.5分；故意损坏校园公物，每次扣1分；不注意形象，课堂、会议期间坐姿不雅，脚放桌上、半蹲椅子上等，一次扣0.1分；课堂、会议期间穿拖鞋、踩鞋跟等每次扣0.5分；起床内务不整理，被子、鞋子、洗漱用品不摆放整齐等每次扣0.5分；头发超过标准尺寸、染头发、烫发、剃光头、留长指甲、染指甲、戴耳环、项链、手环等首饰，在非宿舍区女生穿背心等暴露衣着，男生光膀子等，每次扣0.5分；抽烟每次扣1分；值日期间，宿舍、教室常流水和常照明，风扇或空调不关，扣值日生0.5分。				
体格发展	身体健康	1	达不到学生体质健康标准扣3分。				
			不认真或不上体育课，一次扣0.5分。				
	心理健康	2	男女同学不正常交往、纠缠异性同学或早恋扣1分。				
			遇事积极，能够较好地控制情绪。				
			按学校要求开展各种心理健康活动，不参加或不认真参加一次扣0.5分。				
			心理素质：能比较客观地了解和评价自己。				
			在同事（学）之间挑拨离间，搬弄是非，影响同事（学）之间团结一次扣1分。				
语言表达	书面表达	1	未达到学生日常语言表达能力考试水平扣1分。				
	口头表达	2	未达到学生日常口语表达标准扣1分。				

续表

班级：			学生姓名：	总成绩：			
一级指标	二级指标	序号	主要观测点	学生自评	家长评议	老师评议	企业评议
学习能力	自我求知	1	未能及时解决工作和学习中遇到的疑问、难题扣1分。				
	解决问题	2	未能在规定的时间内保质保量完成任务扣1分。				
	自我发展	3	没有目标与理想扣3分。				

（2）学生生存能力评价方法。生存能力量表分为人际交往能力、情绪控制能力、自我认知能力、社会认知能力、团队协作能力、执行任务能力6个维度。

表7-3 学生生存能力评价量表

班级：			学生姓名：	总成绩：			
一级指标	二级指标	序号	主要观测点	学生自评	家长评议	老师评议	企业评议
团队协作能力	集体活动	1	无故不参加班级集体活动，如军训、早操、班会等，一次扣0.5分。				
		2	说有损集体的话或做有损集体的事，一次扣1分。				
		3	本周所在宿舍被评为文明宿舍的每位成员加0.2分。学期被评为五星级寝室，其成员每人次加2分，评为四星，每人次加1分，评为三星，每人次加0.5分。				
		4	参与项目获系、校级荣誉每人加1~3分。				
	集体荣誉	1	受到学校各部门表扬者加2分。				
		2	参与成功组织一次班级及以上活动，一次加0.5分。				
情绪控制能力	消极能力控制	1	未能控制消极、懒惰情绪扣1分。				
		2	乱发脾气、任性扣1分。				
	积极情绪控制	1	能时刻保持积极向上、热情的学习态度加2分。				

续表

班级：			学生姓名：		总成绩：			
一级指标	二级指标	序号	主要观测点		学生自评	家长评议	老师评议	企业评议
自我认知能力	身份认知	1	了解自我能力得以在团队合作中找到自己的位置加1分。					
	情绪管理	1	浮躁、夸张扣1分。					
		2	攀比、嫉妒扣1分。					
		3	好高骛远扣1分。					
社会认知能力	自己—他人	1	能处理好自己与他人关系加1分。					
	自己—工作	2	能处理好自己与工作学习关系加1分。					
	工作—工作	3	能处理好学习与学习或者工作与工作关系加1分。					
	周围环境	4	能处理好自己的生活关系加1分。					
人际交往能力	人际交往	1	朋友、同学关系和谐加1分。					
		2	家人关系和谐加1分。					
		3	同事关系和谐加1分。					
执行任务能力	学习	1	按时、保质、保量完成学习内容。					
	工作	2	按时、保质、保量完成工作内容。					

（四）学生从业能力评价

（1）学生从业能力评价要素。以学生在企业实习的实际表现来考察，涉及从业态度（40％）、从业技能（30％）、从业协同（10％）、从业业绩（20％）等主要关键要素。而每个要素下又涉及若干方面的主要表现。

（2）学生从业能力评价区间。学生见习（职业认知）阶段和学生实习阶段（职业行知）。

（3）学生从业能力评价办法。由带队老师和企业生产管理部门（班、组、车间等）或人事部门以及学生本人三方构成评价主体。

（4）学生从业能力评价量表。

表 7-4 学生从业能力考核表

学生信息	姓名		实习岗位及工作内容		
	班级				
	联系电话				
实习单位名称					
实习时间		从___年__月__日至___年__月__日			
◆学生自评总分（占10%）					
◆学校带班老师评价总分（占30%）					
项目	主要评测点		分值	得分	小计
劳动纪律与劳动观念	迟到、早退次数__次（每次扣1分）；请假__天（每次扣1分）；旷工__天（每次扣2分）。		40		
	能吃苦耐劳，热爱岗位，具有正确的劳动观念，工作责任心较强。		20		
宿舍内务	宿舍卫生、内务整理、公共财物的完好情况。		20		
素质修养	仪容仪表、文明礼貌、行为举止等。		20		
◆企业主管评价总分（占60%）					
从业态度	从业态度是否认真、积极，对所承担的工作是否认真负责，是否勇于承担任务、刻苦钻研、虚心好学等，是否遵守企业的规章制度，有无无故缺席、迟到、早退现象。		20		
从业协同	是否具有正确的集体观，是否具有团队意识和协作精神，能否正确领会领导工作安排，明确自己的工作任务，能否准确表达自己的思想，能否控制自我情绪，是否服从主管及班组长的工作安排，与同事的关系是否融洽。		30		
从业技能	掌握工作规则，工作熟练程度，掌握技巧。		30		
从业业绩	能否出色完成所承担的工作任务，是否具有分析问题、解决问题的能力，是否提出过有益的意见与建议。		20		

续表

考核结果	实习考核成绩（按比例折算）： 等级评定： 企业主管签名： 指导老师签名： （企业盖章） 日期：
备注	1. 实习结束后一周内，本表以书面形式统一上交到系办公室。 2. 等级评定按照优（90～100分）、良（80～89分）、中（70～79分）、及格（60～69分）、不及格（60分以下）五级评分制评定。

（五）学生潜在能力评价

（1）学生潜在能力评价要素：创新能力、个性特长、职业规划和专业兴趣。

（2）学生潜在能力评价方法、标准及步骤。潜在能力评价包括评价主体、评价方式、评价内容以及评价的结果标准规定。评价主体以学生评价为主，以教师评价为辅，比值方法有成果展示、他人认可、特长展现、自我鉴定四种方法对学生潜在能力表现做出评定，也可以用证书证明，比值分别为40%、30%、20%、10%。学校则可以根据一定的指标，将学生的潜在能力表现划分为不同的等级，符合等级认定要求的学生通过个人申请、学校核实认定等步骤实行代替性学业评价，以促进学生潜在能力发展。评价结果以等级认定的量化形式和评语认定的质性形式来综合评价学生的潜在能力发展状况。在每个学期期末，通过调查性和认定性评价对学生个性特征进行评价，了解掌握学生的个性特征的发展变化。

（3）潜在能力评价量表。借鉴霍兰德的职业选择理论分类法，学生未来职业倾向性可划分为简单职业型（50～59分）、深造职业型（60～69分）、潜在能力型（70～79分）、创业发展型（80～89分）、自由职业型（90～94分）、理想职业型（95～100分）六大类。其个性特征倾向可分为管理类、专业类、事务类、兴趣类四类。具体的潜在能力倾向类型与调查评价工具：管理类，是根据学生在寝室、班级、科室、社团、学校等集体中任职和工作表现进行调查评价和认定评价；专业类，是根据学生专业学习，技能操作，职业证书的考取、技能大赛、手工制作、创新发明等方面的表现和成果进行调查评价和认定评价；事务类，主要是根据学生在学习、生活、工作中表现出来的办事能力、服务能力、解决问题等方面的表现来进行调查评价和认定评价；兴趣类，主要是根据学生在琴、棋、书、画、说、唱、弹、跳等文体才艺方面的表现进行调查评价和认定评价。采取评述性评价和认定性评价结合，并根据成果、认可、展现、自评的优劣和高低综合给出等级。

表 7-5　潜在能力评价量表

姓名：　　专业：　　班级：　　性别：

类型	观测点	成果证明（40%）	他人认可（30%）	特长展现（20%）	自我鉴定（10%）	得分
管理类100%	学生在寝室、班级、科室、社团、学校等集体中任职和工作表现及获奖情况。参考标准：校级学生会：主席90~100分；部长80~90分；干事70~80分。科室学生干部：主席80~90分；部长70~80分；干事60~70分。班级干部：班长60~70分；其他干部50~60分。优秀团干：校级加10分，科室加5分。					
专业类100%	对学生专业学习，技能操作，职业证书的考取、技能大赛、手工制作、创新发明等方面的表现和成果进行调查评价和认定评价。主要是按获奖级别、证书级别和作品水平打分。参照标准：国家级90~100分；省市级80~90分；区县级70~80分；校级60~70分；科室级别50~60分。					
事务类100%	主要是根据学生在学习、生活、工作中表现出来的办事能力、服务能力、解决问题等方面的表现来进行调查评价和认定评价。参考标准：优秀90~100分；良好80~90分；较好70~80分；合格60~70分；一般50~60分。					

续表

类型	观测点	成果证明（40%）	他人认可（30%）	特长展现（20%）	自我鉴定（10%）	得分
兴趣类 100%	主要是根据学生在琴、棋、书、画、说、唱、弹、跳等文体才艺方面的表现情况进行调查评价和认定评价。参考标准：优秀90～100分；良好80～90分；较好70～80分；合格60～70分；一般50～60分。					

（六）学生发展能力评价

学生发展能力评价是针对学生就业后爱岗敬业精神、团结合作精神、工作业绩、创新精神、人际交往五个方面的评价，主要采取的是追踪评价，每五年评价一次。

表7-6　学生发展能力评价量表

姓名：　　专业：　　班级：　　性别：

发展能力要素	观测点	分值	得分
爱岗敬业精神	是否热爱自己的工作岗位、热爱本职工作，能否用一种恭敬严肃的态度对待自己的工作。	40	
团结协作精神	同事之间能否互相支持、互相配合，顾全大局，明确工作任务和共同目标，在工作中尊重他人，虚心诚恳，积极主动协同他人搞好各项事务等。	25	
工作业绩	能否出色完成所承担的工作任务，是否具有分析问题、解决问题的能力，是否提出过有益的意见与建议。	20	
创新精神	能否运用已有的知识、信息、技能和方法，提出新方法、新观点，从而有利于工作。	15	
人际交往	同事关系是否和谐。	10	
合　　计			

备注：等级评定按照优（90～100分）、良（80～89分）、中（70～79分）、及格（60～69分）、不及格（60分以下）五级评分制评定。

五、学生产教融合制度评价总体框架及加分标准

（一）学生产教融合模式评价总体框架

表7-7　学生产教融合模式评价总体框架

阶段	能力素养及权重	评价要素及权重	评价方式	评价者
入学评价	基础能力评价	公共基础课程、职业生涯规划和心理健康测评（作为参考资料保存）	终结性评价	教务处、学生处、各系、班主任
学期总评	专业能力（40%）	专业技能（40%）	过程性评价、终结性评价	以师评、自评、互评为辅
		专业理论（30%）	过程性评价、终结性评价	师评为主，以自评、互评为辅
		专业态度（20%）	过程性评价、终结性评价	师评为主，以自评、互评为辅
		公共基础课（10%）	过程性评价、终结性评价	师评为主，以自评、互评为辅
	社会能力（30%）	学习能力（40%）	过程性评价、终结性评价	以师评为主，自评、互评为辅
		合作能力（30%）	过程性评价、终结性评价	以师评为主，自评、互评为辅
		实践能力（20%）	过程性评价、终结性评价	以师评为主，自评、互评为辅
		抗压能力（10%）	过程性评价、终结性评价	师评为主，自评、互评为辅
	从业能力（20%）	从业态度（40%）	过程性评价、终结性评价	以企业评价为主，自评、师评为辅
		从业技能（30%）	过程性评价、终结性评价	以企业评价为主，自评、师评为辅
		从业业绩（20%）	过程性评价、终结性评价	以企业评价为主，自评、师评为辅
		从业强度（10%）	过程性评价、终结性评价	以企业评价为主，自评、师评为辅

续表

阶段	能力素养及权重	评价要素及权重	评价方式	评价者
学期总评	潜在能力（10%）	创新能力（100%） 个性特长（100%） 职业规划（100%） 专业兴趣（100%）	成果证明（40%） 他人认可（30%） 特长展现（20%） 自我鉴定（10%）	调查评价，认定评价
毕业总评	四维综合测评	将上述四个方面分数汇总得出总分（终结性评价）		
	技能鉴定考核	开展技能鉴定考核取得的成绩（终结性评价）		
就业追踪	发展能力	开展就业后爱岗敬业精神、团结合作精神、工作业绩、创新精神、人际交往五个方面的评价		

（二）各种竞赛加分标准

表 7-8　竞赛加分标准

级别 \ 等级得分	一等奖或一、二名	二等奖或三、四名	三等奖或五、六名	优胜奖、参与奖或七、八名
国家级	20	16	12	8
省级	16	12	8	6
市级	12	8	6	4
县（校）级	8	6	4	2

说明：

（1）以上评分标准适合包括技能比赛、运动会、手抄报比赛、书画赛、歌咏比赛、演讲比赛、黑板报评比、体操比赛、艺术节等各项比赛，团体比赛按相应等级加分到个人。

（2）学校大型活动主持人按县级二等奖加分，优秀团委学生会干部按相应级别二等奖进行加分。

（3）同一项比赛以最高级别为准，不重复计分。

（4）以上加分按分值直接计入思想道德评价总分。

六、评定结果的运用

学业水平及技能水平评价和思想道德评价结果是学生评优、奖励、扶助、参军、实习（就业）推荐、毕业资格审核的主要指标。

（1）学业水平及技能水平评价和思想道德评价为优秀等次的学生，可参加学校三好学生、优秀学生干部、优秀团员的评选。

（2）学业水平及技能水平评价和思想道德评价连续三个学期以上为优秀等次的学生，可参加省、市三好学生、优秀学生干部、优秀团员的评选。

（3）学业水平及技能水平评价和思想道德评价为合格及以上等次的学生，可参加学校单项奖励的评选。

（4）在校期间（按四学期计，下同），学业水平及技能水平评价和思想道德评价为合格及以上等次的学生，可参加学校优秀毕业生的评选。

（5）学业水平及技能水平评价和思想道德评价上学年全部在合格及以上等次的学生，可申请学校、社会的减免或补助、扶助贫困大学生。

（6）学期思想品德学期评价和毕业评价记入学籍卡，归入学生档案。

（7）学业水平及技能水平毕业评价和思想道德素质毕业评价为合格及以上等次的学生，方可推荐实习（就业）、准予毕业。

（8）学业水平及技能水平毕业评价为优秀等次和思想道德素质毕业评价为良好及以上等次的学生，学校优先推荐实习（就业）。

（9）思想品德学期评价结果有一个不合格等次的，需补修一年德育课程，推迟一年发毕业证。学业水平及技能水平不合格，不予推荐工作。

（10）思想品德学期评价结果有二个不合格及以下等次的毕业生，其思想品德评价结果为不合格，只能发给结业证，不发毕业证。

（11）思想品德学期评价和学业水平及技能水平学期评价有一次及以上次数不合格者，不能参加高三对口升学。

本章小结

深化产教融合的主要目标是逐步提高行业企业参与办学程度，健全多元化办学体制，全面推行校企协同育人，用10年左右时间，教育和产业统筹融合、良性互动的发展格局总体形成，需求导向的人才培养模式健全完善，人才教育供给与产业需求重大结构性矛盾基本解决，职业教育、高等教育对经济发展和产业升级的贡献显著增强。

构建符合高等职业教育特色的产教融合教学模式，即以学校与产业部门为主体，以平等互利、优势互补为原则，以培养高素质技能人才为目的的教学模式。产教融合教学模式下，学校充分利用产业部门的教育资源和教育环境，把从课堂获取的理论知识付诸实践，将教学活动与生产活动深度融合。具体表现在生产过程与教学过程相接、生产环境与教学环境相融、生产资源与教学资源相合、生产工时与课程学分相通四个方面。

产教融合主要有基于资源依赖的合作式融合，基于资源共生的嵌入式融合，基于资源整合的关联式融合，基于资源集约的共享式融合，基于资源开发的一体式融合，基于资源衍生的内生式融合等形式。

第八章　高等职业教育人才培养政策

政策和策略是党的生命。

——毛泽东

第一节　高等职业教育人才培养政策内涵

概念是基础，概念的界定是任何研究的第一步，高等职业教育人才培养政策涉及广泛，对其准确地进行概念界定，有利于高等职业教育研究。下面就从政策、教育政策、人才培养政策、高等职业教育人才培养政策几方面来阐述与界定该领域的研究范畴。

一、政策的含义

由于高等职业教育人才培养政策属于教育政策的范畴，我们首先需要界定教育政策的概念。而教育政策研究是公共政策研究的分支学科，为了能够充分汲取公共政策研究的经验，促进教育政策研究的发展，对教育政策概念的理解必须立足于对政策概念理解的基础之上。

传统西方对政策的理解主要有以下三种观点：一是认为政策是一种行为准则，如伍德罗·威尔逊指出："公共政策是由政治家即具有立法权者制定的而由行政人员执行的法律与法规。"[①] 这种观点受到我国许多学者的认同，如国内著名政策学者张金马教授认为："公共政策是党和

[①] 伍启元. 公共政策[M]. 香港：商务印书馆，1989：4.

政府用以规范、引导有关机构团体和个人行动的准则或指南。其表达形式有法律法规、行政命令、政府首脑的书面或口头声明和指示以及行动计划与策略等。"① 二是认为政策是一种行动或行为，如美国著名政治学家戴维·伊斯顿认为："公共政策是对全社会的价值所作的权威性分配。"② 三是认为政策是一种活动过程，如美国政策学者卡尔·弗里德里奇主认为："政策是在某一特定的环境下，个人、团体或政府有计划的活动过程，提出政策的用意就是利用时机、克服障碍，以实现某个既定的目标，或达到某一既定的目的。"③

以上三种观念都有各自的依据与不足之处，"第一种观点从静态的角度分析，但忽视了政策是一个动态的利益分配过程，第二种观点从利益分析的角度分析，但忽略了政策首先是一种行为准则，第三种观点从动态的过程角度分析，但忽略了政策既是动态的过程又是一种行为准则的观点"④。政策内涵的理解应该包括以上三个方面，因此政策是一种有目的、有组织的动态发展过程，是政党、政府等社会公共权威组织直接或间接对社会利益进行权威性分配，用以规范、引导有关机构团体和个人的行动依据或行动准则。

在对于"政策"概念理解的基础上，关于"教育政策"这一概念的理解，国内学者有如下几种观点。孙绵涛教授持有这样一个观点："教育政策是国家机关与社会组织为了实现教育目标、完成教育任务而协调教育内外关系所制定的一种战略性的准则与规定。"⑤ 张新平教授则认为："教育政策是一项与国家发展有关的举措，教育政策指导着其他教育活动，同时教育政策是一种表达形式，它体现了教育的各个有关方面，如利益和权利。"⑥ 褚宏启教授认为："教育政策就是指由执政党和

---

① 张金马. 政策科学导论 [M]. 北京：中国人民大学出版社，1992：20.
② EASTON D. The political system [M]. New York: Kropf, 1953: 129.
③ CHARLES JONES O. An introduction to the study of public policy [M]. California: Monterney Books/Code Publishing Company, 1984: 79.
④ 毕正宇. 教育政策执行模式研究 [D]. 武汉：华中师范大学，2006.
⑤ 孙绵涛. 教育政策学 [M]. 北京：中国人民大学出版社，2010：22.
⑥ 张新平. 简论教育政策的本质、特点及功能 [J]. 江西教育科研，1999 (1)：22-24.

政府制定与颁布的用以指导、规范教育事业发展的一切价值准则与行为规范的总称。"[1] 吴志宏教授认为："国家较高决策层为实现教育目标并依照一定程序而制定的教育事务的行动纲领和准则。"[2] 张芳全教授认为："教育政策是在教育情境中，受教育主体或社会大众对教育体制运作不满或教育体制无法提供教育服务，因而让教育主体或社会大众感到困扰、不安，或者教育运作与教育目标和价值有相对性差距时，政府及其他社会团体所必须进行作为或不作为的活动，以解决问题，并达到教育目标的历程。"[3]

对于以上关于教育政策概念的理解，有的学者的理解偏重于教育政策的本体形态及教育政策的相关特点，有的学者则从静态的角度强调教育政策是政府对教育事业进行管理的行动准则，有的学者则是根据西方的某一政策学定义演绎出教育政策的定义。根据对政策的理解，为了更科学、合理地理解教育政策这一概念，应该从动态的和狭义的两个角度界定教育政策的含义，突出教育政策的过程性、动态性和准则性这三大主要特点，也应该涵盖教育政策主体，教育政策客体，教育政策目标、任务，教育政策形式等几个方面，因此，本书更赞同孙绵涛教授对于教育政策概念的理解。

二、人才培养政策

人才培养指对人才进行教育、培训的活动过程。被选拔的人才，只有经过系统专业的培养训练，才能成为各职业与岗位要求的专门性人才。人才培养政策是教育政策的下属概念，根据之前对政策与教育政策的概念界定，可以看出人才培养政策概念的核心要素是政策的制定主体、政策的制定目标及政策的根本属性。人才培养政策的制定主体与教育政策一致，是国家机关与社会组织；政策制定目标是建构人才培养模式、培养优秀合适人才，本质属性为协调教育内外关系所制定的一种战

---

[1] 褚宏启. 教育政策学 [M]. 北京：北京师范大学出版社，2011：4.
[2] 吴志宏. 教育行政学 [M]. 北京：人民教育出版社，2000：197.
[3] 张芳全. 教育政策 [M]. 台北：师大书苑有限公司，1999：20.

略性的准则与规定。因此，人才培养政策可以定义为国家机关与社会组织为了培养优秀合适的各行各业的人才，建构人才培养模式而协调教育内外关系所制定的一种战略性的准则与规定。

人才培养政策的内涵包括人才培养的理念与目标、人才培养的实施方法、人才培养模式构建、人才培养模式改革等具体方面的政策。首先，对于人才培养的理念与目标来说，虽然每一个政策都不尽相同，但总体来说，人才培养政策目标具有以下共同的普适性特征：得到基础研究和应用研究的训练，具有扎实的基础理论知识和实验技能；掌握科学的思维方法，具有探索精神、创新能力和优秀的科学品质。

其次，对于人才培养方法的理解，也叫作人才培养形式，除了在各级各类学校中进行系统教育的进修外，还可采取业余教育，脱产或不脱产的培训班、研讨班等形式，充分利用成人教育、业余教育、电化教育等条件，近年来自学成才的人才培养方式也被鼓励和提倡。对于某一种人才培养方法的政策规定，也属于人才培养政策的范畴。

最后，对于人才培养模式的理解。20世纪80年代产生的人才培养模式，于90年代中期得到迅速发展，1994年，教育部发布的报告中提到"高等教育必须面向二十一世纪，其教学内容及课程体系必须大改革"，此后人才培养模式改革的各类项目开始频繁亮相[1]。对于人才培养模式的含义，教育部在报告《关于深化教学改革，培养适应21世纪需要的高质量人才的意见》中明确指出，人才培养模式是指为学生构建相关知识、技能、素质的结构，推行这种结构的方式[2]。学者从军、李贵霞则从广义与狭义两方面解释了人才培养模式的内涵：他们认为广义的人才培养模式是指在高等职业教育背景下，依据一定的教育理念、教育理论及教育方针，为实现各类人才培养目标，各级各类教育单位为完成自身承担的教育教学任务，而采取的一种组织形式与运行机制；狭义的人才培养模式则指为实现培养目标，在培养过程中使用的构造形式及运行

---

[1] 刘海利. 民办高等职业学院会计专业人才培养模式研究 [D]. 石家庄：河北师范大学，2015：6.

[2] 教育部. 关于深化教学改革，培养适应21世纪需要的高质量人才的意见 [Z]. 第一次全国普通高校教学工作会议，1998.

机制①。学者马国军则认为人才培养模式是在特定的高等教育思想引领下，把人才培养目标与制度、过程进行整合，最终实现特定人才培养目标的整个管理活动的组织构建形式②，这与广义的人才培养模式定义相似。

可以看出，人才培养的理念与目标、人才培养模式方法、人才培养模式建构、人才培养模式改革是人才培养政策的重要内容，对人才培养方法与人才培养模式内涵的理解有利于对具体的人才培养政策内容的理解。

三、高等职业教育人才培养政策

要厘清高等职业教育人才培养政策的内涵，必须先厘清高等职业教育的内涵，而对高等职业教育的理解是建立在对职业教育的理解之上的。长期以来，对职业教育的界定，没有一个统一说法。"职业教育""职业技术教育""职业技术培养""技术职业培养"，在不同的国家、不同地区、不同领域，都用于表述与职业活动相关的教育。在西方，许多学者都对职业教育做出过界定：如杜威认为，职业教育就是为从事职业工作做准备的教育；斯内登认为，凡为生活做准备的教育都可称为职业教育；梅斯在《职业教育的原理和实践》中指出，职业教育是为学生将来从事某种特定职业做准备的教育③。

国际组织对职业教育的提法在不同时期也有变化。20世纪70年代以来，联合国教科文组织一直采用"技术职业教育"的说法；国际劳工组织采用"职业教育与培养"的说法；80年代，世界银行率先把技术、职业、教育、培训四者进行结合，从而开始使用"技术和职业教育与培训"的说法。目前，《国际教育标准分类》中"技术和职业教育"被定义为："除学习普通知识外，还学习技术和有关科学以及获得经济和社

---

① 从军，李贵霞. 关于人才培养模式的几点探讨 [J]. 哈尔滨学院学报，2004 (3)：25-29.

② 马国军. 构建创新人才培养模式的研究 [J]. 高等农业教育，2001 (4)：19-21.

③ 乔佩科. 中国高等职业教育政策发展研究 [D]. 沈阳：东北大学，2009.

会各部门的职业所需的使用技术、专门知识、态度和认识的各种教育形式。"①

我国于1996年颁布《中华人民共和国职业教育法》，把各级各类职业学校教育和各种形式的职业培训都统称为"职业教育"。综上所述，可以从广义与狭义两个角度理解职业教育的内涵：从广义上说，它泛指一切增进人们的职业知识和技能，培养人们的职业态度，使人们能顺利从事某种职业的教育活动；从狭义上说，它就是指学校职业教育，即通过学校对学生进行的一种有目的、有计划、有组织的教育活动，使学生获得一定的职业知识、技能和态度，以便为学生将来从事某种职业做准备②。

高等职业教育是职业教育体系中的最高层次的职业教育，《中国教育百科全书》中称"高等职业教育"为"培养高级实践应用型人才的教育，属高等教育范畴。职业技术教育的高等层次，招收中等职业技术学校毕业生、普通高中毕业生及具有相应文化水平和实践经验的中级技术工人，学制为2~3年；少数招初中毕业生，学制为5年。教育形式为学校教育和职业技术培训两种。教育机构主要有各种职业技术专科学校、高级技工学校、职业技术师范学院（有的学制为4年）、短期职业大学、职工大学、广播电视大学、普通高等院校举办的函授大学、夜大学等。此类教育着重于学生实际技能的培养，以为国民经济各部门输送高级应用型人才和高级技术工人为培养目的。职业技术师范学院还要加强教育理论和教学能力的培养，为各级职业技术教育提供合格的师资"③。

《教育大辞典》的表述是："高等职业教育属于第三级教育层次的职业技术教育。包括就业前的职业技术教育和从业后的有关继续教育。如美国技术学院和社区学院的部分教学计划，日本高等专门学校、短期大学部分教学计划及专门学校的专门课程，法国的大学技术学院、高级技

---

① 联合国教科文组织. 国际教育标准分类 [S] //教育部教育管理信息中心. 教育参考资料，1997（2）：34.

② 刘春生，徐长发. 职业教育学 [M]. 北京：教育科学出版社，2002：28.

③ 张念宏. 中国教育百科全书 [M]. 北京：海洋出版社，1991：92.

术员班，中国早期的高等实业学堂、专门学校、专科学校等，以及各国成人高等学校部分教学计划所提供的教育。中国20世纪80年代开始有新发展，主要培养文科、理科、工科、农林、药、政法、财经7个科类的专业辅助人才。例如文科中的文秘、图书馆管理员（不含图书馆学专业人员），理科中的实验员，工科中的高级技术员、技师（工师），医药科类中的医辅人员、护师，政法科类中的法院辅助工作人员，财经类中的高级会计员、统计员。"[1]

我国著名高等教育专家潘愈元教授认为，高等职业教育是一种有别于理论性普通高等教育的类型，但并不是一个区别于本科的专科层次。高等职业技术学校既可以是专科层次的，也可以是本科以上层次的，形成一个独立于理论性本科院校之外的高等职业教育体系[2]。因此，高等职业教育是培养人们从事某种领域的高级专业化职业教育，这种专业化职业教育以传授各类专业技术及相关理论知识为主要内容，力求培养生产现场的高级技术、高级管理和高级操作人员的教育模式[3]。

在厘清高等职业教育的范畴后，高等职业教育人才培养政策可以界定为国家机关与社会组织，以培养面向生产、面向建设、面向服务、面向管理等第一线需要的高技能型人才，建构产学研结合的高等职业教育人才培养模式而协调教育内外关系所制定的一种战略性的准则与规定。可以看出，高等职业教育人才培养政策的具体内涵包括：①高等职业教育人才培养的理念及目标；②为实现高等职业教育人才培养目标的科学合理的方式；③产学研结合的高等职业教育人才培养模式的建构，如设置与培养目标相匹配的课程体系，制定完整的学生实训基地，实行校企合作、工学相结合的模式等；④高等职业教育改革或高等职业教育人才培养模式改革。

---

[1] 《教育大辞典》编纂委员会. 教育大辞典［M］. 上海：上海教育出版社，1990：134.
[2] 潘愈元. 建立高等职业教育独立体系当议［J］. 教育研究，2005（5）：67.
[3] 乔佩科. 中国高等职业教育政策发展研究［D］. 沈阳：东北大学，2009.

第二节　高等职业教育人才培养政策演变

高等职业教育作为我国教育改革发展过程中产生的高等教育的新类型，其与经济市场的发展有着密切的联系。高等职业教育作为高等教育的一种类型，其发展需要政策的匹配，而高等职业教育政策作为我国高等教育政策的一部分，影响着高等职业教育发展的方向、速度、规模与水平，是我国高等职业教育健康持续发展的重要基础和保障，也是高等职业教育发展的指导方针和行动纲领。高等职业教育的人才培养决定了相关政策要求应当有别于普通高校而又不应低于普通高校，同时体现高等职业教育的职业教育属性。高等职业教育发展至今，其体系初步形成，且改革取得了阶段性的成果，教育规模逐步扩大，明确了以劳动力市场需求为导向，以提高学生就业能力为目标，为国家建设培养高技能人才[1]。

教育部文件指出：高职高专教育是我国高等教育的重要组成部分，担负着培养技术应用型专门人才的任务。高职与普通高等学校最主要的差异就在于高职培养的是职业技术型人才[2]。教育主管部门在不同时期提出的高职人才政策是不同的，本书梳理了建国前至今的我国高等职业教育人才培养政策。

一、建国前及建国初期的高等职业教育人才培养政策

1. 建国前我国高等职业教育人才培养政策

我国高等职业教育最早可追溯到清朝末年，其与高等专科教育的历史交织在一起。鸦片战争后，清朝统治集团内部发生了分化，出现了以李鸿章、左宗棠、张之洞等人为代表的洋务派。他们出于抵御"数千年来未有之强敌"，举办了一系列所谓的洋务事业，创办了我国最早的近代工业。为了培养掌握近代科学技术的技术人员和工人，开始兴办实业

---

[1] 宿翠萍. 我国高等职业教育政策研究 [D]. 济南：山东大学，2013.
[2] 吴亚东. 从制度角度探析我国高等职业教育人才培养模式改革 [J]. 中国教育技术装备，2013 (6)：84-85.

教育（一般都把实业教育作为职业教育的早期阶段），创设了一批实业学堂①。1903年，清政府颁布了我国教育史上具有重要意义的《奏定学堂章程》，即癸卯学制，第一次将实业教育纳入学制，成为学校系统中的独立体系，并开始了初等实业学堂、中等实业学堂和高等实业学堂的职业技术教育层次类型划分的尝试②。其中高等实业学堂相当于高等职业教育，主要是培养高级技术人才，是我国高等专科学校的鼻祖，同时它实施的是实业教育，具有职业教育的性质，因此它又是我国高等职业教育的雏形。这些高等实业学堂明确地提出了以培养技能人才为培养目标。1929年中国国民政府颁布的《专科学校组织法》和1948年颁布的《专科学校法》规定专科学校"以教授应用科学，养成技术人才"为宗旨。

2. 建国初期我国高等职业教育人才培养政策

1949年后，新中国对旧中国的职业学校加以改造、整顿，并有所发展，但回避"职业教育"的名称，始称"技术教育"。解放初期的高等职业教育专科的培养目标为"培养高等专门人才"。如，1950年新中国成立后颁布的《专科学校暂行规程》中提出：专科教育"为适应国家建设的急需，进行教学工作，培养通晓基本理论并能实际应用的专门人才，如工业技师、农业技师、药剂师、财政经济干部、文艺工作人员"。1952年高教部颁布《关于制定高等学校工科专修科各专业教学计划的规定（草案）》提出："专修科是适应国家建设对技术人才的迫切需要而采取的培养干部的一种速成办法，其任务为培养高级技术员。"1953年提倡全面学习苏联教育，由于苏联学制无专科学校，我国于1953年以后逐步取消了专科中的工科学校，只保留了少数师专和医专，而且归入普通高等教育系统管理。专业教育代替了职业教育和技术教育，职业教育一直停留在中等水平，高等职业技术教育在我国不被承认，50年代上半期，我国形成的职教系统实际是以两类中等职业技术学校为中心的系

---

① 黄嘉. 近30年我国高等职业教育人才培养目标的变迁及原因探析[D]. 长沙：中南大学，2008.

② 刘合. 职业教育学[M]. 广州：广东高等教育出版社，2004：28.

统：一类是培养中级专业干部的中等专业学校，一类是培养初、中级人才的中等技术学校（即后来的技工学校）。1966 年开始的"十年动乱"，使我国的职业技术教育受到极大的摧残，特别是职业中学损失殆尽，高等职业教育就更无从谈起。

二、20 世纪 80—90 年代我国高等职业教育人才培养政策

1. 20 世纪 80 年代我国高等职业教育人才培养政策

1978 年 4 月，教育部在全国教育工作会议上正式提出改革中等教育结构，邓小平同志在会议讲话中指出要扩大职业技术学校比例。1979 年，中国共产党十一届三中全会以后，我国各地、各条战线掀起了社会主义现代化建设的热潮。尤其是我国东南沿海地区，改革开放的步伐加快，经济建设呈现高速发展的势态。而面对经济的发展和社会的进步，人才短缺成了突出的矛盾之一。由于"文革"对我国教育事业的破坏，人才断层现象亦十分严重。高等专科教育作为一种权宜之计又被旧话重提，为扩大高等教育规模又一次快速发展。这些高等专科学校在培养目标上强调培养应用型人才；在教学上强调理论教学以必需和够用为度；在实践环节上强调动手能力的培养和实践基地的建设。从中我们不难看出这些专科学校实施的是职业技术教育，以适应社会主义工业建设对大量专门人才的需求。但由于属于普通高等教育体系，其自身也沾上了学科本位的弊病，毕业生的实践能力远远不能适应新形势的需要[1]。因此，1980 年初，经济发展迅速的无锡市及东南沿海的一些中心城市提出要培养地方经济急需的高等应用型人才，经原国家教委批准，建立了我国首批 13 所职业大学，由于这些学校的培养目标为"培养地方经济建设急需的高等应用型人才"，因而取名为短期职业大学。80 年代初，我国高等职业教育的人才培养目标为"培养地方经济建设急需的高等应用型人才"。

1982 年，针对当时我国经济发展速度明显加快，人才缺乏的矛盾日趋突出的状况，第五届全国人大五次会议提出："要试办一批花钱省，

---

[1] 魏范青，刘晓春，吕振华. 论我国高等职业技术教育发展的历程 [J]. 成人教育，2003（12）：10.

见效快,可收学费,学生尽可能走读,毕业生择优录用的专科学校和职业大学。"从1980年到1985年,经原国家教委批准,各地共兴办了120多所职业大学。它们共同的特点是自费、走读、不包分配。1985年,《中共中央关于教育体制改革的决定》明确提出:"要积极发展高等职业技术院校,逐步建立起一个从初级到高级、行业配套、结构合理又能与普通教育相互沟通的职业技术教育体系。"高等职业教育从此正式纳入了国家教育体系。

1986年,国家教委《关于改革和发展成人教育的决定》中明确提出:"职工大学、职工业余大学、管理干部学院应当利用自己同企业、行业关系紧密的有利条件,结合需要,举办高等职业教育。"1987年,国务院批转《国家教育委员会关于改革和发展成人教育的决定》文件指出:"职工大学、职工业余大学、管理干部学院应当利用自己同企业、行业关系紧密的有利条件,结合需要,举办高等职业技术教育,为企业、事业单位培养生产、经营管理方面的专业技术人才。"由此可见,80年代中后期我国高等职业教育的人才培养目标为"培养生产、经营管理方面的专业技术人才"。

2. 20世纪90年代我国高等职业教育人才培养政策

1990年10月,全国普通高等专科教育工作座谈会形成职业大学分流办学的意见。会后1991年1月6日发布的《关于加强普通高等专科教育工作的意见》指出:"现有大多数短期职业大学在服务对象、专业设置、培养目标、培养模式、毕业生去向等方面与普通高等专科学校区别甚微,实际上是由地方举办的综合性高等专科学校。办学部门应根据本地区经济建设和社会发展的实际需要,认真研究这些学校的办学方向。一部分应办成以培养高级技艺型人才为目标的高等职业教育;一部分应根据需要,经过上级主管部门审定并报国家教委批准,可以明确为普通高等专科学校。"1991年,全国职业技术教育工作会议召开,并发布了《国务院关于大力发展职业技术教育的决定》,会议提出:"积极推进现有职业大学的改革,努力办好一批培养技艺性强的高级操作人员的高等职业学校。"由此可见,90年代初我国高等职业教育的人才培养目标为"培养高级技艺型人才"。

1994年，我国教育工作会议明确提出要通过现有职业大学、部分高等专科学校和独立设置的成人高校改革办学模式，调整培养目标来发展高等职业教育，在仍不满足时，经批准可利用少数具备条件的重点中等专业学校改制或举办高职班等方式作为补充（简称"三改一补"）来发展高等职业教育。此后，通过调整、改办等方式新成立了一批职业技术学院，推动了高等职业教育的发展，"高职"这个称呼也渐为人们所熟知。这一政策奠定了我国高等职业教育发展的组织主体和基本格局，也为高等教育结构的全面调整奏响了序曲。

1995年，国家教委《关于推动职业大学改革与建设的几点意见》指出："职业大学直接面向地方经济建设、面向基层、面向中小企业和乡镇企业，担负着为地方经济建设和社会发展培养高级部分中级实用技术、管理人才的任务。"1995年8月，国家教委在北京召开全国高等职业技术教育研讨会，会议提出："高等职业教育的培养目标是在生产服务第一线工作的高层次实用人才。这类人才的主要作用是将已经成熟的技术和管理规范变成现实的生产和服务，在第一线从事管理和运用工作，这类人才一般可称高级职业技术人才。"

1999年，教育部决定把高等职业教育、高等专科教育和成人高等教育三教统筹，简称高职高专教育，形成合力，共同走高等技术应用型人才的培养道路，确定"三教统筹"作为我国高等职业教育发展的主要途径。1999年底，教育部第一次全国高职高专教学工作会议对高职高专教育的培养目标作出界定："高职高专教育是我国高等教育的重要组成部分，要培养拥护党的基本线路，适应生产、建设、管理、服务第一线需要的德、智、体、美等方面全面发展的高等技术应用型专门人才。"1999年，教育部、国家计委颁发了《试行按新的管理模式和运行机制举办高等职业教育的实施意见》，提出"六路大军"办学，实行"三不一高"政策，从而拉开了高等职业教育大发展的序幕。但"六路大军"办学和"三不一高"政策，在一定程度上使高职教育的办学条件和办学质量得不到切实的保障，高职教育办学特色不明显，成为一种高收费和低层次的教育。因此，推动高职教育的健康持续发展成为高职人才培养政策的主要目标和诉求。

2000年，教育部颁发《关于加强高职高专教育人才培养工作的意见》，指出高职教育以培养高等技术应用型专门人才为根本任务，明确了高职人才培养的目标和人才培养模式的主要特征。同时，出台了一些针对教学、管理、师资方面的政策，主要包括《关于制定高职高专教育专业教学计划的原则意见》《高等职业学校、高等专科学校和成人高等学校教学管理要点》《关于加强高职（高专）院校师资队伍建设的意见》等，规范和推进高等职业教育的发展。截至2000年，高职高专毕业生99.84万人，比普通高校的45.41万人多54.43万人；招生数195.16万人，比普通高校的104.59万人多九十余万人；在校生419.78万人，比普通高校的216.07万人多两百余万人。2000年，《教育部关于加强高职高专教育人才培养工作的意见》强调培养"高等技术应用型专门人才"。上述文件反映了我国高等职业教育的发展和我国高等职业教育培养目标的政策。1999年至2000年国家对高等职业教育人才培养目标的界定为：我国高等职业教育培养目标是技术应用型人才。

三、21世纪以来我国高等职业教育人才培养政策

高等职业教育是经济发展、科技进步的产物，一个国家只有发达的普通教育而没有发达的职业教育，就不可能将先进的科学技术很好地转化为现实生产力，不能促进经济的快速发展。教育部在制定《面向二十一世纪教育振兴行动计划》中明确指出：要积极稳定发展高等教育，特别是要积极发展高等职业教育。改革人才培养模式是大力发展高等职业教育实现其培养目标的一项重要举措。借鉴世界高等职业教育人才培养模式的先进理论与实践成果，对我国高等职业教育的发展大有裨益。

2003年底，党中央召开的全国人才工作会议上，提出了"高技能"人才的概念，把培养技能人才特别是高技能人才纳入全党人才工作的范畴，把培养技能人才作为实施人才强国的重要内容。2004年，政府把高等职业教育的人才培养目标定位为高技能人才，高技能人才一下子就成为高等职业教育培养目标的代名词。2004年2月，教育部在《2003—2007年教育振兴行动计划》中提出了新的精神："大力发展职业教育，大量培养高素质的技能型人才特别是高技能人才""要加强高等职业技术学院的建设，广泛开展岗位技能培训"。2004年6月，全国职业教育

工作会议上首次对高等职业院校提出了明确的人才培养目标,指出:"高等职业学校的任务是培养数以千万计的高技能人才。"2004年,教育部颁布《关于以就业为导向深化高等职业教育改革的若干意见》,指出:"高等职业教育应以服务为宗旨,以就业为导向,走产学研结合的发展道路,并提出以就业为导向,深化高等职业教育改革,加强高技能人才培养。"该文件进一步明确了高职人才的培养目标、特征和思路。从此,我国高等职业教育稳定发展,高职培养目标从技术应用向高技能转换,体现了国家高度重视高技能人才队伍的培养。

2005年,国务院颁布《关于大力发展职业教育的决定》,提出国家在"十一五"期间建设100所示范性高等职业院校的计划。2006年,教育部、财政部开始共同组织实施国家示范性高等职业院校建设计划,先后分三批评选出100所重点支持建设院校、8所重点培育院校。2006年,教育部颁发《关于全面提高高等职业教育教学质量的若干意见》,明确高等职业教育是高等教育发展中的一个类型,高等职业教育要坚持以服务为宗旨,以就业为导向,走产学结合发展道路,培养面向生产、建设、服务和管理第一线需要的高技能人才。该文件标志着高职教育的培养目标定位更加清晰,工学结合的人才培养模式更加明确,行业参与和校企合作的办学模式基本确立,成为高职教育教学改革的纲领性文件。

2010年,教育部召开了全国高等职业教育改革与发展工作会议,明确提出以提高质量为核心,以"合作办学、合作育人、合作就业、合作发展"为主线,紧紧围绕科学把握办学定位、深化教育教学改革、推进体制机制创新、提升办学基础能力、拓展社会服务功能等五个方面推进改革与发展,努力建设中国特色现代高等职业教育。会议还对《国家高等职业教育发展规划(2011—2015年)(征求意见稿)》和《教育部关于推进高等职业教育改革发展的若干意见(征求意见稿)》征求了意见。会议的召开标志着我国高等职业教育的改革与发展进入了新的历史阶段。

2011年,《教育部关于推进中等和高等职业教育协调发展的指导意见》明确指出:"高等职业教育是高等教育的重要组成部分,重点培养高端技能型人才,发挥引领作用。完善高端技能型人才通过应用本科教育对口培养的制度,积极探索高端技能型人才专业硕士培养制度。"

2011年,《教育部关于推进高等职业教育改革创新引领职业教育科学发展的若干意见》提出:"高等职业教育具有高等教育和职业教育双重属性,以培养生产、建设、服务、管理第一线的高端技能型专门人才为主要任务。"

2012年,《教育部关于加快推进职业教育信息化发展的意见》中提出:"加快推进职业教育信息化,大规模培养掌握信息技术的高素质技能型人才,是适应国家信息化与工业化融合发展要求,提高在职职工和在校学生信息素养、岗位信息技术职业能力和就业创业技能的紧迫任务。"

2013年,第七次全国职业教育工作会议召开,颁布了《关于加快发展现代职业教育的决定》,提出:"引导普通本科高等学校转型发展""打通从中职、专科、本科到研究生的上升通道"等一系列政策举措,保证职业教育实现内涵式发展。

2014年,《国务院关于加快发展现代职业教育的决定》中明确提出:"以邓小平理论、'三个代表'重要思想、科学发展观为指导,坚持以立德树人为根本,以服务发展为宗旨,以促进就业为导向,适应技术进步和生产方式变革以及社会公共服务的需要,深化体制机制改革,统筹发挥好政府和市场的作用,加快现代职业教育体系建设,深化产教融合、校企合作,培养数以亿计的高素质劳动者和技术技能人才。"

2015年,教育部发布《教育部关于深化职业教育教学改革全面提高人才培养质量的若干意见》,提出:"全面贯彻党的教育方针,按照党中央、国务院决策部署,以立德树人为根本,以服务发展为宗旨,以促进就业为导向,坚持走内涵式发展道路,适应经济发展新常态和技术技能人才成长成才需要,完善产教融合、协同育人机制,创新人才培养模式,构建教学标准体系,健全教学质量管理和保障制度,以增强学生就业创业能力为核心,加强思想道德、人文素养教育和技术技能培养,全面提高人才培养质量。"

2017年,教育部发布《关于进一步推进职业教育信息化发展的指导意见》,明确提出:"进一步推进我国职业教育信息化发展,是适应当今教育改革和信息技术创新应用趋势,如期实现职业教育现代化,为国家经济社会发展提供有力技术技能人才支撑的必然选择和战略举措。"

总而言之，高职人才培养政策逐步摆脱了传统学术型高等教育的影响和制约，在人才培养动力上从学术驱动转变为市场驱动；在人才培养目标上从传统的升学导向转变为就业导向；在人才培养模式上从以学校为中心的封闭式培养转变为校企合作、工学结合的开放式培养；在教育内容上从注重学术科研能力的培养转变为强调职业综合能力的培养；在教学方式上从重知轻行、单向接受转变为融"教、学、做"为一体；在师资要求上从传统的侧重学术研究的"经师"转变为技术知识与实践能力并重的"双师"型教师；在评价导向上从注重高精尖的学术创新转变为强调社会适应和服务能力，从而使高职教育成为区别于传统学术高等教育的一种新类型[①]。

第三节　高等职业教育人才培养政策困境

一、师资建设政策困境

师资政策对促进高职教育发展起着基础而长远的影响，是影响高职院校师资队伍建设的首要因素。目前我国高职院校师资队伍的建设总体上存在不少问题，主要表现在以下几个方面：

1. 高职院校教师专业发展的标准缺乏

相比普通高等教育，高职教育更加注重学生职业技能的培养和专业技术技能的掌握，因此高职教师不仅应具备普通高校教师的一般能力，还应具备从事职业教育教学的特殊能力。《国务院关于加快发展现代职业教育的决定》（国发〔2014〕19号）提出，要"完善教师资格，实施教师专业发展标准"。《国家中长期教育改革和发展规划纲要（2010—2020年）》中提出，要"完善符合职业教育特点的教师资格标准"。但是当前我国出台的师资政策并未对教师知识掌握、研究能力以及教学能力做出更为具体的符合职业教育要求、适合高职教师发展的职业标准。目

---

① 李训贵. 高校扩招以来我国高等职业教育人才培养政策分析[J]. 黑龙江高教研究，2011（7）：102-104.

前我国尚缺少有关高职教师任职的专业标准，专业能力标准的缺乏导致高职教师在专业发展中迷失方向①。

2. "双师素质"培养的有效性有待加强

具备"双师素质"、能够有效地从事实践教学，是对高职院校专任教师的基本要求，但当前高职院校教师深入参与企业实践的政策机制还有待进一步完善。《高等职业教育创新发展行动计划（2015—2018年）》提出，要"围绕提升专业教学能力和实践动手能力，健全专科高等职业院校专任教师的培养和继续教育制度"，通过与高水平大学和大中型企业共建"双师型"教师培养培训基地的方式，完善教师双师能力培养培训机制，要求"专业教师每五年企业实践时间累计不少于6个月"。但是当前大多教师的企业实践多停留于感知企业生产实践阶段，真正参与企业实际生产与技术改造的过程中解决真实问题的教师并不多。有研究对江苏省高职院校"双师型"教师的调查显示，"90%左右的教师欠缺动手能力和技术素养"②。这反映了高职院校教师"双师素质"政策仍面临着困境。

3. 师资数量严重不足影响师资队伍水平整体提升

查阅1983—2013年各年度《中国教育统计年鉴》可知，到2003年高职院校生师比一度达到24∶1，而后一直保持在20∶1以上。教育部《高职高专院校人才培养工作水平评估指标体系》规定生师比18∶1为合格，16∶1为优秀。高职院校的师资数量严重不足使得教师工作量过大，必然会影响高职院校人才培养质量的提升和教师的专业成长。教育部主管部门同其他有关部门还未对师生比做出严格把关，同时对于师资队伍建设的支持政策和教师培养的政策和法规也相对匮乏，从而导致职教师资队伍得不到迅猛发展，使得高职院校师资队伍的整体素质和实践

---

① 朱雪梅. 高职教师专业能力标准的内涵与框架 [J]. 职业技术教育，2010 (1)：56-58.

② 蔡怡，张义平，宋现山. 高职院校"双师型"教师队伍建设的困境与对策——基于江苏高职院校师资发展的现实考察 [J]. 国家教育行政学院学报，2011 (6)：29-32.

能力无法得到提升，高等职业教育发展的需求难以得到满足。

4. 师资政策关联性不顺畅

现行的高职师资政策制定的模式中，人事部门通常是师资政策制定的唯一主体，其他部门只是师资政策制定的"旁观者"。不仅加重了人事部门在政策制定与执行过程中的协调负担，也不利于调动其他部门参与师资队伍建设的积极性，使政策关联性得不到切实保障。

国家和地方政府对高职师资队伍建设政策的倾斜力度还远远不够，不能很好地统筹师资队伍建设工作中人才引进、人才培养与团队建设专任教师与兼职教师、中长期规划与近期目标等的关系，政策间相互衔接度不高，时有"政策冲突"现象发生。现有高职院校师资政策还无法在战略层面给予高职院校的建设与发展、构建自身的核心竞争力以支撑①。出台高职院校师资队伍建设的相关政策、法律法规，以及院校完善师资队伍建设制度至关重要②。

二、学科专业政策困境

1. 支持发展政策不平衡

当前高职院校专业设置的随意性、盲目性较强，教育部（〔2000〕41号）颁布了《高等职业学校设置标准暂行》的通知，规定高职教育课程设置必须突出高等职业学校的特色。但政策得不到落实，导致大多数高职院校不考虑自身的办学条件与学生的职业需求，盲目争办"热门"专业，甚至不经论证就开始设置招生，结果导致招生数量不足，形不成规模效益，造成教育资源浪费，影响高职院校的经济效益。

中央和地方政府对办学理念先进、产学结合紧密、就业率高的专业给予大力支持，没有将支持政策辐射到其他专业，导致各专业之间发展不平衡。政府没有将支持政策全面普及开来，没有提出以重点专业为龙头，组建相关专业群，让重点专业带动其他专业共同发展的要

---

① 金泉. 高职院校师资队伍建设政策因素研究 [J]. 科教文汇, 2009 (12): 56.
② 夏玲玲. 新建高职院校师资队伍建设存在问题与基本对策 [J]. 文教资料, 2013 (9): 90-91.

求,让非示范性院校非重点建设专业在人才培养模式、师资队伍建设、课程体系构建与实验实训条件建设上得不到政策扶持,专业之间的差距逐渐拉大。

2. 专业课程与区域经济发展脱节

当地经济的发展水平影响着高职院校的专业设置,因此要根据当地的经济层次结构、产业结构、人才需求结构来设置专业[①]。但是,受过去办学惯性的影响,专业设置对市场的反应程度不够灵敏。导致人才培养过程中就出现了专业的建设发展难以适应职业频繁变动的问题。有的学校专业结构调整缺乏科学论证,跟不上产业结构调整的步伐,不适应企业新技术的要求;有的学校专业面窄,划分过细,与职业岗位对人才能力的要求有较大差距,学生的就业竞争力较差;有的学校缺乏专业发展意识,急功近利,重投资少、见效快、技术含量和层次较低的专业,缺乏品牌和特色专业[②]。政府没有结合地方经济发展与实际需要出台相关政策引导高职院校调整专业设置与开办新专业,严重影响专业的发展水平,使高职院校的办学水平得不到持续发展。

3. 专业改革滞后

专业课程设置应该紧密结合企业实际需求,专业课程教材内容要及时更新,突出职业性和实践性,这样学生才不会脱离生产实际与就业需要,成为社会真正需要的技术型人才。但是,目前部分地区政策对专业改革的要求相对滞后,部分高职院校仍然遵循传统的专业课程,重视专业理论知识的灌输。高职院校注重单一专业教学,更多地关注学生的知识掌握情况,从而忽视了一些非智力的、非技术性的因素,如价值观念、道德水准、意志品格、心理情感等等,由此造成专门人才视野不宽、底蕴不厚、动力不足、功力不深、后劲不大、个性不强、品位不高的缺点,这种状况将难以培养出"入世"及知识经济所需要的复合应用

---

① 谢勇旗. 高等职业教育专业设置研究 [D]. 天津:天津大学,2004.
② 覃川,顾勇革. 我国高等职业教育人才培养模式存在的主要问题及对策 [J]. 青岛职业技术学院学报,2005(4):89.

型人才①。在没有政府政策的指引与强制之下，大多院校忽视当前市场的变化，不根据未来人才需要改革与调整专业，专业特色不明显，使学生学的内容无法迅速应用于社会，这既不能满足未来市场对人才的需求，又影响了高职教育的发展。

4. 政策管理机制不够完善

高职院校的专业设置由谁去审批，专业设置由谁去管理，在一定程度上影响着高职院校的专业设置与建设②。我国对高等教育的专业设置一直非常重视，多次对专业设置做出重大调整，对专业目录进行修订。虽然部分地区结合地方经济制订出地方性专业目录，但在科学性、学科性等方面难免存在一定的缺陷。同时，政府并没有针对高职教育制订一个全国统一的指导性专业目录。

目前我国高职院校在专业设置上，在不违背国家利益与法律的情况下，一般是学校上报，教育主管部门备案就行。政府没有对专业设置做出合理规划，使得学校在设置专业时，趋热避冷，导致一些国家急需但人才匮乏的专业得不到学校的积极设置与宣传。行政部门没有对专业设置进行整体规划，缺乏管理，导致专业结构设置不合理，专业招生规模小，效益不高，使得教育资源严重浪费。

高等职业教育培养的是具备综合素质与职业能力的高级实用型人才，是我国高等教育的重要组成部分。然而由于部分地区教育行政部门对高职认识不够，在指导高职专业设置时，受到普通教育思想的影响，没有从相应的职业岗位（群）或者相应的技术领域的要求出发，按照这类人员应具备的理论知识、实践技术、专门技能和全面素质来设计。这样必然导致高职院校专业设置失去职教特色。

三、课程教学政策困境

《教育部关于全面提高高等职业教育教学质量的若干意见》指出，各级教育行政部门和高等职业院校"要全面贯彻党的教育方针，以服务为

---

① 龚丽. 我国高职教育人才培养模式存在的问题与对策研究 [D]. 重庆：西南大学，2008.

② 教育部关于全面提高高等职业教育教学质量的若干意见 [R]. [2006-11-16].

宗旨，以就业为导向，走产学结合发展道路，为社会主义现代化建设培养千百万高素质技能型专门人才，为全面建设小康社会、构建社会主义和谐社会做出应有的贡献"[1]。近年来，我国的高职教育得到迅猛发展，然而，面对职业教育逐渐显现的种种问题，课程教学改革成为高等职业教育教学改革的重点工作。当前影响并制约我国高职教育课程教学改革的因素包括以下几个方面：

1. 课程教学结构设置不合理

在一些学校的教学计划中，各类课程的比例分配不够恰当甚至严重失调，尤其是理论课与实践课的课程安排不够合理，从而导致衔接不够紧密而造成理论与实践脱节的现象。

2004年，教育部和劳动与社会保障部联合颁发了《职业院校技能型紧缺人才培养培训指导方案》，要求职业院校树立"在一定程度上与工作过程相联系"的课程设计理念，职业院校的课程设置要针对企业实际工作任务来开发基于工作过程系统化的课程建构模式。教育部2012年提出实践育人的工作方案，方案要求高职高专类学校实践教学比重不少于50%[2]。自此，越来越多的职业院校将教学重点放在实践课程，逐渐形成"重实践、轻理论"的课程教学体系。导致高职教育培养出来的学生存在知识不到家、能力不到位等问题。

目前我国尚未有专门的部门出台相关政策或提供课程教学设置改革的指引和帮助，由此我国高职教育课程教学中过于重视知识传授、忽视学生能力培养和重视理论学习而降低实践课程课时比重的现象还未得到解决。

2. 课程教学改革缺少理论指导和实践探索

课程教学改革作为高职教育目标实现的核心问题，还没有引起教师的普遍重视。职业教育的课程，应与实践工作活动与任务相匹配，而不

---

[1] 张良. 职业素质本位的高职教育课程建构研究[D]. 长沙：湖南师范大学，2012.

[2] 本刊编辑部. 教育部等部门关于进一步加强高校实践育人工作的若干意见（摘录）[J]. 实验室研究与探索，2012（6）：57.

是与学科体系相对接。大部分教师对课程教学改革还停留在课程的理论与实践课时的比例安排层面，还没有从思想上建立"能力本位"课程教学改革理念。学校层面还缺少必要的理论指导和课程教学改革与实践探索。课程教学改革过程中专家只能提供职业教育课程理念与指导开发技术，而改革的方向最终须由政府规划制定指引政策，使教师能够更好地按照新课程的理念进行教学。

3. 课程教学改革的约束和激励机制缺失

在课程教学改革的过程中教师是改革的主力军，高职院校课程教学依赖于职教教师的积极参与，虽然有些教师接受了先进的职教课程思想和理念，但缺少进行课程改革实践的动力和压力。当前针对职业院校教师参与课程改革仍存在不少机制上的障碍，改革之所以困难，其原因很大程度在于教师主体地位的缺失。比如成果不能用于评职称、工作量核算不清等。

在高职教育发展逐步走向正规化、规范化后，除了对高职院校人才培养进行必要的监控和管理，更要提供政策支持平台，激励和促进高职院校的发展。当前政府还未建立良好有效的约束与激励机制，没有扫除教师参与课程改革的机制上的障碍，如改革成果的认定、明确工作量计算方案、解决资源的使用等问题，最大限度地吸引广大教师参与到课程改革中来。

4. 课程模式改革缺乏政策指引

课程改革在高职教学改革中起着牵一发而动全身的作用，对现有的课程要进行深入改革，即意味着开发新的课程模式，开发新的课程资源，建设双师型的教师队伍，建立新的实训体系①。当前政府对于推广高职示范院校在课程改革中的先进经验缺乏宣传力度与引导作用，没有充分将可以利用的资源用于高职课程改革过程中，没有将先进的教学理念灌输到具体的课程开发与改革过程中。其次，政府在对高职课程改革过程中没有向师资培训倾斜，没有要求国家级示范高职院校发挥领军作

---

① 栾一凡，渠晓伟. 对高等职业教育课程开发问题的思考［C］//全国经济管理院校工业技术学研究会第十届学术年会论文集，2010（12）.

用，承担起高职师资培训的任务，让教师更积极地投入课程模式更新的过程中去。再次，政府未对高职院校培养目标提出硬性要求，导致课程教学长期处于传统模式，教学内容缺乏时代性和实用性，职业特征不够明显。最后，教材内容与课程设置密切相关，政府未对高职教学教材提出定期更新教材的要求，教材的开发与更新受"统编"的影响，周期过长，学校又不注意与企业合作开发校本课程，使学校的教学内容和教材建设不能及时反映最新技术和知识，知识与技术含量不高，不适应知识经济和高新技术发展的需要。

四、校企合作政策困境

目前我国出台了一系列支持和鼓励高职院校开展校企合作的政策法规，在一系列政策的推动下，校企合作取得了一定成效，但是，目前高职院校校企合作政策还存在缺乏系统性、可操作性不强、缺少吸引力等问题，致使校企合作政策的效度不高[1]，校企合作还存在诸多问题，是我国职业教育的发展瓶颈和致命弱点。

1. 促进校企合作的政策法规不健全

我国现有的《中华人民共和国职业教育法》虽然表明了国家支持校企合作的态度，但是并没有一项专门的法律法规指导校企合作具体的实践。对于企业举办职业院校亦缺乏明确有力的支持举措。关于高等职业教育方面的政策也不完善，开展高等职业教育过程中，许多方面还缺乏配套的政策措施，还处在一种自发和应付的状态[2]。

2. 校企合作的激励政策不完善

影响高职教育校企合作难以进行的因素之一便是缺少调动企业参与的积极性的激励政策。政府制定建议性政策较多，但强制性和激励性政策较少。《中华人民共和国职业教育法》第三十七条指出："国务院有关部门、县级以上地方各级人民政府以及举办职业学校、职业培训机构的

---

[1] 马顺彬. 浅谈我国高职教育校企合作的支持政策研究[J]. 吉林省教育学院学报，2012 (2)：88.
[2] 杨成. 我国高职教育校企合作的问题及对策研究[D]. 长沙：中南大学，2009.

组织、公民个人，应当加强职业教育生产实习基地的建设。企业、事业组织应当接纳职业学校和职业培训机构的学生和教师实习；对上岗实习的，应当给予适当的劳动报酬。"由此可知，政府出台的政策中的"应当"只有建议与指导作用，而没有必需的强制性的作用。因此，校、企可以有法不依。

《国务院关于大力发展职业教育的决定》（国发〔2005〕35号）规定："对支付实习学生报酬的企业，给予相应税收优惠。""国家鼓励企事业单位、社会团体和公民个人捐资助学，对通过政府部门或非营利组织向职业教育的资助和捐赠，按规定享受税收优惠政策。"《关于进一步加强高技能人才工作的意见》（〔2006〕15号）明确规定："对积极运用市场机制开展校企合作、实施产学结合，并在高技能人才培养方面作出突出成绩的职业院校，中央财政在实训基地建设等方面给予支持和奖励。"可是这些"优惠"政策并未得到落实。在这种情况下，校企合作的积极性一直徘徊在低潮状态。

目前，我国还未颁布企业参与校企合作的强制性措施，还未强制要求企业必须参与校企合作，制定相应的经费保障措施和激励机制，也未规定企业必须对人才培养进行相应的投资。企业缺乏利益驱动及相关的法律保障，缺少参与校企合作的动力①。政府出台的政策不完善、不到位，所以企业大多仍然认为高职教育人才培养的主要责任仍由学校承担，而与己无关。

3. 政府对高职院校校企合作缺乏监督、指导

我国校企合作模式比较单一，仅限于工学交替、顶岗实习和订单培养，合作方式面窄、层次浅，缺乏长效机制，导致合作往往是短期行为，无法保证校企合作的长期持续开展。要使校企合作持续长久开展下去，关键在于明确政府、企业、学校等多方责任与义务，形成校企合作长效机制。学校和企业彼此对对方运行机制和管理方式以及未来发展的需求都不甚了解，从而导致校企合作不够深入。再者，政府没有建立专

---

① 吴菊汇. 我国高职院校校企合作的现状、问题及对策研究［D］. 四川：西南财经大学，2013.

门的管理组织为校企合作搭建平台，承担起协调、监督与指导的职责，将校企合作项目效果较好的经验进行推广。

4. 政府忽视对校企合作项目的管理与计划引导

我国政府多年来明确支持校企合作、产学研结合的项目计划只有一个产学研联合工程。虽然近几年，有的地方政府设立了如辽宁省院校合作计划等一些校企合作计划，但总体上来说，我国的校企合作计划还不多，政府在通过计划引导校企合作方面的能力还不强。国家还未出台专门的校企合作法，没有依据地方实际情况制定明确的校企合作法规与条例，加强政府统筹力度，明确多方责、权、利，设置校企合作激励机制，建立校企合作组织管理机构，为校企合作提供政策支持平台与保障。

第四节　高等职业教育人才培养政策创新

在职业教育的发展中，最重要、最核心的是人才培养的问题。近年来，国家不断出台高等职业教育人才培养政策的相关文件，各高等职业院校根据政策不断探索与创新人才培养，取得了一些成绩。但是，随着改革的不断深入，一些深层次的问题逐渐显露出来。本文基于已出台的高等职业教育人才培养这一政策背景，旨在为高等职业教育人才培养探索出一条可行之路。高等职业教育人才政策创新主要通过完善人才培养体系、优化人才培养专业、丰富人才培养课程、创新人才培养机制四个方面进行探索，以达到出人才、出成果的目的。

一、完善人才培养体系

高等职业教育人才培养主要由职业教育类型来培养完成，其完整体系本身包括初级职业教育、中等职业教育、高等职业教育和应用型本科教育等多个层次。目前具有中国特色的培养高等职业教育人才职业教育体系已基本形成，但整个体系有待进一步完善，各层次的培养目标有待进一步明确。面向2035年，我国应该进一步构建完善高等职业教育人才培养体系。主要可从以下几个方面进行：

一是规范和完善初等职业教育系统。"十三五"期间须进一步加大乡村职业中学、职业培训机构的建设力度,加大远程职业教育培训网络和资源的建设力度,增加和丰富教育及培训内容,规范教育及培训标准,提高教育培训质量,为农村脱贫、乡村振兴、提高我国农村人口素质及和谐社会构建提供有效保障。

二是规范和完善中等职业教育系统。"十三五"期间须进一步加大职业高中、技工学校和中等职业院校的建设力度,加大政策配套支持和宣传的力度,提高社会对教育新理念和新政策的认识,促进中等职业教育占高中阶段教育一半以上的发展和稳定,为职业技术教育可持续发展奠定基础,为人力资源强国建设和应用型人才培养奠定坚实基础。

三是提高高职高专教育质量。高等职业教育院校数已占普通高等教育的一半以上,在校生规模接近一半,已成为高等教育的"半壁江山"。当前,贯彻实施《国家高等职业教育发展规划(2010—2015年)》的相关精神,落实《教育部办公厅关于建立职业院校教学工作诊断与改进制度的通知》任务,坚持"需求导向、自我保证,多元诊断、重在改进"的工作方针,真正转变人才培养模式和提高人才培养质量,切实办好人民满意的具有中国特色的高等职业教育。

四是扩大本科院校举办高职本科的规模。高职本科也称应用本科,是高等职业教育类型中的本科层次,它由本科院校的职业技术学院的相关本科专业来实现,同一般普通本科相比具有鲜明的技术应用性特征,是以培养高素质的技术开发应用型人才为目标,兼具工程教育和技术教育并侧重技术教育的本科层次的职业教育。一方面,在基础好、有特色的国家示范高职院校开设应用本科专业,招收专升本学生;另一方面,在应用型本科院校开设高职本科专业,对口招收中职学生学习。

五是深化改革本科高校专业研究生的培养模式。进一步深化现有研究生教学管理体制和人才培养模式,将专业硕士的培养引导向高素质复合型应用型人才方向发展,在此基础上尽快研究设计构建专业博士的培养框架,努力构建高素质复合型应用型人才的完整培养体系。

二、优化人才培养专业

在我国颁布的高等职业教育政策文件中,明确提出要调整人才培养政策，优化人才培养的专业。优化人才培养专业主要从以下几个方面进行：

1. 更新专业建设理念

一是要突出专业培养目标的职业性。要以生产环节、工艺流程、工作程序为教学环节，从教学过程上突出职业性；以专业、课程模块为教学特征，从形式上突出职业性；以企业工学结合为重要实践环节，从培养环境和要求上突出职业性。二是要突出学生在专业建设中的主体性，将学习的主动权交给学生。要创设情境与氛围，为学生展示自我、发现自我和发展自我提供足够的时间和空间。三是要突出专业教学中的实践性。增加操作性、综合性实践，增加生产性、顶岗性实训，以突出教学内容的实用性、实践性。

2. 创新专业设置，优化专业结构

一是以市场需求为导向调整专业结构。壮大优势专业，扶持潜力专业，整合近似专业，建立专业群，机动灵活地调整专业方向，形成"同心多角"的专业分布格局。二是专业设置要贯彻以就业为导向的原则，以就业性要求确定培养目标。由于高职院校所培养的人才具有较为明显的职业定向性和针对性，因而不同专业要根据具体情况，进行职业分析，确定其具体的知识、能力结构和职业素质要求，将各专业培养目标进一步具体化、个性化。

3. 打造高素质的教师队伍

一是要积极实施"人才强校"战略，加大专业带头人、教学名师培养力度，努力提高教师的学历层次和知识技能水平，外聘专家、学者、工程师到职业院校兼职任课。二是教师要用新的教育理念、教学内容、教学方法和手段去适应学生要求，体现职业教育的时代性；要主动适应职业岗位能力要求的变化，随时更新培养内容，体现职业教育的先进性。三是要把建设"双师型"教师作为职业院校师资力量建设的重中之重。要采取措施使专业教师熟悉生产环节，丰富实践经验。专业教师要结合学生的企业实训指导，参与企业技术研发，参加企业科研实践，掌握实践技能。

4．坚持产学结合，强化职业能力训练

构建以开放性、实践性、市场性为特征的"校企结合、工学结合、虚实结合"的产学合作教育模式和教学形式。校企双方共同制订培养计划，实施人才培养。在企业建立与学院相同的教室，企业教师与学校教师交替授课，实践课教授全部在车间进行等。利用现代教育技术创设仿真模拟操作软件的虚拟实训。

5．创建专业特色

要坚持以就业为导向，以专业建设发展规划为依据，以人才培养模式改革为核心，全力实施重点专业、特色专业发展战略，重点培育与地方（区域）支柱产业、优势产业、新兴产业密切相关的专业，以特色专业的发展带动高职院校办学特色的形成。

6．改革专业管理，提高教学质量

一是应不断完善院系两级专业管理体制，院级严格审查专业设置条件，把握专业建设方向；系部负责专业建设的规划与实施，提高专业建设的质量和水平。二是要健全和落实教学质量保证和监控体系，严格各教学环节的日常监督检查，完善教学评价体系和教师评价办法。

三、丰富人才培养课程

经济转型和社会变革对职业教育人才培养提出更高的要求，不仅原有的专业设置受到挑战，且传统的课程体系也遇到新的问题，由此，需要在高等职业教育政策的基础上，充分发掘内、外部资源，进而构建切实可行、科学合理的人才培养课程。

1．遵从教学规律，完成基础课程升级

在高等职业教育院校的日常教学中，学生是高等职业教育水平、质量提升的主体。只有掌握学生的心理变化规律和职业生涯规划的基本情况，才能为学生设计并构建出符合其实际需要的基础课程。正如学校在学生的日常管理、培训及心理健康引导方面具有重要权责，只有真正建立起符合企业岗位职业技能、知识需要的教学协同机制，才能真正实现高等职业教育院校基础性课程的教学一体化建设。

高等职业教育院校的基础性课程主要指基础知识、文化水准、理论等的高等职业教育课程。作为相对定型、相对成熟、相对稳定的教学体系，基础课程体系的优化可以尝试使用水平统测、教考分离的方式来提升教材规划和编制的水平及质量。因此，在基础性课程体系优化时，需要基于高等职业教育院校学员的实际学习情况进行设计和构建。基础型课程在实践时，需要按照基础知识的系统性和严谨性来实施准确、科学的教学方法，具体可以高中教学要求为基准，按照职业技术教育专业的人才培养需要来进行课程体系的调整，以提升学生学识水平、专业素养，并夯实专业基础等。

2. 适应岗位需求，完成专业课程优化

专业性课程体系的优化可鼓励行业或者学校的教育指导委员会共同编制专业教材，或邀请教学水平较高的院校联合编写教材，要求行业教学指导委员会推荐等。除基础性课程必须按照企业岗位设置的需要进行针对性教学外，高等职业教育的专业课程设置和优化同样需要遵从此项要求。在具体设计时，可融入职业教育的特性，面对行业、产业、岗位的要求尝试调整专业课程教学的内容和形式。

在面向社会方面，专业课程的设置和优化需要坚持遵守开门办学、开放办学、适应社会需求、自觉研究的原则，以提升专业课程的社会适应性。在面向行业办学方面，专业课程的设置和优化需要立足产业和行业发展的基本要求，不断调整、开设、优化、更新专业设置，以调整专业人才的培养方向和体现高等职业教育院校的办学特色、区域特征及职业教育的实践性要求。对于岗位设置的需求，在主干核心课程等方面的设置，专业课程的设置和优化必须立足产业和行业发展中岗位动态变化的情况，需要强调实践和理论知识的紧密联系性，如将情境教学、理论教学、案例教学三者相结合，以提升教学的针对性和有效性，并按照岗位的工艺、岗位的工作流程、岗位的与时俱进性等，进行课程体系的调整，以做到课程体现教学，学用一致，知行统一，实践检验知识及知识指导实践。

3. 提升技能水平，完成拓展课程转型

高等职业教育院校的教育特性决定了其教学所具有的极为明显的职

业性，在具体进行丰富课程时，需要从一线岗位对学生专业技能的需要角度入手，着重强调一线岗位需要的技能、动手操作能力等的对应性教育。考虑到高等职业教育院校的教育需要以技能的培养和对应操作水平的提升为目标，因此，课程本身可与专业性考试相挂钩，尝试构建拓展型课程架构，以提升课程体系的质量。由此，在教学项目设计和教学内容的统筹研究方面，可结合职业岗位和行业企业所需要的技能操作证书、职业资格证书考核要求，安排相应的考核、教学、训练等。在技能操作方面，可使用课内知识和技能培训与课外自练相结合的方式，完成教、学、练三者的统一，提升学生的技能水平。

此外，各高校要根据人才培养定位和创新创业教育目标要求，促进专业教育与创新创业教育有机融合，调整专业课程设置，挖掘和充实各类专业课程的创新创业教育资源，在传授专业知识过程中加强创新创业教育。面向全体学生开发开设研究方法、学科前沿、创业基础、就业创业指导等方面的必修课和选修课，纳入学分管理，建设依次递进、有机衔接、科学合理的创新创业教育专门课程群。各地区、各高校要加快创新创业教育优质课程信息化建设，推出一批资源共享的慕课、视频公开课等在线开放课程。建立在线开放课程学习认证和学分认定制度。组织学科带头人、行业企业优秀人才，联合编写具有科学性、先进性、适用性的创新创业教育重点教材。

四、创新人才培养机制

高等职业院校的人才培养需要构建机制，需要充分认识和把握企业发展和高职教育发展的规律，使人才培养满足社会需要、符合国家政策。从当前高等职业教育发展来看，合作机制的构建需要重点解决"一头热、一头冷"、创新平台搭建、高职院校民事行为能力差、行业组织缺位等问题。

1. 构建动力机制

动力机制是维持校企合作活动持续进行的前提和条件，因而是合作机制的核心内容。目前的校企合作活动一般是由校方发起，动因是人才培养活动能够适合企业发展需要。但是，校方的动因常常不能得到企业的积极响应，出现"一头热、一头冷"的单向性作用现象。校企合作的原始动力应该来源于校企双方促进生产方式转变的理性诉求，形成双方认同的价值观，将企业的长远发展与学生的终身职业发展相协调。因此，要构建校企合作的动力机制，当前需要抓住三个主要因素：

一是全面提高人才培养质量。高职院校的人才培养需要考核两种满意度：一是用人单位满意度，二是学生满意度。只有人才培养质量满足企业的需求，企业才有可能主动地参与到人才培养过程中来，并接收更多的毕业生。因此，质量是实现学生就业的根本保证，也是开展校企合作的基础。

二是提升高职院校服务功能。开展有效的技术服务，是密切校企联系的重要纽带。通过技术服务，可以让企业更好地认识高职院校的办学实力，认可职业院校的人才培养质量。技术技能积累和创新与人才培养是相辅相成的，技术技能创新可以提高人才培养的针对性和有效性，人才培养又为技术技能积累提供了可靠保证，二者都是职业院校必不可少的功能。提高社会服务能力，合作培养与合作研发一起进行，对高等职业院校教师的素质提出了新的要求，教师数量和结构也会发生较大变化，这就要求政府在整体上加大高等职业教育的办学投入。

三是完善校企合作相关制度。要使校企合作不断走向深入，就需要建立一种相互沟通、相互理解、相互促进的长效机制，实现价值观的趋同。从高职院校的角度，需要以合理的内部治理结构保障企业的知情权、建议权、评价权，在专业设置、课程设置、招生就业等方面悉心倾听企业意见，了解企业需求，决不能等遇到困难的时候再寻求企业帮助，更不能将企业参与看作企业义不容辞的责任。

总之，高等职业教育不是单靠职业院校一方就能办好，高职院校需要先把自己的位置摆正了，并真心把企业看成合作伙伴，多想着企业的需要，合作办学、协同培养人才也就容易了。

2. 创新人才培养的平台

为了使教育部等六部门的《职业学校校企合作办法》有效落地，尽快进入校企合作的"蜜月期"，职业院校需要采取以下措施：

一是转观念。职业院校应该尽快摆脱计划经济体制下形成的僵化观念，将企业视作人才培养的平等主体，主动为企业转型升级服务。躺在事业单位的"铁饭碗"中，以一种"铁帽子王"的身份与企业打交道，企业注定不会买账。既然已经认识到一线人才培养是校企双方的共同责任，那就应该对企业"高看一眼、厚爱一层"，真正建立起伙伴关系。幻想通过合作在企业"捞好处"，受伤的只能是职业教育，受害的只能是职校学生。在校企合作活动中，企业和学生发展是合作的依据和中心，职业院校必须摆正自己的位置。

二是搭平台。校企合作是一台大戏，不是街边的广场舞。职业学校与企业合作开发专业、课程、教材，培养师资队伍，建设实习基地，这些都不是一劳永逸的，需要根据就业市场需求长期进行下去，客观上需要一种稳固的合作机制。在全面依法治国的大背景下，组建校企共同参加的职教集团法人实体机构，强化职教集团的民事行为能力，是深化校企合作的必然选择。政府应该进一步明确职教集团对校企合作活动的规划、组织、协调、监督和服务等职能，赋予集团实施校企合作协议注册、修改和废止的权力，让职教集团成为中国特色职业教育和培训体系的重要组织形式。

三是挂牌子。职业教育是学校和企业的"二人转"，不是职业学校的"独角戏"。但要让企业进入育人角色，仅靠一纸文件还不够。职业学校应该围绕服务"中国制造2025"、京津冀协同发展、乡村振兴等国家战略，根据区域产业发展需要，选择一批社会信誉好、技术和管理水平高、用人需求强的骨干企业，共建生产经营与人才培养兼顾的教育型企业，给企业应有的"名分"和待遇。

四是订标准。校企合作是在产业转型升级基础上的高位合作，是校企双方发展动力转换的重要措施。校企合作活动应该符合双方的共同利益，并承担起必要的社会责任。为了提高合作效果，需要校企联合制订学员招录标准、师傅资格标准、学校和企业课程标准、教学场所标准等，克服合作活动的随意性、盲目性和无效性。标准的作用是约束校企双方的行为，使得合作活动符合双方的长远利益，同时又不损害第三方的利益。在标准的制订过程中，应该充分听取学生代表的意见。

创新型高等职业教育人才培养需要以学校为主体，加强专业建设，丰富课程体系，提升师资力量；依靠政府统筹规划，加强现代职业教育体系建设；发挥企业、行业职业的指导作用；同时在合作共赢的基础上丰富企校合作的形式。只有做到内外兼修，才能在已有政策的基础上实现创新培养人才这一目标。

本章小结

高等职业教育人才培养政策是指为国家机关与社会组织，以培养面向生产、面向建设、面向服务、面向管理等第一线需要的高技能型人才，建构产学研结合的高等职业教育人才培养模式而协调教育内外关系所制定的一种战略性的准则与规定。

高等职业教育作为我国教育改革发展过程中产生的高等教育的新类型，其与经济市场的发展、政治文化的更新有着密切的联系。同样，高等职业教育人才培养政策经历了一系列的发展与变革，主要经历了建国前、建国初期、20世纪80—90年代、21世纪以来四个阶段。高等职业教育在人才培养政策变化发展中面临的困境，主要包括师资建设政策困境、学科专业政策困境、课程教学政策困境和校企合作政策困境四方面。

基于已存在的高等职业教育人才培养困境，旨在为高等职业教育人才培养探索出一条可行之路，提出高等职业教育人才政策的创新，主要通过完善人才培养体系、优化人才培养专业、丰富人才培养课程、创新人才培养机制四个方面进行探索，以达到出人才、出成果的目的。

结论：优化人才培养模式是提升高等职业教育质量的根本

优化人才培养模式是保证高等职业教育人才培养质量的关键。本文紧紧围绕从能力本位向素质本位转轨这一基本轨迹，层层展开，基本上循着这样一种论述进入：首先，在引论中导入模式这一研究高等职业教育人才培养的新视角；接着，在剖析高等职业教育现存模式种种缺陷的基础上提出从能力向素质本位转轨，论述了素质本位型高等职业教育这一贯穿全文的理念；然后，在厘清高等职业教育及其模式概念，以及相关概念关系的基础上，提出了高等职业教育人才培养模式构建，并从目标模式、课程模式和教学模式三个方面予以重点论述。

依此分析进路，本文得出如下结论：

（1）我国高等职业教育的历史在源头上是与高等专科教育的历史交织在一起的。高等职业教育的迅速发展，一方面缓解了各地经济建设迫切需要人才的矛盾，另一方面也促进了我国高等教育的结构改革，取得了举世公认的成就，但同时也暴露出一些与社会需求和人的发展不相适应的缺陷：注重社会功能，忽视育人功能；注重"成器"教育，忽视"成人"教育；注重专科教育，忽视高层次教育；注重理论教育，忽视实践教育。因而，社会对高等职业教育改革的呼声高涨。

（2）从能力本位转向素质本位已是高等职业教育改革发展的必然。素质本位高等职业教育从广义上看是高职院校的一个办学思想与理念，即给学生全面的教育与训练，包括专业教育与非专业教育。从狭义上来看，是专业教育的延伸与深化，是专业教育的补充与纠正，是专业教育的灵魂与统帅，旨在通过科学与人文的沟通，培养具有自我发展能力，适应社会变迁能力，视野开阔，拥有完美人格的健全个人的教育。教育的本质是将人培养"成人"，高等职业教育属于教育的一个类型，应在保持职业教育独特性以及因社会变迁的教育自省力之下，必须重新思考专业与通识之间的关系，并以规划出一个能够让学习者真正"成为一个人"的学习环境，也就是说未来高职教育必须兼顾专业教育与通识教育，不仅要培养有技术的专门人才，更要培育有人文气息、有艺术气质、有通识气魄的技术人才。

（3）我们认为高等职业教育是一个历史的、发展的概念。随着社会经济及教育的发展以及内涵的丰富，我们认为，高等职业教育是与研究型高等教育并行的、以培养职业型高级专门人才为目标的一种高等教育类型，是职业教育的高级层次和一种全新的教育形式，兼有高等性、职业性和教育性。在学历教育上包括专科、本科和研究生层次的教育；在非学历教育上，包括职业资格证书和技术等级培训。如果按照这个定义划分，现行的研究型大学以外的本科院校、专科学校、成人高校、高职院校及实施中级以上职业资格证书教育的高级专门机构等均属于高等职业教育范畴。

（4）人永远不会变成一个完人，他的生存是个无止境的完善过程和学习过程。尽管高等职业教育人才培养目标是对应社会、企事业岗位群的高等技术人才，要求"即插即用"，但由于我们的培养方式主要限于高职院校，与社会脱节。因而，根据高等职业教育的内在规律和专业人才成长的规律，高职院校培养的人才在毕业时还只能具有一定的类型倾向，而不能完全定型。不同的类型倾向具有不同的知识能力结构特征，学生必须在毕业进入社会后，经过实践的锻炼提高，才能成为社会所需要的某种类型的人才，或者说适应某种岗位群的人才。

（5）在社会转型中，我国正由学历社会逐步过渡到学习化社会，资格与学历并重是学历社会向学习化社会过渡的一个重要环节。因而，职业资格证书制度既是经济发展和社会进步对专门技术和技能型人才的客观要求，又是人们自我完善，不断提升以适应社会发展的需要。"双证书"（学历、资格）是高职教育人才培养的重要途径。

（6）不同的高等职业教育院校，会有不同的素质本位的教育。高等职业教育院校各有不同，它们产生于不同的文化、专业和区域背景，它们也有不同的理念及人才培养目标。从目前情形看，高等职业教育已经进入一个"百花齐放"的时期，没有政策导向的素质本位教育就是最好的素质本位教育。因而，素质本位的高等职业教育没有固定的模式，固定模式就失去了素质本位教育的意义，各个高等职业院校应该有属于自己的素质本位教育，即是说，素质本位高等职业教育就是学校本位高等职业教育。

总之，尽管本文对高等职业教育人才培养模式进行了较系统的梳理，但由于研究视角的限制及本人学识所限，无论是关于高等职业教育人才培养模式的理论构建，还是高等职业教育人才培养模式的培养目标、课程体系和教学模式等实践方面，都还存在相当多的尚未解决的问题。比如，高等职业院校学生自主学习问题，高等职业院校学生个性发展与适应社会发展关系问题，高等职业教育人才培养模式的学校、社会功能匹配及分工问题，以及对我国现存高等教育人才培养不同模式的分析等等，均值得更深入的探讨。

参考文献

[1] 马克思恩格斯论教育［M］. 北京：人民教育出版社，1992.

[2] 毛泽东选集：第一、二、三、四卷［M］. 北京：人民出版社，1991.

[3] 列宁论教育［M］. 北京：人民教育出版社，1993.

[4] 刘少奇论教育［M］. 北京：教育科学出版社，1998.

[5] 邓小平论教育［M］. 北京：人民教育出版社，1991.

[6] 陶行知教育论著选［M］. 北京：人民教育出版社，1993.

[7] 黄炎培教育论著选［M］. 北京：人民教育出版社，1993.

[8] 晏阳初教育论著选［M］. 北京：人民教育出版社，1993.

[9] 约翰·S. 布鲁贝克. 高等教育哲学［M］. 王承绪，等译. 杭州：浙江教育出版社，2001.

[10] 阿什比. 科技发达时代的大学教育［M］. 滕大春，滕大生，译. 杭州：浙江教育出版社，1988.

[11] 加登纳. 智能的结构［M］. 兰金仁，译. 北京：光明日报出版社，1990.

[12] 岸根卓郎. 我的教育论［M］. 何鉴，译. 南京：南京大学出版社，2000.

[13] 怀特海. 教育的目的［M］. 徐汝舟，译. 北京：生活·读书·新知三联书店，2002.

[14] 约翰·怀特. 再论教育目的［M］. 李承宏，等译. 北京：教育科学出版社，1997.

[15] 联合国教科文组织国际教育发展委员会. 学会生存——教育世

界的今天和明天［M］．北京：教育科学出版社，1996．

　　［16］联合国教科文组织．教育——财富蕴藏其中［M］．北京：教育科学出版社，1996．

　　［17］顾明远，孟繁华．国际教育新理念［M］．海口：海南出版社，2001．

　　［18］庞学光．完整性教育的探索［M］．重庆：重庆出版社，1994．

　　［19］奥雷利奥·佩西．人的素质［M］．邵晓光，译．沈阳：辽宁大学出版社，1988．

　　［20］赫伯特·马尔库塞．单向度的人［M］．张峰，译．重庆：重庆出版社，1988．

　　［21］潘懋元．新编高等教育学［M］．北京：北京师范大学出版社，1996．

　　［22］薛天祥．高等教育学［M］．桂林：广西师范大学出版社，2001．

　　［23］张应强．高等教育现代化的反思与建构［M］．哈尔滨：黑龙江教育出版社，2000．

　　［24］周明星．中国教育现代化论纲［M］．北京：红旗出版社，1999．

　　［25］石中英．知识转型与教育改革［M］．北京：教育科学出版社，2001．

　　［26］熊川武，等．实践教育学［M］．上海：上海教育出版社，2001．

　　［27］涂艳国．走向自由——教育与人的发展问题研究［M］．武汉：华中师范大学出版社，1999．

　　［28］袁贵仁．马克思的人学思想［M］．北京：北京师范大学出版社，1999．

　　［29］沈继英，李家兴．面向21世纪的人才素质［M］．北京：北京大学出版社，1998．

　　［30］周毅．21世纪中国两大支柱：科技教育化与教育科技化［M］．福州：福建教育出版社，2001．

[31] 张应强. 文化视野中的高等教育 [M]. 南京：南京师范大学出版社，1999.

[32] 项贤明. 泛教育论——广义教育学的初步探索 [M]. 太原：山西教育出版社，2000.

[33] 蓝劲松. 高等教育与人才市场 [M]. 北京：清华大学出版社，1999.

[34] 龚怡祖. 论大学人才培养模式 [M]. 南京：江苏教育出版社，1999.

[35] 彭钢. 创业教育学 [M]. 南京：江苏教育出版社，1995.

[36] 陈会昌. 竞争 社会—心理—文化透视 [M]. 北京：北京师范大学出版社，2000.

[37] 查有梁. 教育模式 [M]. 北京：教育科学出版社，1993.

[38] 潘冷云，林力锋. 现代生活与现代教育——陶行知生活教育理论与教育实践的启示 [M]. 上海：复旦大学出版社，1991.

[39] 纪大海. 新型人才 [M]. 成都：四川教育出版社，1997.

[40] 夏子贵. 专业变革 [M]. 成都：四川教育出版社，1997.

[41] 周明星. 不拘一格的创造力 [M]. 武汉：武汉大学出版社，2000.

[42] 陈桂生. 人的全面发展理论与时代 [M]. 上海：上海教育出版社，1992.

[43] 清华大学教育研究所. 科技人才培养研究 [M]. 北京：清华大学出版社，1993.

[44] 高奇. 职业教育原理 [M]. 北京：经济出版社，1998.

[45] 韩庆祥，张军. 能力改变命运 [M]. 北京：中国发展出版社，2002.

[46] 张应强，周明星. 素质教育与实践能力培养全书 [M]. 北京：华龄出版社，2001.

[47] 教育部高等教育司. 构建21世纪人才培养新体系 [M]. 长沙：中南工业大学出版社，1999.

[48] 文辅相. 中国高等教育目标论 [M]. 武汉：华中理工大学出版

社，1995.

[49] 门里牟. 人才学基础 [M]. 呼和浩特：内蒙古人民出版社，1986.

[50] 韩庆祥. 能力本位 [M]. 北京：中国发展出版社，1999.

[51] 梅斯. 职业教育原理与实践 [M]. 任永温，译. 台北：正中书局，1982.

[52] 宫地诚哉. 职业教育 [M]. 天津：天津人民教育出版社，1981.

[53] 格利戈尔. 职业教育：就业与训练 [M]. 王作荣，译. 台北：正中书局，1981.

[54] 孟广平. 我的教育观　职业技术教育卷 [M]. 广州：广东教育出版社，2000.

[55] 江文雄. 技术及职业教育概论 [M]. 台北：师大书苑有限公司，1999.

[56] 张添洲. 技术职业教育发展 [M]. 台北：五南图书出版股份有限公司，2000.

[57] 刘启娴. 世纪之交的国际职业教育 [M]. 北京：高等教育出版社，1999.

[58] 孙震瀚. 21世纪中国职业技术教育前瞻 [M]. 北京：高等教育出版社，1995.

[59] 李宗尧. 高级技能人才培养 [M]. 北京：中国劳动社会保障出版社，2001.

[60] 周明星，等. 职业教育学通论 [M]. 天津：天津人民出版社，2002.

[61] 吴靖国. 技职通识教育理论与实务 [M]. 台北：师大书苑有限公司，1999.

[62] 黄克孝. 职业和技术教育课程概论 [M]. 上海：华东师范大学出版社，2001.

[63] 俞克新. 高等职业教育的理论探索与教改实践 [M]. 北京：高等教育出版社，1999.

［64］石伟平. 比较职业技术教育［M］. 上海：华东师范大学出版社，2001.

［65］刘桂林. 中国近代职业教育思想研究［M］. 北京：高等教育出版社，1997.

［66］崔相录. 从学校到工作——劳动就业准备［M］. 济南：山东教育出版社，2001.

［67］张树桂. 职业分类介绍［M］. 杭州：浙江教育出版社，1995.

［68］卢之章. 生产实习教学法［M］. 北京：中国劳动出版社，1997.

［69］国家教委职业技术教育中心研究所. 职业技术教育原理［M］. 北京：经济科学出版社，1998.

［70］吕育康. 职业教育新论［M］. 北京：经济科学出版社，2001.

［71］李隆盛，赖春金. 科技与人力教育的新象［M］. 台北：师大书苑有限公司，2001.

［72］上海市教育委员会成人教育办公室. 上海市成人高校高等职业技术教育专业建设实践与探索［M］. 北京：高等教育出版社，1999.

［73］郭静. 高等职业教育人才培养模式［M］. 北京：高等教育出版社，1999.

［74］李兰巧. 高等专科教育转向高等职业教育的研究［D］. 北京：北京大学，1998.

［75］武汉工学院黄石分院，黄石职业大学. 高等专科人才培养概论［M］. 武汉：湖北科学技术出版社，1990.

［76］蒋作斌，等. 农村职业教育发展理论与模式［M］. 长沙：湖南人民出版社，2001.

［77］忻福良. 高等专科教育学［M］. 太原：山西教育出版社，1993.

［78］姚焕，周光迅. 高等教育创造学［M］. 武汉：华中理工大学出版社，1991.

［79］华东师范大学教育科学研究所技术教育研究室. 技术教育概论［M］. 上海：华东师范大学出版社，1985.

[80] 成永林,黄克孝. 职教模式实验研究 [M]. 北京:科学普及出版社,1999.

[81] 刘树明. 科技人才素质结构 [M]. 北京:化学工业出版社,1991.

[82] 余祖光. 职业教育改革与探索论文集 [M]. 北京:高等教育出版社,2000.

[83] 刘春生. 跨入新世纪的中国高等职业技术师范教育(研究报告)[M]. 北京:高等教育出版社,2000.

[84] 冯惠敏,刘予嵩. 应用高等教育学 [M]. 武汉:武汉测绘科技大学出版社,1994.

[85] 罗强元. 高等工程教育人才培养模式 [M]. 成都:四川人民出版社,1997.

[86] 钱民辉. 职业教育与社会发展研究 [M]. 哈尔滨:黑龙江教育出版社,1999.

[87] 陈松柏. 现代化高职教育探索之路——深圳职业技术学院创办八年的实践与思考 [M]. 广州:华南理工大学出版社,2000.

[88] 陈勃生. 职业高等教育导论 [M]. 长沙:湖南教育出版社,2001.

[89] 毛涤生. 福建高等职业教育发展研究 [M]. 厦门:厦门大学出版社,1999.

[90] 郑洁萍. 高职高专学生素质教育论 [M]. 广州:广东人民出版社,2000.

[91] 向东,吴江. 职业技能开发管理与实务 [M]. 北京:首都经济贸易大学出版社,1998.

[92] 郝庭智,等. 职业教育学 [M]. 北京:中国农业科技出版社,1995.

[93] 卢双盈,李向东. 职业教育学 [M]. 北京:兵器工业出版社,1998.

[94] 佟性茹,李球. 职业教育学 [M]. 延边:延边大学出版社,1998.

[95] 王翊土. 职业教育专业现代化建设方略 [M]. 宁波：宁波出版社，2000.

[96] 麦汉光. 职业技术技能教学探索与实践 [M]. 北京：高等教育出版社，2001.

[97] 陈国平. 职业教育论丛 [M]. 重庆：重庆出版社，1996.

[98] 沈纯道. 现代企业与职业技术教育 [M]. 北京：中国建材工业出版社，1995.

[99] 欧阳河. 职业教育课程开发指南 [M]. 长沙：湖南科学技术出版社，2001.

[100] 蒋乃华. 高等职业教育的理论与实践 [M]. 宁波：宁波出版社，1999.

[101] 张家祥，钱景舫. 职业技术教育学 [M]. 上海：华东师范大学出版社，2001.

[102] 李球. 职业教育学 [M]. 南昌：江西高校出版社，2001.

[103] 吴江. 职业技能开发导论 [M]. 北京：中国劳动出版社，1998.

[104] 白小平. 职业教育学 [M]. 北京：中国农业科技出版社，1998.

[105] 杨达生. 职业教育概论 [M]. 北京：中国劳动出版社，1997.

[106] 吕鑫祥. 高等职业技术教育研究 [M]. 上海：上海教育出版社，1998.

[107] 闻友信，杨金梅. 职业教育史 [M]. 海口：海南出版社，1993.

[108] 张正身，郝炳均. 中国职业教育史 [M]. 兰州：甘肃教育出版社，2000.

[109] 薛喜民. 高等职业技术教育理论与实践 [M]. 上海：复旦大学出版社，2000.

[110] 毛涤生. 福建高等职业教育发展研究 [M]. 厦门：厦门大学出版社，1999.

[111] 叶春生. 高等职业教育的探索与实践 [M]. 苏州：苏州大学

出版社,1998.

[112] 福建中华职业教育社. 职业教育与民族素质——海峡两岸第二届职业教育理论研讨会文选 [M]. 福州:海潮摄影艺术出版社,1999.

[113] 雷正光."双元制"职教模式及其实验研究 [M]. 北京:中国科学技术出版社,1999.

[114] 刘春生,徐长发. 职业教育学 [M]. 北京:教育科学出版社,2002.

[115] 冯振生,周明辰,等. 高等职业教育理论研究与实践 [M]. 北京:海洋出版社,1998.

[116] 姜国才. 高等职业教育的研究与探索 [M]. 厦门:厦门大学出版社,1998.

[117] 孙权. 高等职业技术教育德育论纲 [M]. 北京:北京邮电大学出版社,1999.

[118] 高桓山. 德国高等职业教育 [M]. 沈阳:辽宁人民出版社,1997.

[119] 郭思乐. 广东高等职业教育教学领域改革研究 [M]. 广州:广东高等教育出版社,1999.

[120] 全国五年制高等职业教育学校协作会. 五年制高等职业教育探索与实践——全国五年制高等职业教育资料汇编 [M]. 北京:高等教育出版社,2000.

[121] 全国高职高专教育人才培养工作委员会秘书处. 第一次全国高职高专教学工会议文集 [M]. 北京:高等教育出版社,2000.

[122] 教育部高等教育司. 高职高专教育改革与实践 [M]. 北京:高等教育出版社,2018.

[123] 杨作新. 高等职业教育改革探索 [M]. 广州:广州出版社,1999.

[124] 江苏省教育厅职业教育办公室,江苏省五年制高职教育学校协作委员会. 江苏省五年制高等职业教育文集 [M]. 苏州:苏州大学出版社,2000.

［125］李国志，陈建国，等. 高等职业院校毕业生择业理论与实践［M］. 北京：中国矿业大学出版社，2000.

［126］孔庆祥，相如杰，等. 高职教育的思考与探索［M］. 沈阳：东北大学出版社，2000.

［127］上海职业技术教育研究所. 上海高等职业技术教育发展研究［M］. 北京：高等教育出版社，2000.

［128］教育部高等教育司. 高职高专教育改革与建设——2000年高职高专教育文件资料汇编［M］. 北京：高等教育出版社，2001.

［129］中国高等职业技术教育研究会. 新世纪中国高等职业技术教育改革与发展——中国高等职业技术教育研究会第八次学术年会论文集［C］. 2001.

［130］薛景文，周丽华. 中国高级技工培训［M］. 北京：兵器工业出版社，1995.

［131］冯晋祥. 中外高等职业技术教育比较［M］. 北京：高等教育出版社，2002.

［132］CAMERON H. Monitoring standards for professional education［J］. Journal of vocational education and training，2001，53（2）.

［133］GRIFFITH J. An approach to evaluating school-to-work initiatives：post-secondary activities of high school graduates of work-based learning［J］. Journal of vocational education and training，2001，53（1）.

［134］BATHMAKER A. It's the perfect education：lifelong learning and the experience of foundation level GNVQ students［J］. Journal of vocational education and training，2001，53（1）.

［135］TROOD G，GALE T. The diffusion of policy in contexts of practice：flexible delivery in Australian vocational education and training［J］. Journal of vocational education and training，2001，53（1）.

［136］SODEN R，PITHERS R T. Knowledge matters in vocational problem-solving：a cognitive view［J］. Journal of vocational education and training，2001，53（2）.

［137］FIELD J，DUBHCHAIR M O. Recreating apprenticeship：

lessons from the Irish standards-based model [J]. Journal of vocational education and training, 2001, 53 (2).

[138] JAMES P. The double edge of competency training: contradictory discourses and lived experience [J]. Journal of vocational education and training, 2001, 53 (2).

[139] LENCAIRNS, STEPHENSON J. Peripheral social learning in the workplace and the development of corporate capability: the role of national vocational qualifications [J]. Journal of vocational education and training, 2001, 53 (3).

[140] DESAI G, WHITESIDE T. Vocational higher secondary education graduates in the state of gujarat [J]. Journal of vocational education and training, 2000, 52 (1).

[141] LUMBY J. Technical colleges in South Africa: planning for the future [J]. Journal of vocational education and training, 2000, 52 (1).

[142] HYLAND T. Vocational education and training under the New Deal: towards a social theory of lifelong learning in the post-school Sector [J]. Journal of vocational education and training, 2000, 52 (3).

[143] SHELLEY S. Investing in lifelong learning? employment management in higher education [J]. Journal of vocational education and training, 2000, 52 (3).

[144] ADAMSON G, MCALEAVY G. Withdrawal from vocational courses in colleges of futher and higher education in Northern Ireland [J]. Journal of vocational education and training, 2000, 52 (3).

[145] SMITH P J. Flexible delivery and apprentice training: preferences, problems and challenges [J]. Journal of vocational education and training, 2000, 52 (3).

[146] CLOW R. Further education teachers' constructions of professionalism [J]. Journal of vocational education and training, 2001, 53 (3).

后　　记

本书是我近 20 年关注高等职业教育人才培养的理性思考。特别是 2003 年我的博士论文奠定了本著作基础。蓦然回首，感悟生命！什么是生命？生命在于对真理的追求和学问的充盈。在该著作整理过程中，我一直在追问：岁月过了花甲，职称到顶了，也成了博士生导师，还出著作干什么？是增加头上的光环，还是追求学问和真理？结论显然是后者。谓之，无愧生命！

生命的活力激励着我边工作，边写作，其艰辛和劳累早已成为过去，但所享受大师和哲人智慧的浸润永志不忘。

在此，我要对恩师表示衷心的感谢！华中师范大学董泽芳教授是我的学术启蒙导师，从他的言传身教，我学会做人，学会做学问；华中科技大学张应强教授帮我确定了高等职业教育研究方向，并对我成文付出了智慧的劳动，从标题到标点，从文法到文章，浸透了他的智慧和汗水。

感谢华中科技大学教育科学研究院的美好情怀。在学习期间，我有幸聆听了朱九思教授、周济院士、杨叔子院士、曲欣岳院士、张岂之教授、张楚廷教授等大师的学术讲演和讲学，得到了刘献君教授、文辅相教授、沈红教授、别敦荣教授和已故去的姚启和教授的教诲；感谢研究生院常务副院长齐放教授提供的援助，感谢孙绵涛教授、陈敏教授鼎力举荐。

在华中科技大学学习期间，我有幸赴北京大学访学一年，师从喻岳青教授，并得到陈学飞教授、陈向明教授、丁小浩教授和文东茅博士的教诲，对我论文的写作注入了新的理念；同时，北京大学图书馆为我提供了丰富的文献资料，使我沐浴了北大的"科学、民主"学术精神，在